Collection J'entreprends

# BTS MCO

1re et 2e années

BLOC 2

NOUVEAU RÉFÉRENTIEL

# Animer et dynamiser l'offre commerciale



**Farid Abdat**
Agrégé d'économie et gestion,
Académie de Créteil.

**Pauline Barth**
Agrégée d'économie et gestion,
Académie de Nancy-Metz.

**Pascal Estrat**
Agrégé d'économie et gestion,
Académie de Paris.

**Nathalie Maurel-Arnal**
Agrégée d'économie et gestion,
Académie de Toulouse.

**Anne-Lise Pesez**
Certifiée d'économie et gestion,
Formatrice académique,
Académie de Lille.

**Nadine Vaudry**
Agrégée d'économie et gestion,
Académie de Rouen.

DELAGRAVE

# Découvrez votre pochette

## PROFESSIONNALISATION

- Un **contexte réel**, **ou adapté du réel**, pour chaque compétence.
- La **projection de l'apprenant** au cœur de l'entreprise.

## NUMÉRIQUE

Des **supports d'animation** pour varier les approches.

## CONCRET

Une page pour comprendre les enjeux auxquels doit répondre l'entreprise.

## PROGRESSIVITÉ

Un **découpage du contexte** en chapitres pour en faciliter l'étude.

## RESPONSABILITÉ

Des **missions** confiées à l'apprenant pour le rendre **acteur de l'entreprise**.


Éditions Delagrave – 5 allée de la 2e DB – 75015 Paris
www.editions-delagrave.fr
**ISBN : 978-2-206-30541-7**

COLLECTION
J'entreprends

## ACTION

Un **contexte professionnel filé** au long des **missions**.

## COMMUNICATION

Des **consignes spécifiques** à traiter au fil des missions.

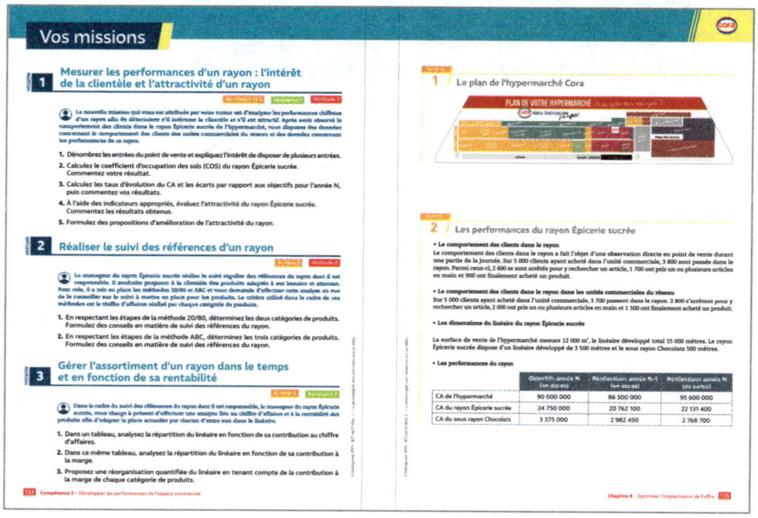
Vos missions

1 Mesurer les performances d'un rayon : l'intérêt de la clientèle et l'attractivité d'un rayon

2 Réaliser le suivi des références d'un rayon

3 Gérer l'assortiment d'un rayon dans le temps et en fonction de sa rentabilité

1 Le plan de l'hypermarché Cora

2 Les performances du rayon Épicerie sucrée

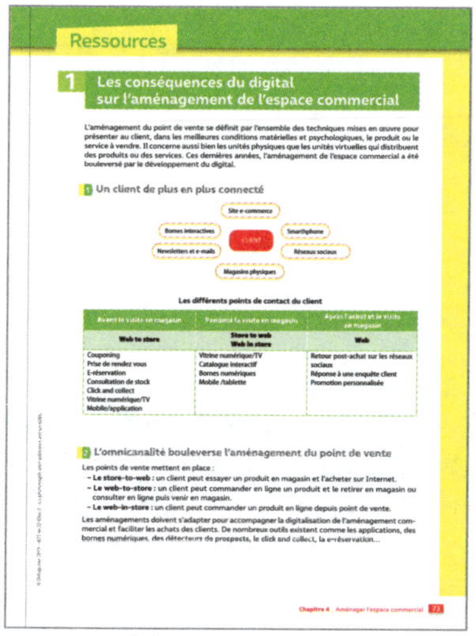
Ressources

1 Les conséquences du digital sur l'aménagement de l'espace commercial

Un client de plus en plus connecté

L'omnicanalité bouleverse l'aménagement du point de vente

## ACCESSIBILITÉ

Des **ressources à consulter** au fur et à mesure des besoins.

## RÉINVESTISSEMENT

- Un **QCM de validation des connaissances.**
- Des **applications professionnelles** pour renforcer les compétences.

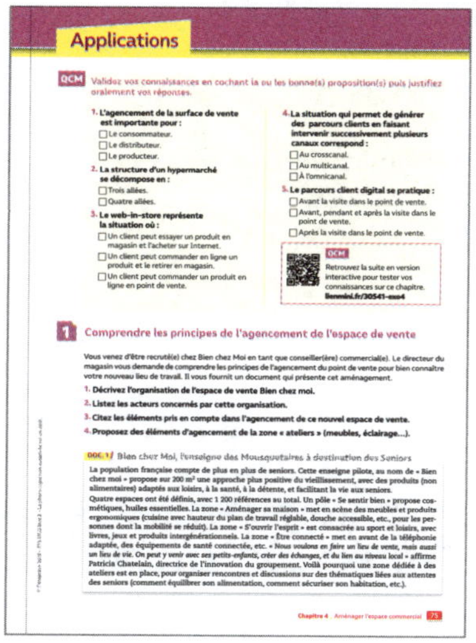
Applications

QCM Validez vos connaissances en cochant la ou les bonne(s) proposition(s) puis justifiez oralement vos réponses.

1 Comprendre les principes de l'agencement de l'espace de vente

Vers l'examen

Analyser la mise en valeur de l'offre par le marchandisage de l'unité commerciale physique et/ou virtuelle

## AUTONOMIE

- En fin de chapitre, une **page de préparation à la sous-épreuve E42**, reprenant les compétences et les connaissances traitées dans le chapitre, à appliquer à la structure professionnelle de stage de l'apprenant.
- En fin d'ouvrage, un **dossier de présentation générale de l'épreuve E4.**

# Sommaire

# Ressources numériques

## COMPÉTENCE 1



## COMPÉTENCE 2



## COMPÉTENCE 3



## COMPÉTENCE 4



## COMPÉTENCE 5

# Élaborer et adapter en continu l'offre de produits et de services

COMPÉTENCE 1

Toute **unité commerciale** intervient sur un **marché**. Comprendre le fonctionnement de ce marché doit permettre à l'entreprise de cerner les attentes de la **demande** afin de construire une **offre** cohérente. **L'élaboration et l'adaptation en continu** de cette offre de produits et services fait ainsi apparaître de réels enjeux pour les unités commerciales.

**Vidéo**

Comment s'adapter à un marché en évolution ?

**lienmini.fr/30541-marche**

## Sommaire

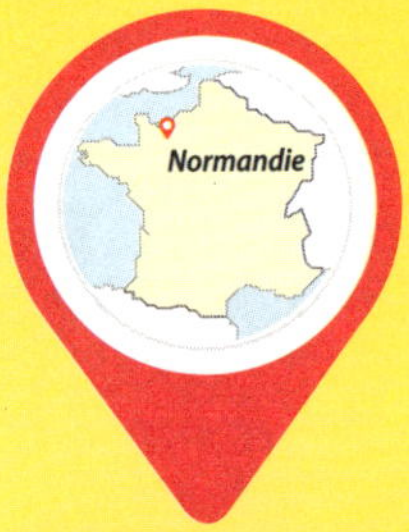


## Fiche d'identité

- **Secteur d'activité :** Commerce de détail bricolage, décoration et jardin
- **Date de création :** 1923
- **Localisation/siège :** Lille (59)
- **Type de réseau :** Mixte depuis 2005 (ouverture de la première franchise)
- **Forme de commerce :** Grande Surface de Bricolage (GSB)
- **CA annuel HT :** 6,64 milliards d'euros
- **Effectif :** 22 830 collaborateurs
- **Implantation en France :** 137 magasins (dont 7 franchisés) répartis en 10 régions
- **Implantation à l'international :** 538 magasins sur 3 continents (Europe, Asie, Amérique du Sud) et 13 pays

## Métier et concept

Spécialisée dans la vente de produits et de projets du secteur de l'amélioration de l'habitat et du cadre de vie, l'enseigne Leroy Merlin a pour ambition « d'aider chaque habitant à rêver sa maison et la réaliser », mettant la satisfaction de chacun de ses clients au cœur de son métier.

L'entreprise a ainsi construit sa stratégie autour de 4 axes :

- **Le choix :** Une offre de 100 000 références disponibles dont 65 000 achetables à distance ;
- **Le prix :** Une politique de prix qui permet à chaque client, quel que soit son budget, de trouver réponse à son besoin ;
- **L'accompagnement pédagogique :** Des équipes compétentes en magasin et une multiplicité de supports, d'outils, de services (guides d'achat, cours de bricolage, service pose, assistance téléphonique) ;
- **La relation de confiance et de proximité :** Des temps d'échanges et de rencontres avec les clients (soirées magasin, clubs de bricolage).

# CONTEXTE

## Histoire et valeurs clés

En 1923, Adolphe LEROY et Rose MERLIN inaugurent un magasin de vente de matériel militaire sous l'enseigne « Au stock américain » avant de proposer 10 ans plus tard des matériaux de construction. En 1960, l'enseigne prend le nom de Leroy Merlin et développe en France le concept du libre-service de bricolage et de quincaillerie. L'entreprise va ensuite rapidement développer son parc de magasins et multiplier ses références produits pour s'étendre sur les marchés de la décoration et du jardinage. Rachetée en 1980 par la famille Mulliez, Leroy Merlin entame son développement à l'international. En 2007, l'enseigne entre dans le groupe ADEO pour être aujourd'hui le leader sur le marché français de l'amélioration de l'habitat et cadre de vie.
Les équipes Leroy Merlin ont construit ensemble un projet d'entreprise qui reflète ses valeurs : Engagement, Simplicité, Générosité, Respect.
Le management participatif mis en place par les manageurs et l'autonomie de fonctionnement donnée à chaque membre de l'équipe permettent de prendre les bonnes décisions au plus près du terrain par ceux qui en ont la meilleure connaissance.
C'est sans doute pour toutes ces raisons que Leroy Merlin participe au palmarès de l'institut Great Place to Work® depuis 13 ans et est encore classée aujourd'hui 4$^{e}$ au palmarès 2017 des entreprises où il fait bon travailler.

**Vidéo**
Leroy Merlin, une histoire de passionnés !
**lienmini.fr/30541-passion**

## Cible

Aujourd'hui, le bricolage ne va plus seulement de pair avec la réparation mais concerne aussi la décoration et l'amélioration de l'habitat au sens large, une aubaine pour Leroy Merlin. Ainsi, au-delà de la cible historique des particuliers de 30 à 60 ans segmentée jusqu'alors en bricoleurs confirmés et bricoleurs peu expérimentés, aujourd'hui l'enseigne entend attirer les « makers », population plus jeune, plus créative, plus féminine.

## Contexte économique

Après plusieurs années plutôt moroses, le marché du bricolage a relevé la tête en 2017 et confirme le retour de la croissance : + 1,9 % en un an. Selon la Fédération des Magasins de Bricolage (FMB), les Français ont ainsi dépensé 26 milliards d'euros. Une bonne santé à relier au niveau élevé des ventes de logements, acquisitions souvent suivies de travaux. À noter que si le marché reste dominé par les Grandes Surfaces de Bricolages (GSB), les « pure players » comme ManoMano ou Outiz affichent la plus forte progression des ventes.

## Contexte juridique

L'activité de l'entreprise est très réglementée. Concernant les produits proposés à la vente, le droit des marques et la réglementation des signes de qualité (certification, labellisation, normalisation) sont nécessairement à prendre compte dans la construction de l'offre. Le cadre juridique des négociations commerciales (Code de commerce : articles L 441.6 à L 442.6) est lui aussi une contrainte. Leroy Merlin, comme toutes les entreprises régies par les lois françaises et/ou européennes ne peut agir que dans le respect du cadre légal d'exigence de transparence et d'équilibre des relations et d'interdiction de certains comportements commerciaux.

## Contexte organisationnel

Chaque magasin est organisé autour d'un directeur de magasin, de chefs de secteur qui coordonnent l'action de chefs de rayons qui eux-mêmes supervisent des conseillers de vente. Des fonctions supports telles que le contrôle de gestion, la qualité ou les ressources humaines viennent compléter le travail des équipes de terrain. La centrale d'achat, entité essentielle dans le processus de création de valeur de l'entreprise, est chargée d'assurer l'approvisionnement de l'ensemble des magasins mais aussi de communiquer sur les nouveaux produits, de former les conseillers de vente, d'optimiser l'utilisation du système d'information et d'assurer la résolution des dysfonctionnements informatiques.

**Vidéo**

Le métier de directrice de magasin Leroy Merlin

**lienmini.fr/30541-directrice**

## Focus digitalisation

Comme beaucoup d'entreprises, Leroy Merlin est confrontée à la nécessité de déployer une stratégie d'omnicanalité. Cette nouvelle approche de la distribution repose ainsi sur une digitalisation de la relation clients et consiste pour l'entreprise à déployer des technologies visant à augmenter la fréquentation des magasins, accroître les ventes, augmenter le niveau de satisfaction de la clientèle, réaliser des gains de productivité, améliorer l'image de l'enseigne et se différencier de la concurrence.

CHAPITRE 1

# Analyser la demande du marché

## Contexte professionnel

En stage au magasin Leroy Merlin de Montivilliers en Normandie (76), vous êtes affecté(e) au secteur Peinture, Décoration, Éclairage. Le chef de secteur vous demande d'assister plus particulièrement la cheffe de rayon Peinture et Décoration.

Avec son équipe, cette dernière travaille activement à faire de ces deux espaces de vente situés à l'entrée du magasin une source d'inspiration pour l'ensemble des clients. En effet, les évolutions de la demande de la clientèle font aujourd'hui des Grandes Surfaces de Bricolage (GSB) des lieux d'achats fonctionnels mais aussi de plaisir. Susciter l'envie de décorer ou redécorer sa maison chez le client devient ainsi une nécessité pour Leroy Merlin.

Afin de satisfaire la demande reposant sur la connaissance et la compréhension du marché sur lequel l'entreprise intervient, la cheffe de rayon vous missionne sur l'analyse de votre environnement professionnel.

### Vos missions

1. Comprendre le fonctionnement du marché de l'entreprise
2. Caractériser la demande
3. Cerner les évolutions de l'environnement et leurs impacts sur la demande

**Vidéo**

Le métier de chef de secteur chez Leroy Merlin

**lienmini.fr/30541-chef-secteur**

# Vos missions

MISSION **1**

## Comprendre le fonctionnement du marché de l'entreprise

Annexes 1 à 5 | Ressource 1

**Lors de votre premier jour de stage, la chef de rayon vous fait visiter l'unité commerciale et vous présente plus particulièrement les rayons Peinture et Décoration dont elle est responsable.**

**1.** Concernant la peinture intérieure, espace de vente où vous serez affecté(e), reproduisez puis complétez le tableau suivant en identifiant les différents niveaux de marchés :

| | |
|---|---|
| Marché générique | |
| Marché support | |
| Marché principal | Peinture intérieure |
| Marchés environnants | |
| Marchés complémentaires | |

**2.** Identifiez les concurrents de votre rayon en différenciant les concurrents directs et les concurrents indirects.

**3.** Résumez en quelques points la situation actuelle du marché du bricolage.

MISSION **2**

## Caractériser la demande

Annexes 5 à 7 | Ressource 1

**Avant que vous ne soyez directement en contact avec la clientèle, votre manageur souhaite que vous étudiez la demande du marché Peinture et Décoration.**

**1.** Présentez les acteurs de la demande du marché Peinture et Décoration.

**2.** Parmi ces acteurs, identifiez la cible Leroy Merlin.

**3.** Reproduisez puis complétez le tableau suivant :

| Magasin LM Montivilliers | Peinture | Décoration |
|---|---|---|
| CA année n | | |
| CA année n + 1 | | |
| Progression ou perte anticipée du CA pour n + 1 | | |

**4.** Compte tenu de la cible Leroy Merlin et des prévisions des ventes pour l'année n + 1, identifiez les objectifs à atteindre pour les rayons Peinture et Décoration.

**5.** Faites des propositions concrètes d'actions possibles pour le magasin.

MISSION 3

# Cerner les évolutions de l'environnement et leurs impacts sur la demande

Annexes 8 à 10 | Ressource 1

**Afin de parfaire votre compréhension du domaine professionnel dans lequel vous allez travailler, la chef de rayon vous demande maintenant de réfléchir sur les évolutions de la demande qui pourraient impacter le fonctionnement du marché de la peinture.**

1. Dans un tableau, identifiez les attentes « classiques » et les attentes « contemporaines » du consommateur de peinture.
2. En quoi ces nouvelles attentes impactent-elles le fonctionnement du marché ?

ANNEXE 1

## Plan du magasin Leroy Merlin de Montivilliers

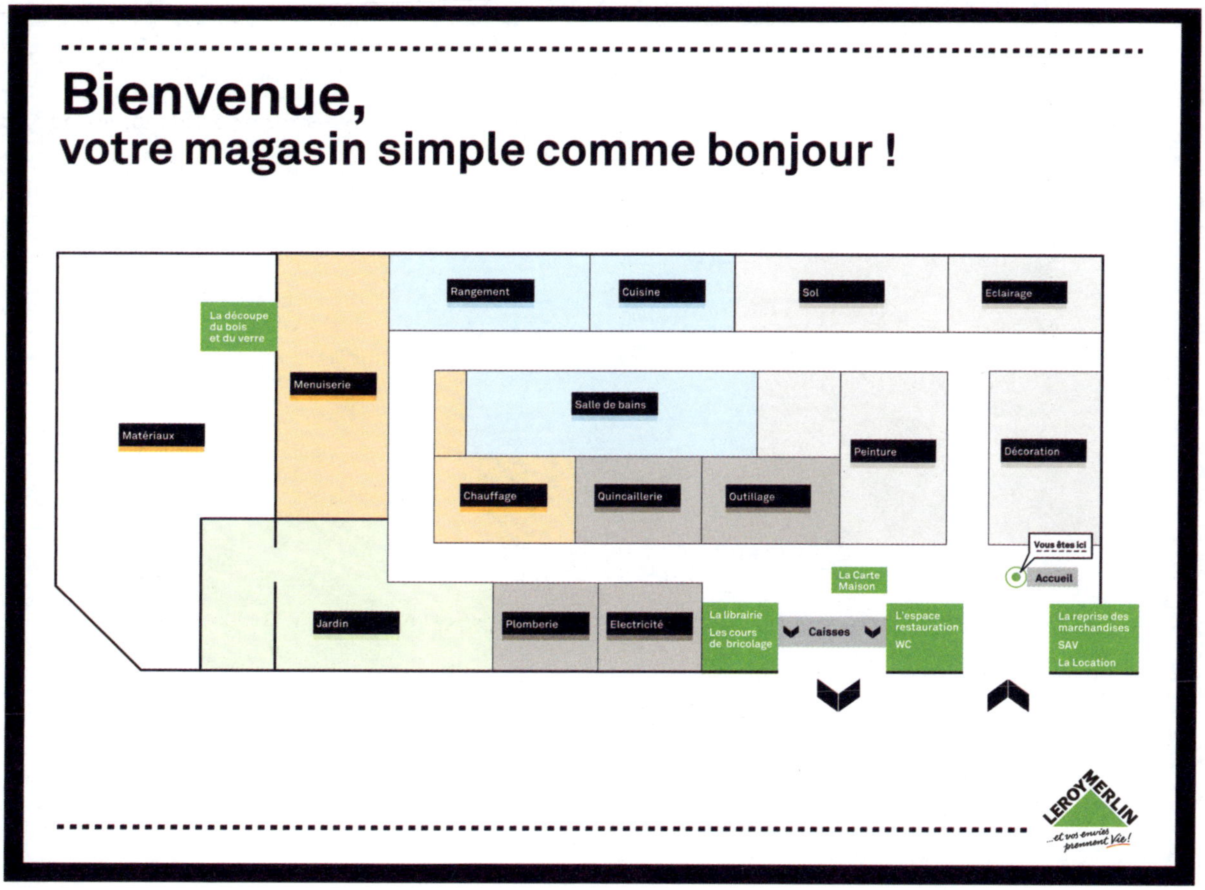

ANNEXE

## 2 Nomenclature de produits des rayons Peinture et Décoration

**Rayon Peinture**

| | Familles | Sous-familles |
|---|---|---|
| 1 | Préparation des supports | Décapant, enduit, peinture de sous-couche, de plafond, white spirit, entretien du bois, vitrificateur |
| 2 | Matériel de peinture | Pinceau, rouleau, adhésif, gants, bâche |
| 3 | Peinture murale de finition | Peinture lisse (mate, satinée, brillante), peinture à effets |
| 4 | Peinture des boiseries | Peinture pour fenêtre, porte, escalier, vernis intérieur, lasure |
| 5 | Peinture de spécialité | Peinture pour radiateur, sol, carrelage, meubles, aérosol |
| 6 | Peinture extérieure | Peinture de façade, de toiture, peinture pour bois, pour fer, vernis extérieur |

**Rayon Décoration**

| | Familles | Sous-familles |
|---|---|---|
| 1 | Décoration du mur | Papier peint, fibre de verre, dalle de plafond, colle, adhésif décoratif, sticker, cadre, sous-verre, miroir |
| 2 | Décoration de la fenêtre | Tringle à rideaux, embrasse, rideau, voilage, store d'intérieur |
| 3 | Textile et articles décoratifs | Coussin, tapis, objets décoratifs, petit ameublement |

ANNEXE

## 3 Zone de chalandise du magasin Leroy Merlin de Montivilliers

**Zone de chalandise du magasin générant 80 % du CA**

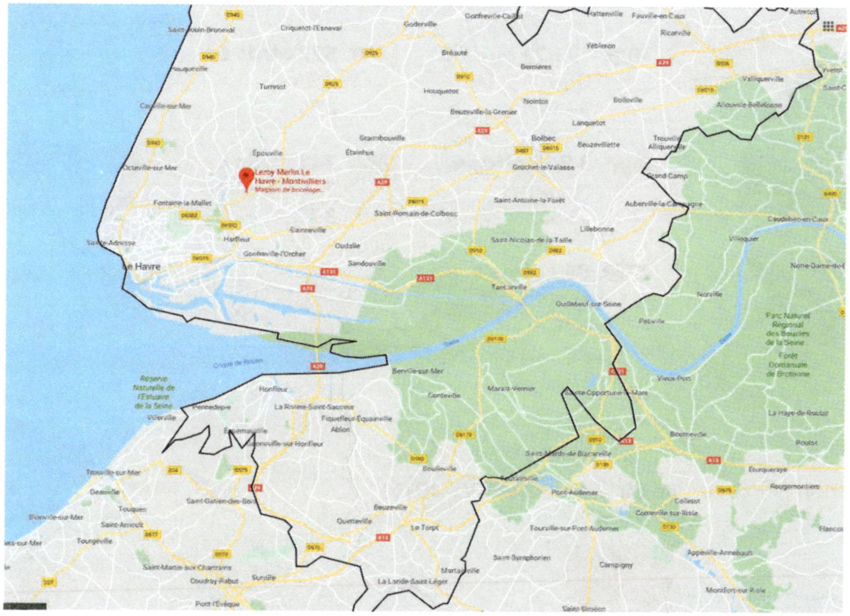


**GSB et GSA présentes sur la zone primaire de chalandise (0 à 20 mn de trajet)**

BRICO MARCHÉ — Weldom — BRICOMAN — castorama

LE COMPTOIR Seigneurie Gauthier — Mr.Bricolage — Auchan

ANNEXE

## 4 Les circuits de distribution du bricolage

**Distribution bricolage en 2017 (parts de marché valeur)**

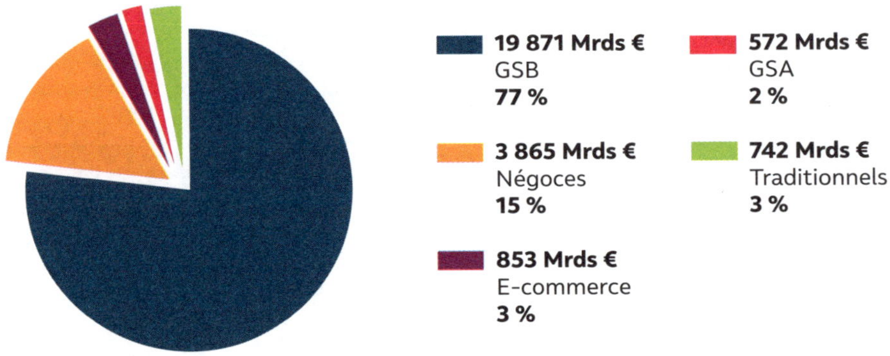


**Évolution par circuit en 2017 (en valeur VS 2016)**

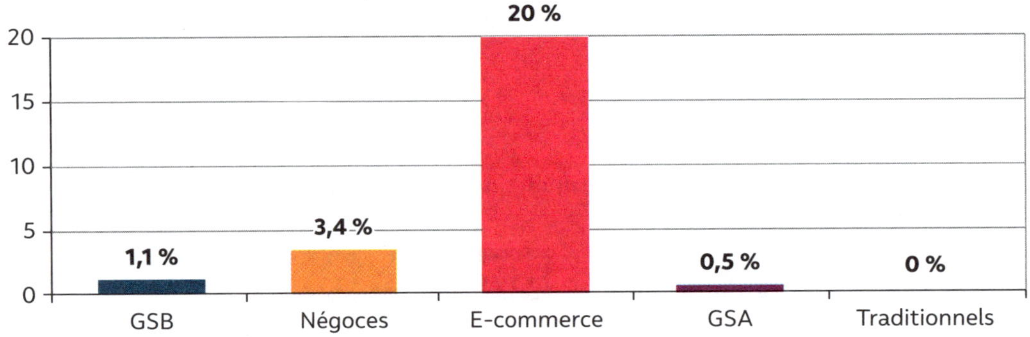


**Parts de marché des enseignes GSB (en % du CA 2017)**

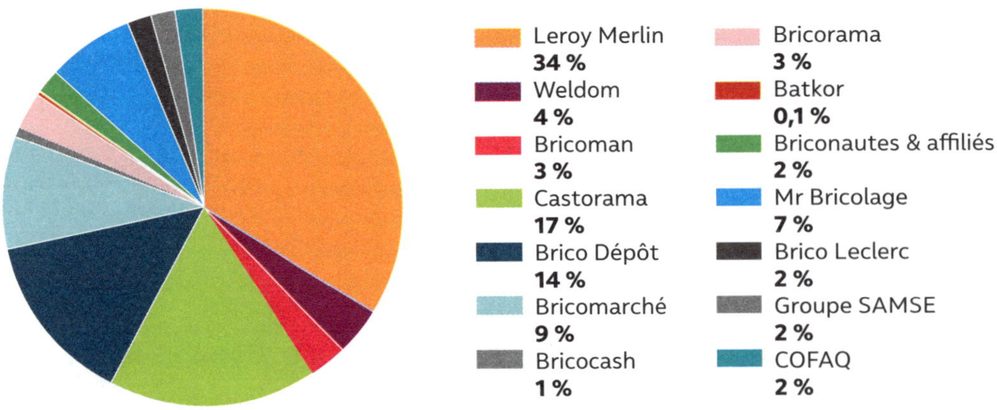

ANNEXE

## 5 Chiffres clés des rayons Peinture et Décoration

| Magasin LM – Montivilliers | Peinture | Décoration |
|---|---|---|
| Évolution du marché national (prévision n + 1) | –2,4 % | –0,7 % |
| Marché potentiel de la zone de chalandise du magasin (année n) | 22 452 K€ | 19 448 K€ |
| Part de marché du magasin dans la zone de chalandise (année n) | 21 % | 12 % |

Étude SPOT 2016.

ANNEXE

## 6 Le comportement d'achat des consommateurs en matière de décoration

**Décoration : plus de 83 % des Français fans de déco C++**

Si la décoration occupe une place importante dans le quotidien et loisirs des Français avec 72 % déclarant être intéressés par cette activité, la pratique a évolué au carrefour de la crise économique et de l'essor des pratiques collaboratives. Adeptes du « Do It Yourself », les Français réalisent eux-mêmes leurs travaux de décoration d'intérieur à 55 %. Selon l'étude DECO.LAB, plus de 8 Français sur 10 trouvent leur source d'inspiration pour leur déco à la télévision. Un comportement qui s'explique sans doute par la montée en puissance et le succès des émissions de déco qui se sont multipliées ces dernières années sur le petit écran : « D&Co », « Côté maison », « Du côté de chez vous »...

Une analyse plus poussée des sources d'information auxquels font appel les fondus de déco montre une réalité plus contrastée selon les usages. Ainsi, si la télévision demeure reine pour inspirer et susciter les bonnes idées, le Web est en tête quand il s'agit de rechercher des conseils pratiques (54 %) devant le bouche-à-oreille (43 %) et les ouvrages spécialisés (42 %).

www.e-marketing.fr

ANNEXE

## 7 Profils type des décorateurs

L'étude DECO.LAB fait émerger une typologie des décorateurs avec 5 profils identifiés :

- Les « **précaires détachés** » **(9 %)** : jeunes (moins de 35 ans), locataires, ils déménagent souvent, ont peu de pouvoir d'achat et par conséquent ne prêtent que peu d'importance à leur habitat.
- Les « **urbains non-investis** » **(8 %)** : vivant en appartement, sans enfants, ils décorent par nécessité et préfèrent confier leurs travaux à des professionnels.
- Les « **décopportunistes** » **(20 %)** : s'ils consultent moins le Web que la moyenne, ils possèdent une vraie connaissance des marques et privilégient le DIY (profil majoritairement féminin).
- Les « **aspirationnels** » **(28 %)** : propriétaires et âgés de plus de 35 ans, ils s'avouent fans des émissions de télévision sur le sujet, se tiennent au courant des nouveautés et sont prêts à dépenser beaucoup d'argent pour se sentir bien chez eux.
- Les « **passionnés** » **(35 %)** : propriétaires de maison avec jardin, souvent de CSP+, ils aiment multiplier les sources d'informations, s'affirment créatifs et déclarent prendre du plaisir à décorer leur logement qu'ils veulent original avant tout.

Avec un budget moyen annuel supérieur à 2 200 euros, les passionnés pèsent pour plus de 55 % des dépenses nationales du secteur ameublement et décoration.

ANNEXE
## 8 Enquête sur les pratiques environnementales des ménages

Aujourd'hui, le consommateur considère les travaux de peinture non seulement en termes de coûts (prix au litre) et de qualité des matériaux (facilité d'utilisation, pouvoir couvrant, rendu des couleurs, résistance dans le temps) mais aussi en fonction de la toxicité des produits.

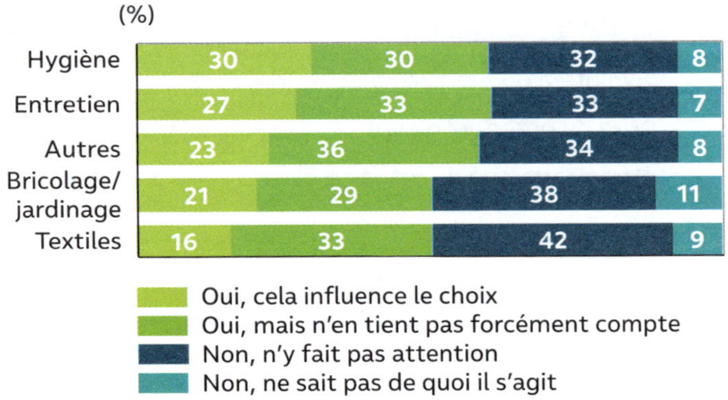


Commissariat général au développement durable (CGDD) / Service de l'observation et des statistiques (SOeS).

ANNEXE
## 9 Les innovations sur le marché de la peinture

Depuis quelques années, les futurs parents qui veulent préparer la chambre de bébé de la façon la plus « verte » possible ont vu apparaître sur les linéaires de nouvelles références revendiquant un meilleur respect de l'environnement.

La peinture acrylique (à l'eau), moins émettrice de solvants que la peinture glycéro, s'est ainsi largement imposée depuis qu'une norme européenne de 2010 a imposé une réduction drastique des émissions de Composés Organiques Volatils (COV). Elle atteint aujourd'hui 90 % du marché de la peinture décorative.

Mais depuis trois ans, des peintures « dépolluantes » ont aussi fait leur apparition. La plupart de ces peintures agissent par captation chimique : elles comportent une molécule qui emprisonne le formaldéhyde, l'un des polluants les plus sérieux de l'air et présents dans les peintures.

L'autre grande tendance est celle des peintures dites « biosourcées », peintures dans lesquelles les molécules issues de la chimie du pétrole sont remplacées par des molécules d'origine naturelles et renouvelables.

www.lesechos.fr

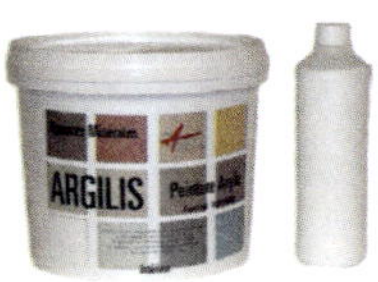


ARGILIS
Peinture minérale à l'argile
100 % saine (sans COV, sans odeur)
Idéal pour les chambres d'enfants

LUXENS
Peinture intérieure dépolluante

ALGO
Peinture naturelle bio-sourcée à base d'huiles

ANNEXE
## 10 L'information du consommateur concernant la toxicité des peintures

EU Ecolabel

Label européen des peintures dites « vertes »

Information sur les émissions de COV

# 1 Le marché

## 1 Les différents types de marchés

En marketing, le marché se définit comme l'ensemble des clients potentiels ou actuels capables et désireux de procéder à un échange leur permettant de satisfaire un besoin ou un désir à travers un produit.

| Les niveaux de marchés | |
|---|---|
| **Marché générique** | Ensemble de produits de nature différente mais satisfaisant un même besoin générique.<br>*Exemple : Marché du sport et loisir* |
| **Marché support** | Sous-ensemble du marché générique regroupant des produits différents mais de comportements de consommation proches.<br>*Exemple : Marché des sports d'hiver* |
| **Marché principal** | Ensemble des produits répondant au même besoin, présentant des caractéristiques semblables et directement concurrents.<br>*Exemple : Marché du ski de descente* |
| **Marchés environnants** | Ensemble des produits de nature différente mais satisfaisant les mêmes besoins dans les mêmes circonstances de consommation (produits de substitution).<br>*Exemple : Marchés du snowboard, du monoski* |
| **Marchés complémentaires** | Ensemble des produits appartenant au même univers et nécessaires à la consommation des produits du marché principal (produits complémentaires).<br>*Exemple : Marchés de la chaussure de ski, du vêtement de ski* |

## 2 Les composantes du marché : offre et demande

**L'offre** est constituée de l'ensemble des concurrents qui proposent des produits qui s'adressent à la même cible de consommateurs.

| Les niveaux de concurrence | |
|---|---|
| **Concurrence directe** | Ensemble des entreprises qui proposent les mêmes produits ou services que ceux d'une autre entreprise (offreurs du marché principal). |
| **Concurrence indirecte** | Ensemble des entreprises qui proposent des produits ou services différents mais qui répondent aux mêmes besoins (offreurs des marchés environnants). |

| Structures concurrentielles et caractéristiques de l'offre | |
|---|---|
| **L'offre monopolistique** | Un seul offreur sur le marché. |
| **L'offre oligopolistique** | Quelques offreurs qui détiennent des parts de marché importantes. |
| **L'offre concurrentielle** | De nombreux offreurs qui détiennent chacun des petites parts de marché. |

**La demande** est constituée de l'ensemble des individus susceptibles d'acheter les produits de l'entreprise.

| Les acteurs de la demande | |
|---|---|
| **Les acheteurs** | Ils réalisent l'achat mais n'utilisent pas obligatoirement le produit. |
| **Les consommateurs** | Ils utilisent le produit mais ne l'achètent pas obligatoirement. |
| **Les prescripteurs** | Ils conseillent ou imposent l'achat du produit. |
| **Les leaders d'opinion** | Ils influencent l'acte d'achat de par leur expérience, leur notoriété ou leur profession. |

## 3 L'environnement du marché

L'offre et la demande d'un marché évoluent et sont largement influencées par les caractéristiques de **l'environnement** dans lequel évolue ledit marché.

| Les composantes de l'environnement | |
|---|---|
| **L'environnement socio-économique** | Ensemble des facteurs économiques et de société. |
| **L'environnement technologique** | Ensemble des variables liées à l'innovation et aux progrès technologiques. |
| **L'environnement juridique** | Ensemble des règles auxquelles sont soumis les acteurs du marché. |
| **L'environnement culturel** | Ensemble des évolutions des mentalités, des valeurs, des comportements. |

## 4 Un élément contemporain : la consommaction

Depuis quelques années, de nombreux consommateurs ont pris conscience du rapport entre leur consommation responsable et les conséquences de ces consommations sur la société.

### Consommation responsable

| | |
|---|---|
| **Consommacteur** | Consommateur exigeant, averti, sensible aux caractéristiques éthiques, équitables et responsables des produits offerts qui n'hésite pas à modifier sa consommation pour être en accord avec ses valeurs, voire à contester le pouvoir des entreprises. |
| **Consommaction** | Ensemble des actions et organisations destinées à défendre et à représenter individuellement ou collectivement les intérêts des consommateurs. |

## 5 Les nouvelles orientations des marchés

Les modifications de l'environnement (mondialisation, nouvelles technologies, développement du e-commerce, nouvelles valeurs défendues par les consommacteurs) bouleversent les conditions dans lesquelles se fait la rencontre offre/demande sur les marchés. Ainsi, dans ce climat toujours plus concurrentiel, on voit apparaître de nouvelles orientations des marchés :

- Une économie de marché orientée davantage vers le développement durable et la solidarité sociale ;
- Des propositions de produits plus différenciées de celles des concurrents ;
- Des propositions de valeurs qui ne passent plus obligatoirement par une recherche du prix le plus bas ;
- Des offres plus locales ;
- Le développement de marques propres.

# 1 Analyser un marché

## 1 Les niveaux d'analyse

L'analyse du marché d'une entreprise est indispensable à l'élaboration des actions marketing à mener.

| Les niveaux d'analyse | Les questions à se poser | Les sujets à aborder |
|---|---|---|
| **1. La définition du marché** | Sur quels marchés l'entreprise évolue-t-elle ? | Marché générique complémentaire, principal, environnant, support |
| | Quelle est la taille du marché ? | Quantités produites, vendues en volume, en valeur |
| | Quelles sont les évolutions du marché ? | Évolutions des quantités vendues en valeur, en volume, en %<br>Situation générale du marché : croissance, ralentissement, stagnation, baisse |
| **2. L'analyse de l'offre** | Qui sont les acteurs de l'offre ? | Producteurs, distributeurs |
| | Quels sont les produits concurrents ? | Produits directement, indirectement concurrents |
| | Qui sont les concurrents ? | Concurrents directs, indirects |
| | Quelle est la structure concurrentielle du marché ? | Caractéristique de l'offre : monopolistique, oligopolistique, concurrentielle |
| | Quelle est l'offre des entreprises concurrentes ? | Produits proposés, prix pratiqués, modes de distribution, types de communication, cibles, place sur le marché… |
| **3. L'analyse de la demande** | Qui sont les demandeurs ? | Acheteurs, consommateurs, prescripteurs, leaders d'opinion |
| | Comment évolue la demande ? | Évolution en valeur, en volume, en % |
| | Quels sont les principaux comportements de consommateurs ? | Motivations, comportements d'achat, critères de choix |
| | Comment la demande est-elle segmentée ? | Typologies de clients |
| **4. L'analyse de l'environnement** | Quelles sont les principales évolutions de l'environnement susceptibles d'avoir une incidence sur le marché ? | Évolutions économiques, sociologiques, technologiques, juridiques, culturelles |
| | Quelles sont les conséquences de ces évolutions ? | Nouvelles orientations du marché |

## 2 Les indicateurs de l'analyse de la demande

Pour affiner l'analyse de la demande, on peut utiliser différents indicateurs :

- **La taille du marché**

– **en volume**, c'est-à-dire en nombre d'unités de produits pour une période donnée, en pratique une année.

Exemple : En 2017, il s'est vendu dans le monde 1,46 milliard de smartphones, soit un marché en volume de 1,46 milliard d'unités.

– **en valeur**, c'est-à-dire en chiffres d'affaires.

Exemple : En 2017, le prix moyen mondial d'un smartphone est estimé à 363 dollars, soit un marché mondial en valeur de 529,98 milliards de dollars (1 460 000 000 × 363).

## La part de marché

Pour les entreprises présentes sur ce marché, le calcul de **la part de marché** permet d'exprimer la place de l'entreprise par rapport à ses concurrents. Cette part de marché peut se calculer elle aussi en volume ou en valeur.

$$\textbf{Part de marché} = \left(\frac{\text{total des ventes d'un produit ou d'une marque}}{\text{ventes totales du marché}}\right) \times 100$$

Exemple : Sur le marché mondial des smartphones, pour 2017 les 2 marques principales ont vendu respectivement 400,2 millions de smartphones pour Apple et 317,5 millions pour Samsung.

Part de marché Apple en volume : (400 200 000 / 1 460 000 000) × 100 = 27,41 %

Part de marché Samsung en volume : (317 500 000 / 1 460 000 000) × 100 = 21,75 %

## Le taux d'équipement

Il mesure la part des ménages possédant le produit

$$\textbf{Taux d'équipement} = \left(\frac{\text{nombre de produits en services}}{\text{nombre de consommateurs potentiels}}\right) \times 100$$

Exemple : En France, en 2017, la population des + de 18 ans soit 54 960 187 personnes possédait 39 millions de smartphones.

Taux d'équipement en smartphone des + 18 ans en France : (39 000 000 / 54 960 187) × 100 = 70,96 %

## Le taux d'évolution

Le calcul du taux d'évolution permet de mesurer la hausse (taux positif) ou la baisse (taux négatif) d'une donnée.

$$\textbf{Taux d'évolution} = \left(\frac{\text{valeur de la période n} - \text{valeur de la période n} - 1}{\text{valeur de la période n} - 1}\right) \times 100$$

Exemple : Si l'on considère que le marché mondial en volume du smartphone pour 2012 a été de 720 millions d'unités :

Taux d'évolution des ventes en volume : ((1 460 000 000 – 720 000 000) / 720 000 000) × 100 = + 102,77 %

**VRAI/FAUX** Validez vos connaissances en indiquant si ces propositions sont vraies ou fausses puis justifiez oralement vos réponses.

1. **Le marché générique correspond à un ensemble de produits de nature différente mais répondant au même besoin.** ☐ Vrai ☐ Faux
2. **Les produits de substitution au marché principal concernent les marchés dits supports.** ☐ Vrai ☐ Faux
3. **Les concurrents directs d'une entreprise sont ceux qui interviennent sur le marché principal.** ☐ Vrai ☐ Faux
4. **Une offre oligopolistique se caractérise par quelques offreurs qui détiennent des parts de marché importantes.** ☐ Vrai ☐ Faux
5. **Les termes acheteurs et consommateurs sont synonymes.** ☐ Vrai ☐ Faux

**VRAI/FAUX**
Retrouvez la suite en version interactive, pour tester vos connaissances sur ce chapitre.
**lienmini.fr/30541-exo1**

## 1 Comprendre le fonctionnement du marché

Nouvellement embauché(e) au rayon textile d'un magasin Décathlon, vous décidez de vous documenter afin de mieux cerner la demande sur le marché des sports.

1. **Résumez en quelques points la situation actuelle du marché.**
2. **Concernant le commerce des articles de sport et le segment du textile, identifiez le marché générique, le marché principal, les marchés environnants et les marchés supports.**
3. **Proposez des éléments de l'environnement susceptibles d'avoir un impact positif (opportunité) ou négatif (menace) sur l'activité des généralistes du sport.**

**DOC. 1** La croissance du marché du sport

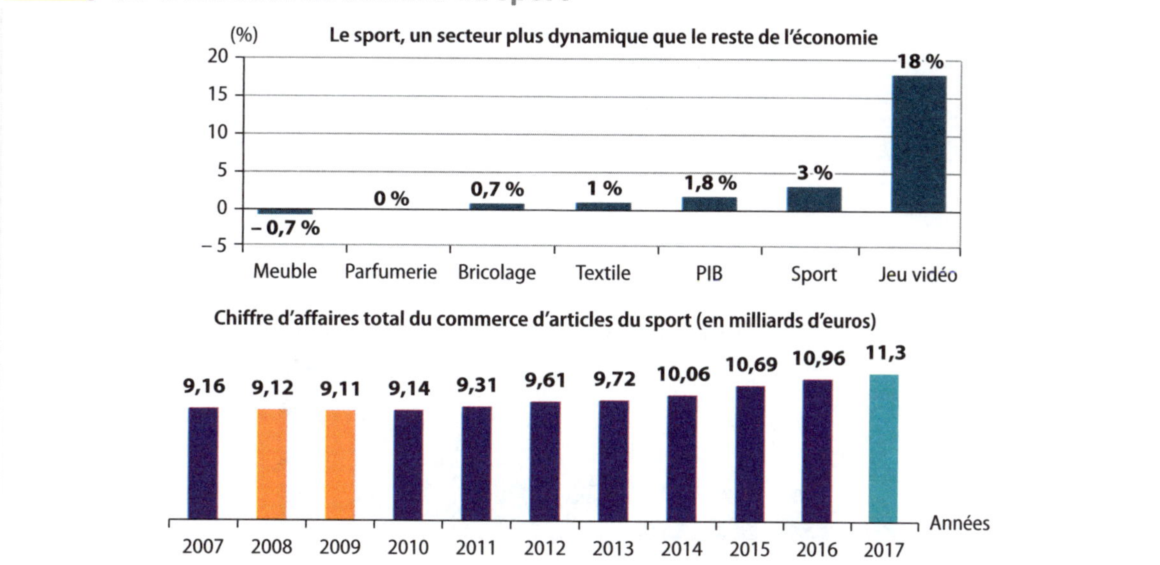

## DOC. 1 / La croissance du marché du sport *(suite)*

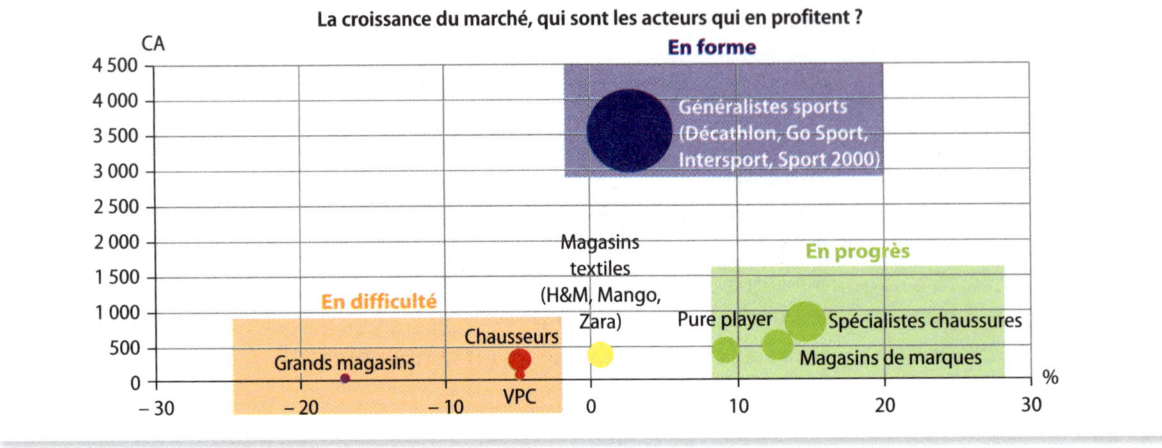


## DOC. 2 / Le marché du sport se féminise

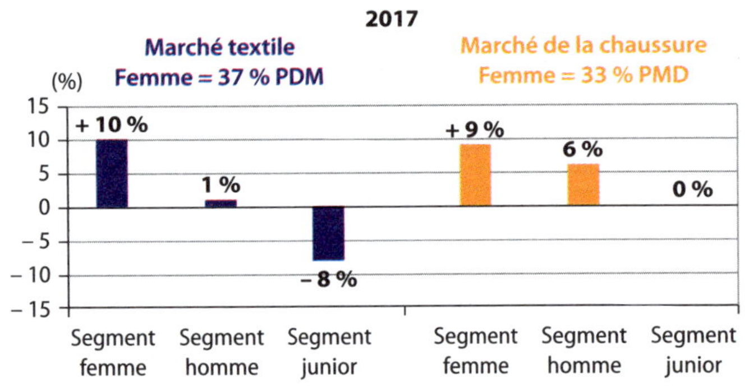


## DOC. 3 / Le marché du sport connecté aussi dans les achats

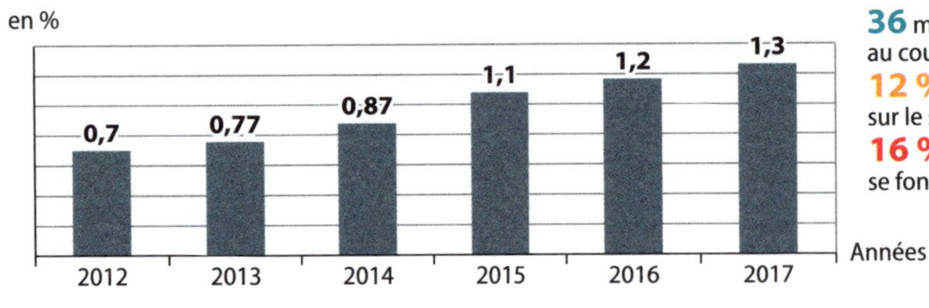


**36** millions de français ont acheté sur Internet au cours des 12 derniers mois.

**12 %** La part de marché estimé d'Internet sur le segment du sport.

**16 %** C'est le pourcentage des achats qui se font désormais sur mobile !

## DOC. 4 / La mobilité, nouveau « moteur » du cycle ?

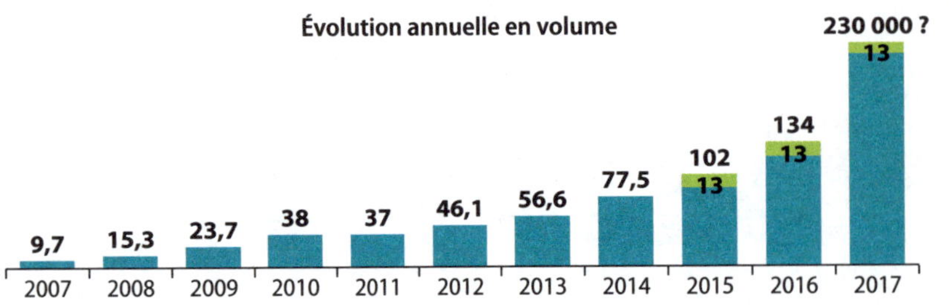

# 2 Analyser le marché

Assistant(e) du chef de rayon Épicerie au sein d'un supermarché, vous analysez les ventes du café.

**1. Calculez, en valeur :**
**a. Le montant des ventes correspondant à la consommation à domicile.**
**b. Le montant des achats des particuliers effectués en grande distribution.**
**c. Le CA des cafés en capsules et dosettes réalisé en grande distribution.**
**d. Le CA des dosettes de la marque l'Or, le café.**

**2. Sachant que le prix moyen d'une dosette de café est de 31 centimes, calculez en volume le marché des dosettes l'Or, le café.**

## DOC. 1 / Consommation : le café dopé par la dosette

Le marché du café en France (données 2016) : 2 milliards d'euros dont :
- Consommation à domicile : 71 %
- Cafés, hôtels, restaurants : 16 %
- Collectivités : 13 %

Les achats des particuliers sont faits à 82 % en grande distribution (hyper, super) et boutiques spécialisées avec la répartition suivante :
- Grande distribution : 98 %
- Boutiques spécialisées : 2 %

**Répartition de la vente de café en grande distribution en 2016 (hors Nespresso)**

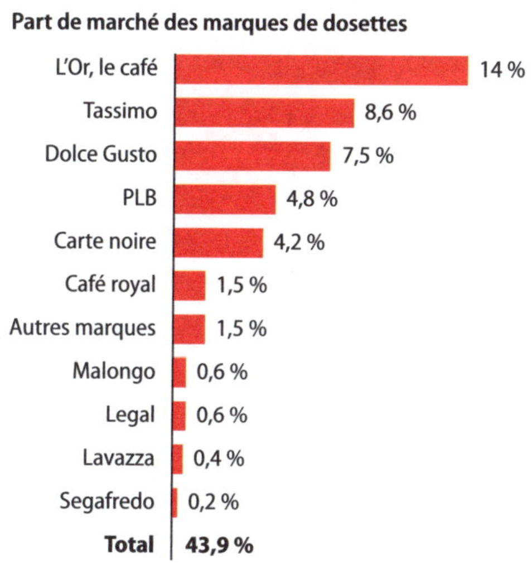

www.leparisien.fr

## 3 Caractériser la demande

Lors d'une conférence sur les consommateurs d'aujourd'hui, le conférencier aborde la génération Z. Intéressé(e), vous décidez de vous renseigner sur le sujet.

**1. Dressez un profil type de la génération Z.**

**2. Compte tenu des spécificités de cette cible et afin de les séduire, proposez des exemples de préconisations à mettre en œuvre par les UC physiques et par les UC virtuelles.**

### DOC. 1 / Habitudes de consommation de la génération Z

Née dans les années 90, la génération Z présente des habitudes de consommation très différentes de ses aînés. En interaction continue avec son environnement, elle s'implique beaucoup dans les réseaux sociaux. En quête d'authenticité, ultra connectée, surinformée et mieux équipée que ses parents, elle est très exigeante. La génération Z bénéficie d'un accès permanent à l'information. Grâce à Internet et aux réseaux sociaux, elle fait preuve d'ouverture d'esprit, elle ose tenter de nouvelles expériences et ne s'oppose pas au changement. Cette génération 4 C (Créative, Collaborative, Confiante et Connectée) se distingue par son autonomie, son pragmatisme et ses prises de position. Malgré son faible pouvoir d'achat, les marques s'intéressent de plus en plus à la génération Z dont l'influence est indéniable. Cette tendance à la collaboration se traduit par un boom du troc, de l'échange, du prêt ou de l'achat d'occasion dans ses habitudes de consommation. La génération 4 C se sent étrangère au concept de possession. Elle préfère réaliser un emprunt plutôt qu'un achat. Ce sont eux qui choisissent la marque, ainsi que la boutique dans laquelle effectuer l'achat. Pour ce faire, ils s'appuient sur leurs valeurs, l'avis de leur communauté et les informations récoltées. Les commentaires clients revêtent une importance capitale dans leur choix. Mais ce n'est pas tout ! La génération Z considère qu'elle doit entretenir un rapport d'égalité avec les marques et donc pouvoir échanger librement avec elles. Face à ces caractéristiques de la génération Z, les e-commerçants se doivent donc d'adapter leur communication pour espérer séduire ce nouveau marché très exigeant.

www.upmybiz.com

### DOC. 2 / La génération Z

**Leurs atouts et leurs défauts**

| + | − |
|---|---|
| • Audace<br>• Adaptabilité<br>• Technologie<br>• Envie<br>• Ambition<br>• Ouverture d'esprit | • Zappeur<br>• Trop connecté<br>• Têtu<br>• Égoïste<br>• Impulsif<br>• Grande gueule<br>• Impatient |

# Synthèse

## Analyser la demande du marché

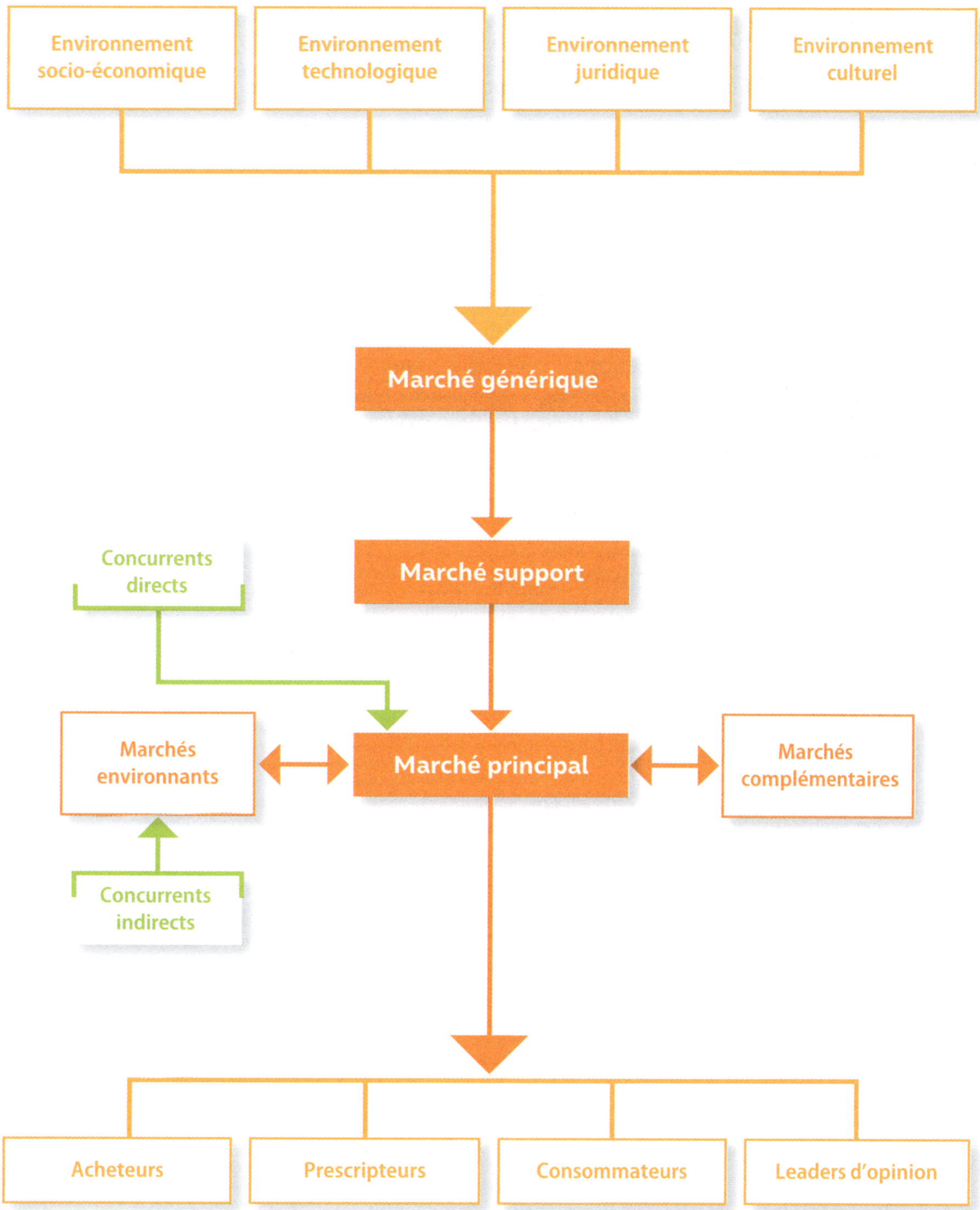

# Vers l'examen

**Objectif : Se préparer à l'évaluation de la sous-épreuve E42 Animation et dynamisation de l'offre commerciale.**

## Analyser la demande du marché

Collecter, analyser, synthétiser des informations concernant l'unité commerciale dans laquelle vous effectuez votre stage (et éventuellement le rayon auquel vous êtes rattaché(e)) :

1. **Identifier les marchés sur lesquels votre unité commerciale évolue.**
2. **Caractériser le marché principal qui vous concerne directement.**
3. **Identifier, caractériser les concurrents directs et indirects.**
4. **En déduire la structure concurrentielle du marché.**
5. **Identifier, caractériser les acteurs de la demande.**
6. **Repérer les principales évolutions de l'environnement susceptibles d'avoir une incidence sur le marché.**

Grille d'auto-évaluation de l'analyse de la demande du marché

| | Critères d'auto-évaluation | Oui | Non |
|---|---|---|---|
| 1 | J'ai **identifié** les marchés sur lesquels mon UC, mon rayon évolue : | | |
| | • j'ai identifié le marché générique | ❏ | ❏ |
| | • j'ai identifié le marché support | ❏ | ❏ |
| | • j'ai identifié le marché principal | ❏ | ❏ |
| | • j'ai identifié les marchés environnants | ❏ | ❏ |
| | • j'ai identifié les marchés complémentaires | ❏ | ❏ |
| 2 | J'ai **caractérisé** le marché principal qui me concerne directement : | | |
| | • j'ai présenté la taille du marché en valeur | ❏ | ❏ |
| | • j'ai présenté la taille du marché en volume | ❏ | ❏ |
| | • j'ai présenté la situation générale du marché | ❏ | ❏ |
| | • j'ai présenté les principales évolutions en % | ❏ | ❏ |
| 3 | J'ai **identifié**, **caractérisé** les concurrents : | | |
| | • j'ai identifié les concurrents directs | ❏ | ❏ |
| | • j'ai identifié les concurrents indirects | ❏ | ❏ |
| | • j'ai présenté les caractéristiques des principaux concurrents (produits proposés, prix pratiqués, modes de distribution, types de communication, place sur le marché) | ❏ | ❏ |
| 4 | J'en ai **déduit** la structure concurrentielle du marché : | | |
| | • j'ai identifié la structure concurrentielle du marché (monopolistique, oligopolistique, ou concurrentielle) | ❏ | ❏ |
| | • je l'ai justifié | ❏ | ❏ |
| 5 | J'ai **identifié**, **caractérisé** les acteurs de la demande : | | |
| | • j'ai identifié les acheteurs | ❏ | ❏ |
| | • j'ai identifié les consommateurs | ❏ | ❏ |
| | • j'ai identifié les prescripteurs | ❏ | ❏ |
| | • j'ai identifié les leaders d'opinion | ❏ | ❏ |
| | • j'ai présenté les principales caractéristiques des consommateurs (typologies, motivations, comportements d'achat, critères de choix) | ❏ | ❏ |
| 6 | J'ai **repéré** les principales évolutions de l'environnement : | | |
| | • j'ai identifié les principales évolutions de l'environnement (évolutions économiques, sociologiques, technologiques, juridiques, culturelles) | ❏ | ❏ |
| | • j'ai précisé les conséquences possibles de ces évolutions sur le marché | ❏ | ❏ |

# 2 Analyser l'offre existante sur le marché

## Contexte professionnel

Votre stage se poursuit au sein du magasin Leroy Merlin de Montivilliers en Normandie (76). Afin de parfaire votre compréhension du marché, le chef de secteur Décoration, Peinture, Éclairage souhaite maintenant que vous approfondissiez votre connaissance de l'offre.

Le marché du bricolage et de la décoration étant en constante évolution, Leroy Merlin, pourtant leader dans ce secteur, doit faire face à la concurrence en tenant compte des stratégies toujours plus performantes des unités commerciales déjà existantes, de l'arrivée de nouveaux entrants et de l'émergence des nouvelles formes de distribution. Cela nécessite de comprendre l'offre afin de pouvoir agir et réagir.

Le chef de secteur va donc vous proposer d'analyser l'offre de distribution des produits de bricolage.

**Vidéo**
La distribution d'articles de bricolage
**lienmini.fr/30541-bricolage**

### Vos missions

**1** Comprendre le circuit de distribution du marché

**2** Caractériser l'organisation d'un réseau de distribution

**3** Cerner les évolutions des stratégies de distribution des offreurs

# Vos missions

## MISSION 1 Comprendre le circuit de distribution du marché

Annexes 1 à 3 | Ressource 1

**Vous rencontrez le directeur du magasin. Il souhaite vous présenter le circuit de distribution des produits de bricolage.**

1. Dans un tableau, listez, selon leur fonction principale, les différents intervenants dans le circuit de distribution des produits de bricolage.
2. Schématisez le canal court et le canal long du circuit de distribution des produits de bricolage.
3. Identifiez les canaux de distribution respectifs de ManoMano, de Shopix et de Leroy Merlin. Concernant la longueur des canaux, que constatez-vous ?

## MISSION 2 Caractériser l'organisation d'un réseau de distribution

Annexes 4 à 8 | Ressource 1

**Après avoir rencontré le directeur du magasin, vous intégrez pour quelques jours le service Logistique et approvisionnement du magasin. Son responsable, le manageur Supply Chain, souhaite aborder avec vous l'organisation du réseau Leroy Merlin.**

1. Identifiez puis justifiez le type de réseau auquel appartient Leroy Merlin.
2. Dans un tableau, présentez les différentes composantes du réseau Leroy Merlin et précisez le rôle de chacune de ces composantes.

| Composantes du réseau LM | Rôle au sein du réseau LM |
|---|---|
| 1 Direction générale | - élaborer la stratégie de l'entreprise<br>- définir les objectifs et les moyens nécessaires (organisationnels, techniques, humains, financiers, logistiques) |
| ... | - ...<br>- ... |

3. Caractérisez et justifiez la stratégie de distribution du groupe ADEO.

## MISSION 3 Cerner les évolutions des stratégies de distribution des offreurs

Annexes 9 à 13 | Ressource 1

**Après avoir découvert les circuits de distribution et le réseau Leroy Merlin, vous retrouvez votre maître de stage et les rayons Peinture et Décoration. Vous faites avec elle le point sur la stratégie de distribution de l'enseigne.**

1. Identifiez les critères d'achat du consommateur de produits de bricolage ainsi que ses sources d'information.
2. En termes d'offre, identifiez les variables sur lesquelles l'enseigne doit se focaliser pour capter le consommateur actuel.
3. Repérez les décisions prises par l'enseigne en matière d'offre physique et virtuelle.

## ANNEXE 1 Les circuits de distribution du marché du bricolage

Après plusieurs années de stagnation de son chiffre d'affaires en valeur, le marché du bricolage évolue de façon positive en 2017. Toutefois, il existe des disparités entre les différents circuits de distribution.

**Circuits de distribution en parts de marchés (données 2017)**

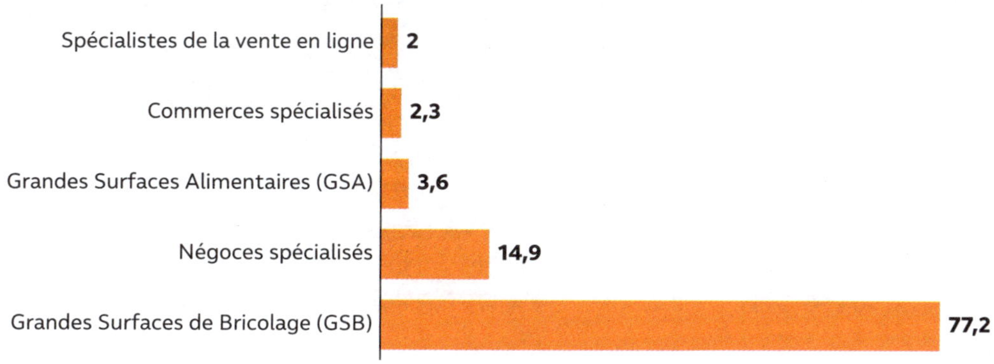


Concernant le segment des GSB, celui-ci est dominé par deux groupes Kingfisher (Castorama et Brico Dépôt) et Adeo (Leroy Merlin, Weldom, Bricoman) dont les enseignes réalisent à elles seules, plus de 50 % du chiffre d'affaires du secteur. À côté de ces réseaux intégrés (ou mixtes), règnent les enseignes Mr Bricolage et Bricomarché, groupements d'achats d'indépendants des réseaux organisés.

Au carrefour de la distribution professionnelle et de la distribution grand public, les enseignes du négoce spécialisé telles que Point P, Gedimat, ou BigMat demeurent des acteurs majeurs du marché du bricolage.

Dans cet environnement concurrentiel difficile, les indépendants isolés sont de plus en plus contraints de rejoindre les groupements et de se différencier par un service et des conseils personnalisés.

www.jesuisentrepreneur.fr

## ANNEXE 2 ManoMano s'impose dans le e-commerce

Sur une place de marché en ligne, les acheteurs passent, généralement, leurs commandes au travers d'annonces déposées par les divers vendeurs. La transaction est portée par la plateforme, qui fait office de tiers de confiance. Elle effectue pour cela une séparation des fonds du montant de la commande en deux parties : le coût de service, ou commission, qu'elle se reverse et de l'autre côté le résiduel, à destination du vendeur.

Les chiffres sont impressionnants ! ManoMano, site lancé en 2013, par Christian Raisson et Philippe de Chanville sous le nom monEchelle.fr, affiche une croissance exceptionnelle : 15 M€ de CA dès sa deuxième année et un doublement des ventes chaque année depuis.

Aujourd'hui, ManoMano compte 500 marchands, dont 350 en France, pour environ un million de produits. Si ce nombre de marchands peut paraître minime (Amazon en compte plus de 2 millions), Christian Raisson le justifie : « On est ce qu'on appelle une marketplace fermée. On fait le tri à l'entrée. C'est nous qui construisons l'offre ». La société préfère ainsi laisser l'exclusivité à certains marchands sur certains produits ou marques.

www.entreprendre.fr

## ANNEXE 3 Shopix, leader de la vente itinérante des produits de bricolage

Leader français de la vente itinérante de « produits malins de la maison au jardin », Shopix s'appuie sur un savoir-faire historique et une adaptation de son modèle économique au marché. Créée en 1980 sous le nom Outillage de Saint-Étienne, la société a rapidement su s'imposer dans le paysage rural français. Les 15 000 passages annuels de ses 20 camions-magasins au sein de 2 800 communes sont attendus et suivis de très près par les habitants de ces villages. Si ce modèle unique de distribution n'est pas récent, il conserve aujourd'hui

/•••

/...

tout son sens dans une société en quête de proximité, de lien social et constitue une solution pour rompre l'isolement des populations rurales. Shopix a su consolider son activité à l'heure même où tous ses concurrents ont dû renoncer, notamment grâce au pari du e-commerce dès l'an 2000, au développement d'un réseau de magasins en nom propre, et à l'extension de son réseau dans les DOM-TOM.

**LE GROUPE EN QUELQUES CHIFFRES...**

- 250 salariés et plus 50 millions de CA en 2018
- 20 camions qui sillonnent la France
- 2 800 communes rurales desservies
- 15 000 passages/an
- 20 magasins métropolitains
- 15 magasins sur 4 îles des DOM TOM (Réunion, Martinique, Guadeloupe et Mayotte)
- 45 millions de catalogues distribués dans 24 000 communes couvertes
- Une activités grands comptes qui représente 10 % du CA

www.shopix.fr

ANNEXE 4

## Le premier Leroy Merlin en franchise ouvre en Martinique

En 2005, dans le cadre de son développement dans les départements d'Outre-mer, le premier magasin franchisé Leroy Merlin s'est ouvert à la Martinique. Cette implantation, effectuée en vue de contrer les autres enseignes de bricolage déjà présentes sur le territoire, a pu être menée à bien grâce à un partenariat avec un opérateur local, le groupe Lancry.

ANNEXE 5

## L'organisation régionale Leroy Merlin

Les magasins Leroy Merlin d'un même secteur sont regroupés autour d'une Direction Régionale. Celle-ci, rattachée à la Direction Générale, a pour mission de mettre en œuvre et coordonner la politique commerciale de l'enseigne, de contribuer au développement de l'activité et de la performance économique et d'assurer l'encadrement des équipes de direction des magasins de son secteur géographique (dans le respect de la stratégie globale du groupe définie par la Direction Générale).

L'activité nationale est ainsi répartie en 10 régions. Située à Rouen, la Direction Régionale Nord-Ouest gère 9 magasins : Amiens – Longueau – Tourville la Rivière – Isneauville – Montivillier – Caen – Dreux – Chartres – Orléans.

ANNEXE 6

## Une activité logistique optimisée

LEROY MERLIN France travaille avec plus de 3 000 fournisseurs : PME et grands groupes, français, européens ou internationaux, fabricants ou détenteurs de grande marque. Ceci implique la gestion d'importants flux de marchandises. Afin d'optimiser la disponibilité des produits pour les clients et de limiter l'impact écologique généré par leur acheminement, l'entreprise a mis en place une nouvelle organisation logistique. Celle-ci est basée sur :

- la construction de deux plates-formes logistiques à Dourges (62) et à Valence (26), qui permettent de réduire les distances moyennes entre entrepôts, fournisseurs et magasins.
- la diversification des modes de transport.
- l'optimisation du taux de chargement.
- le développement du cross-docking qui consiste à répartir des produits provenant des fournisseurs dans des camions en partance pour les magasins, dans des entrepôts dédiés où la marchandise n'est pas stockée.

www.france.leroymerlin.com

ANNEXE

## 7 La plateforme logistique de Leroy Merlin à Saint-Léger-des-Bois

En février dernier, le promoteur immobilier PRD annonçait la construction en blanc pour Stam Europe d'une plateforme logistique de 42 000 mètres carrés à Saint-Léger-des-Bois, à l'ouest d'Angers. Le site a trouvé preneur : XPO Logistics y assurera la logistique de l'enseigne de bricolage Leroy Merlin, pour approvisionner les 30 magasins du Grand Ouest. 150 emplois devraient être créés d'ici à 3 ans.

www.actu.fr

ANNEXE

## 8 Le groupe ADEO

### ADEO EN 2016

**Chaque année ADEO investit pour son développement**
entre 400 Millions et 1 Milliard d'euros depuis 2007

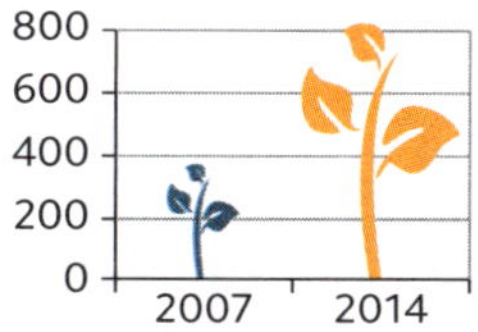


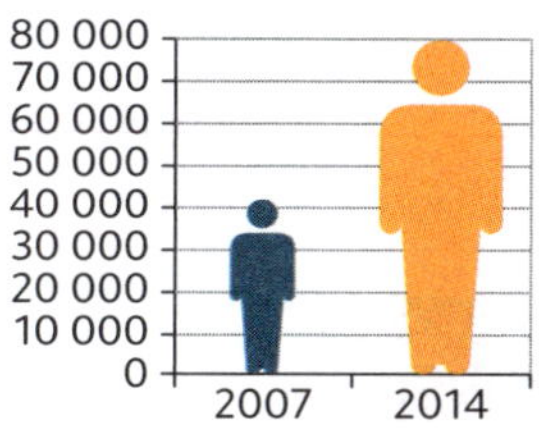


**Plus de 89 000 collaborateurs travaillent aujourd'hui pour ADEO**
+ 93 % depuis 2007

**Chaque année ADEO ouvre dans le monde de nouveaux magasins**
depuis 2007

+ 161
multi-spécialistes

+ 29
enseignes de proximité

+ 103
magasins-dépôts

### ACTIVITÉS

Habitat durable et respectueux de l'environnement, cadre de vie alliant le confort à l'esthétique, aménagement de la maison, bricolage, décoration, cuisine, mobilier, ADEO est présent sur tous les secteurs de l'amélioration de l'habitat.

**POUR LES PARTICULIERS**

**POUR LA VIE À LA MAISON**

**POUR LES PROFESSIONNELS**

www.adeo.com

ANNEXE

## 9 Les Français et le bricolage : étude 2017 de l'institut Ropars

**Afin d'aider les distributeurs, promoteurs et industriels à la compréhension des habitudes du consommateur final, l'Institut Ropars, spécialisé dans les études comportementales des consommateurs a présenté son enquête sur le bricolage. L'étude a été réalisée auprès d'un échantillon de 1 039 personnes, représentatif de la population française âgée de 18 ans et plus.**

Si 66 % des personnes interrogées déclarent faire des achats de bricolage, 93 % de ces personnes effectuent ces achats dans les Grandes Surfaces de Bricolage. Parmi les consommateurs, près de la moitié sont en demande de choix. Le prix (17 %) et la qualité des produits (16 %) ont également leur importance. 40 % des consommateurs déclarent que les mises en scène en magasin peuvent influencer leurs achats et 75 % révèlent qu'un bon conseiller en point de vente est un élément décisif dans l'acte d'achat. Pour 43 % des consommateurs, Internet est une source d'inspiration pour leurs achats de bricolage (comparaison de prix, produits, tutos, etc.). Plus d'1/3 des consommateurs s'appuient sur les prospectus pour optimiser leurs achats de produits de bricolage. À noter que près d'1/4 des consommateurs disent avoir des difficultés pour repérer les produits en magasin. Pour les produits de bricolage, si Internet est un canal de distribution qui n'est pas systématiquement envisagé par les consommateurs, 72 % de ceux qui ont déjà fait des achats *via* ce canal comptent renouveler l'expérience.

Selon l'étude, Leroy Merlin et Brico Dépôt sont premiers ex. aequo du classement des enseignes qui proposent les meilleurs prix. Quant au classement des enseignes qui proposent les meilleurs conseils, Leroy Merlin est leader. 44 % des personnes interrogées désignent cette enseigne comme la plus performante sur ce critère.

www.bricomag-media.com

ANNEXE
## 10 La peinture murale couleur chez Leroy Merlin

La peinture murale couleur chez Leroy Merlin c'est :
- 1 327 références au prix le plus juste, disponibles en magasin ou livrées à domicile.
- 4 aspects : mat, velours, satin, brillant
- 5 marques : Ropolin, Dulux Valentine, V33, Envie, Luxens
- des contenances adaptées aux besoins du consommateur : pots de 0,5 à 5 litres
- 2 bases : Acrylique (peinture à l'eau), glycérophtalique (peinture à l'huile)
- un pouvoir couvrant de 1 à 6
- plus des peintures spécifiques : radiateur, magnétique, crème, pour meubles, dépolluante, sans odeur, mangeable, aux algues…

Propos recueillis auprès de la chef du rayon Peinture et Décoration.

ANNEXE
## 11 Du côté de chez vous

**Vidéo**
Du côté de chez vous, le mag
**lienmini.fr/30541-mag**

**Vidéo**
Du côté de chez vous, le clip
**lienmini.fr/30541-clip**

ANNEXE
## 12 Les cours de bricolage avec Leroy merlin

ANNEXE
## 13 moncoachdeco.leroymerlin.fr

**Un coach déco rien que pour vous**

Vous rêvez d'avoir l'avis d'un décorateur pour relooker votre salon ou refaire la cuisine ? Avec moncoachdéco par Leroy Merlin, vous répondez à quelques questions et vous avez votre propre planche tendance ! Élaboré avec des décorateurs, cet outil ludique et inspirant est truffé de bonnes astuces déco. Et tous les conseils ont été rédigés par nos soins à partir du savoir-faire des pros.

Pour tenter l'expérience, c'est ici moncoachdeco.leroymerlin.fr

www.leroymerlin.fr

# 1 Les unités commerciales et l'omnicanalité

## 1 Les circuits et canaux de distribution

La **distribution** est composée d'une chaîne d'intermédiaires qui permet au produit de passer du producteur au consommateur.

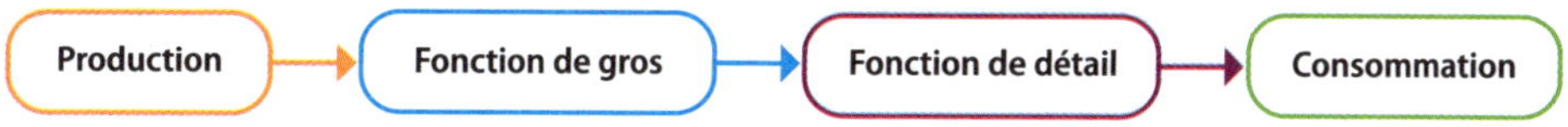


La **fonction de gros** regroupe l'ensemble des entreprises qui achètent en grandes quantités aux producteurs afin de bénéficier de prix intéressants, stockent puis revendent en plus petites quantités à des revendeurs ou utilisateurs professionnels.

La **fonction de détail** regroupe l'ensemble des entreprises qui achètent aux producteurs et/ou aux entreprises de la fonction de gros pour revendre à l'unité aux consommateurs finaux.

Un **canal de distribution** représente un chemin parcouru par un produit du producteur au consommateur. L'ensemble des canaux concernant la distribution d'un produit constitue un **circuit**.

Selon le nombre d'intermédiaires, on distingue 3 longueurs de canaux de distribution :

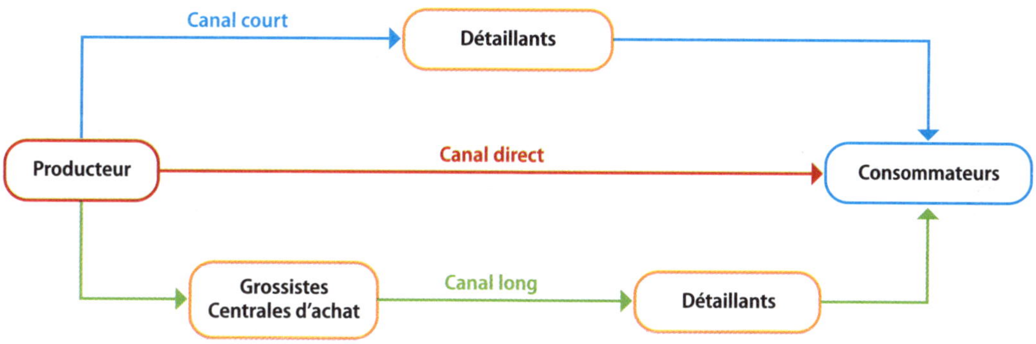


Juridiquement, on distingue 4 types de canaux de distribution :

| | |
|---|---|
| **Les canaux traditionnels** | Chaque intermédiaire du canal de distribution est indépendant. |
| **Les canaux administrés** | Les intermédiaires sont indépendants mais un des membres (souvent le producteur) coordonne l'ensemble du canal de distribution. |
| **Les canaux contractuels** | Les intermédiaires sont liés entre eux par des contrats de longue durée (franchise, concession, groupement d'achats, coopérative). |
| **Les canaux intégrés** | Les intermédiaires de la fonction de gros et de la fonction de détail appartiennent à la même organisation. |

## 2 Les unités commerciales physiques

Les unités commerciales physiques (UCP) regroupent l'ensemble des formats de magasins permettant au client potentiel d'accéder à une offre de produits et/ou de services.

Parmi les formes les plus courantes d'unités commerciales physiques, on trouve :

| Unité commerciale | Définition | Exemples |
|---|---|---|
| **Les commerces de proximité** | Magasin de petite surface proposant un assortiment limité répondant à des besoins courants ou de dépannage. | Magasins d'alimentation générale ou spécialisés |
| **Les supérettes** | Établissement de vente au détail en libre-service réalisant plus des deux-tiers de son chiffre d'affaires en alimentation et dont la surface de vente est comprise entre 120 et 400 $m^2$. | Carrefour City<br>Leclerc Express<br>A2pas |
| **Les supermarchés** | Magasin en libre-service réalisant plus des deux tiers de son chiffre d'affaires en alimentation et dont la surface de vente est comprise entre 400 et 2 500 $m^2$. | Carrefour Market<br>Super U<br>Intermarché super |
| **Les hypermarchés** | Magasin en libre-service réalisant plus du tiers de son chiffre d'affaires en alimentation et dont la surface de vente est supérieure ou égale à 2 500 $m^2$. | Hyper U<br>Leclerc<br>Carrefour |
| **Les discounts** | Magasin de moyenne surface de vente ($\approx$ 700 $m^2$) à dominance alimentaire et commercialisant des produits à des prix généralement en dessous de ceux normalement pratiqués. | Lidl<br>Aldi<br>Leader Price |
| **Les grands magasins** | Magasin de centre-ville caractérisé par une grande surface de vente, proposant en libre-service assisté un grand nombre de produits dans différents secteurs (habillement, hygiène/beauté, équipement de la maison, loisir, culture), chacun des rayons constituant l'équivalent d'un magasin spécialisé. | Le Printemps<br>Les Galeries Lafayette<br>Le BHV |
| **Les magasins multi-commerces** | Magasin de détail à rayons multiples (alimentaires et non alimentaires), disposant d'une surface de vente identique à celle d'un supermarché (entre 400 et 2 500 $m^2$) et vendant en libre-service ou libre-service assisté. | Monoprix |
| **Les Grandes Surfaces Spécialisées** | Grandes surfaces non-alimentaires spécialisées dans une seule catégorie de produits (jouets, chaussures, bricolage, articles de sport, équipement de la maison…) | Conforama<br>Castorama<br>Gemo |

Afin d'assurer un développement harmonieux des activités commerciales et limiter les nuisances éventuelles (pollution visuelle, pollution routière), les ouvertures d'unités commerciales physiques doivent s'inscrire dans le respect des règles de **l'urbanisme commercial** (lois nationales et plans d'aménagement locaux des territoires).

## 3 Les réseaux d'unités commerciales

Pour des raisons de performances financières et commerciales, les unités commerciales sont aujourd'hui de plus en plus structurées en réseau.

Il existe différents types de réseaux :

| Type de réseau | Définition | Exemples |
|---|---|---|
| **Le réseau intégré** | Forme de réseau dans laquelle les UC (appelées filiales ou succursales) appartiennent toutes juridiquement à la maison mère. Chaque UC est dirigée par un salarié du groupe et s'approvisionne auprès d'une centrale d'achat gérée par la maison mère. | *Darty*<br>*Célio* |
| **Le réseau associé** | Forme de réseau dans laquelle un ensemble d'entreprises développe le même concept tout en restant juridiquement indépendantes.<br>2 formes de réseau organisé :<br>– <u>La franchise</u> : Ensemble d'entreprises indépendantes (les franchisés) qui utilisent le concept, la notoriété et le savoir-faire d'une entreprise (le franchiseur) moyennant une redevance.<br><br>– <u>La concession</u> : ensemble d'entreprises indépendantes (les concessionnaires) qui distribuent en exclusivité sur un territoire donné les produits et/ou services d'une entreprise (le concédant). | *Spar*<br>*L'onglerie*<br>*Cash Express*<br><br>*Renault*<br>*BMW*<br>*Burberry*<br>*Prestige Yacht* |
| **Le réseau organisé** | Forme de réseau dans laquelle des entreprises tout en restant indépendantes créent une nouvelle structure juridique (groupement de détaillants) permettant de partager les coûts et mutualiser les moyens. | *Leclerc*<br>*Intermarché*<br>*Gédimat*<br>*Intersport* |

La force principale des **réseaux** consiste en une centralisation des achats.

Une **centrale d'achat** est l'organisme qui centralise les achats pour un ensemble de distributeurs membres (affiliés ou intégrés).

Aujourd'hui, de plus en plus de réseaux se développent en croisant les formes du commerce intégré et celles du commerce organisé et/ou associé. On parle alors de réseaux mixtes (ex. : Auchan).

## 4 Les stratégies de distribution

Dans le cadre de leur stratégie, les réseaux de distribution peuvent opter pour un ou plusieurs formats de magasin (stratégie mono format ou multi formats), 1 ou plusieurs enseignes (stratégie mono enseigne ou multi enseignes).

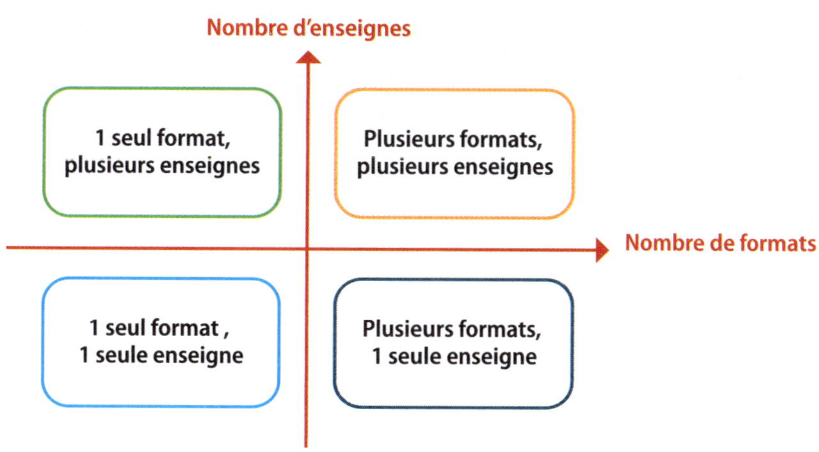

## 5 Les contrats de distribution

Pour lutter contre la concurrence de plus en plus agressive sans toutefois intégrer un réseau, certaines UC nouent des contrats de distribution avec des fabricants ou des fournisseurs.

Parmi les contrats les plus usités, on trouve :

| | |
|---|---|
| **Le contrat de distribution sélective** | Contrat de distribution par lequel un fabricant s'engage à ne vendre ses produits qu'à des distributeurs sélectionnés sur la base de critères prédéfinis (ex. : emplacement ou agencement de l'UC, compétence du personnel de vente). |
| **Le contrat de licence de marque** | Contrat de distribution par lequel un fabricant, titulaire d'une marque enregistrée, la donne en location à un distributeur qui l'utilisera comme enseigne de son établissement commercial. |
| **Le contrat d'approvisionnement exclusif** | Contrat de distribution par lequel un distributeur s'engage à s'approvisionner auprès d'un fabricant ou d'un fournisseur déterminé pour totalité ou partie des produits qu'il commercialise. |

## 6 Le e-commerce

Sous l'influence des nouvelles technologies de l'information et de la communication, sont apparues de nouvelles formes de commerce. Ainsi, s'est développé le **e-commerce** (commerce électronique *via* les ordinateurs), puis le **m-commerce** (commerce *via* les mobiles) et enfin le **s-commerce** (commerce *via* les réseaux sociaux).

À côté des **pureplayers** (entreprise qui exerce son activité de distribution uniquement *via* le canal internet), ont émergé de nouvelles formes de distribution telles que le drive, le click-and-collect, les applications commerciales ou encore les sites vitrines ou marchands.

Les entreprises sont ainsi passées d'une stratégie de canal simple à une stratégie multicanal puis cross-canal et enfin omnicanal.

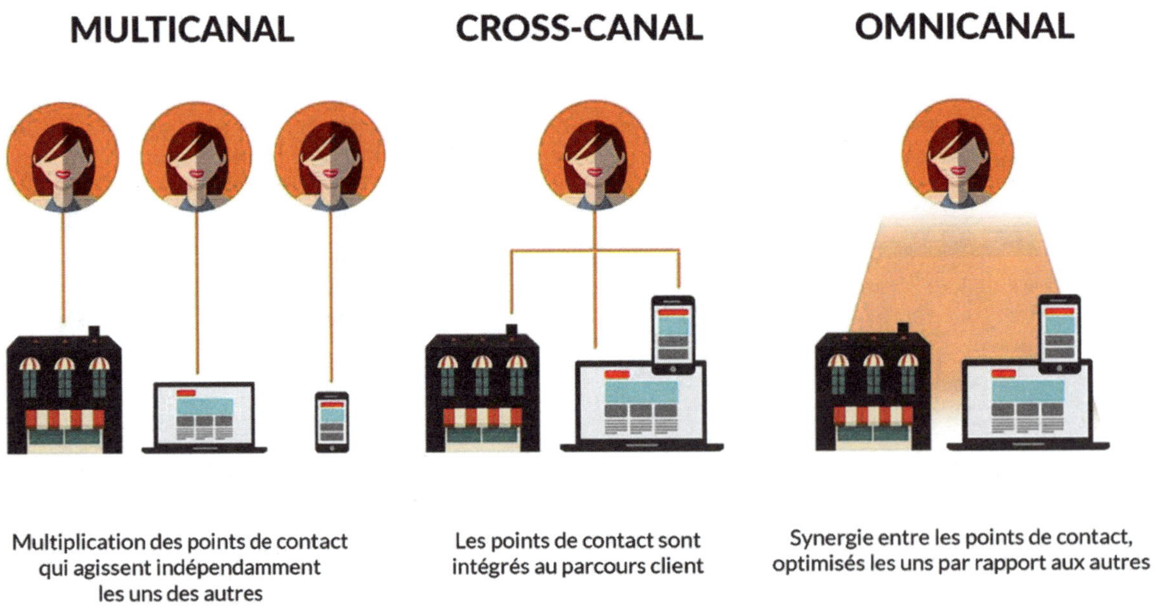


business.critizr.com

# Applications

**VRAI/FAUX** Validez vos connaissances en indiquant si ces propositions sont vraies ou fausses puis justifiez oralement vos réponses.

1. **Canal de distribution et circuit de distribution sont deux termes synonymes.** ☐ Vrai ☐ Faux
2. **Dans un canal de distribution traditionnel, les entreprises sont indépendantes.** ☐ Vrai ☐ Faux
3. **Dans un canal de distribution contractuel, les intermédiaires appartiennent tous à la même entreprise.** ☐ Vrai ☐ Faux
4. **Supermarché et hypermarché sont deux types de commerce de l'alimentaire qui se différencient principalement par leur taille.** ☐ Vrai ☐ Faux
5. **Une GSB est une forme de GSS.** ☐ Vrai ☐ Faux

> **VRAI/FAUX**
> Retrouvez la suite en version interactive pour tester vos connaissances sur ce chapitre.
> **lienmini.fr/30541-exo2**

## 1 Schématiser un circuit de distribution

Consommateur sensible au « bien manger », vous vous intéressez au circuit de distribution des produits bio.

1. **Schématisez le circuit de distribution des produits bio.**
2. **Précisez qui sont les acteurs de la fonction de gros, de la fonction de détail.**
3. **Calculez :**
   **a. Le nombre total d'opérateurs de la filière bio en France en 2016 ainsi que la part respective de chaque type d'acteurs.**
   **b. Le nombre total d'opérateurs de la filière bio en France en 2015.**

> **Complément web**
> Les 5 chiffres qui montrent l'exploitation du bio en France
> **lienmini.fr/30541-bio**

### DOC. 1 L'explosion du bio en France

En l'espace d'une dizaine d'années, le bio s'est installé dans les cuisines et le quotidien des Français. Les consommateurs sont en effet de plus en plus friands d'aliments labellisés sans produits phytosanitaires ni OGM. Les chiffres le prouvent, près de 9 Français sur 10 déclarent avoir consommé des produits bio au cours des 12 derniers mois et 7 sur 10 en consomment tous les mois.

Si l'engouement des consommateurs pour le bio est fort, celui des agriculteurs l'est tout autant. Ainsi, nombre d'eux se sont tournés vers cette culture plus respectueuse de l'environnement. On compte désormais pour le secteur du bio, en France, 32 326 exploitants agricoles et 14 859 personnes qui travaillent dans la transformation des produits, soit une évolution de 12 % en 1 an du nombre des acteurs.

Cette tendance doit aussi évidemment beaucoup à l'engouement de la grande distribution pour ce marché lucratif ainsi qu'à la création et au développement d'enseignes spécialisées comme Biocoop ou Naturalia.

## 2 Caractériser un circuit de distribution

Monsieur David est producteur de melons dans la région du Tarn. Depuis 1990, date de création de son entreprise, il écoule sa production par le biais de plusieurs canaux de distribution. En effet, alors que certains consommateurs viennent directement acheter sur l'exploitation, Monsieur David livre aussi les commerçants indépendants de sa ville, des grossistes en fruits et légumes de la région et la centrale d'achat nationale d'un réseau intégré.

**1. Schématisez le circuit de distribution de ce producteur.**

**2. Identifiez chaque canal utilisé et caractérisez le circuit de distribution.**

**3. Précisez qui sont les acteurs de la fonction de gros, de la fonction de détail.**

## 3 Qualifier un réseau de distribution

Afin de parfaire votre connaissance des nombreux modes de distribution, vous décidez d'étudier la stratégie d'un réseau innovant.

**1. Définissez les termes de « phygital » et « flagship ».**

**2. Identifiez le type de réseau de l'enseigne Tape à l'œil.**

**3. Listez :**
  **a. les différents formats de l'enseigne ;**
  **b. les points de vente physiques ;**
  **c. les points de vente digitaux ;**

**4. Concluez sur la stratégie de distribution.**

### DOC. 1 / Tape à l'œil muscle son réseau !

2016 est une année d'ouvertures et de développement pour Tape à l'œil. L'enseigne d'habillement pour enfant du groupe Mulliez, lancée en 1996, prévoit d'ouvrir 35 magasins, dont une quinzaine en France. L'Hexagone compte déjà 220 succursales Tape à l'œil.

La marque-enseigne vise notamment des implantations dans les Centres Commerciaux Régionaux (parisiens entre autres) et dans les grandes agglomérations comme Lyon, Nantes ou Nancy. Et, pour s'ancrer en centre-ville où les surfaces vacantes sont plus rares et plus réduites, Tape à l'œil compte sur son concept 100 % phygital, TAO Connect, qui permet de présenter l'ensemble des collections sur des surfaces oscillant de 60 à 80 mètres carrés.

À l'international, l'enseigne est déjà présente dans une vingtaine de pays (Belgique, Pologne, pays du Moyen-Orient, pays du Golfe) et table sur un retour en Italie et en Espagne *via* des boutiques en propre d'ici la fin de l'année (ou le début de 2017).

www.fr.fashionnetwork.com

## DOC. 2 / La franchise Tape à l'œil

Fondée il y a 22 ans, la marque Tape à l'œil compte aujourd'hui 300 magasins (75 % de succursales, 25 % de franchises) dont environ 200 en France.

Présentation de la franchise Tape à l'œil, spécialiste de prêt-à-porter pour enfants.

Créée en 1996, Tape à l'œil est une enseigne de prêt-à-porter pour enfants. L'enseigne vous donne aujourd'hui l'opportunité de rejoindre son programme d'affiliation.

L'enseigne propose une large gamme de vêtements originaux et colorés pour les enfants de 0 à 14 ans, avec un rapport qualité-prix attractif. Tape à l'œil distribue plus de 1 000 références et renouvelle leurs collections tous les quinze jours afin de satisfaire l'ensemble de leur clientèle.

En intégrant Tape à l'œil, vous vous lancez aux côtés du premier groupe de distribution français. Avec plus de 171 points de ventes, l'enseigne souhaite se développer davantage en France et à l'international.

Pour développer le réseau de la franchise, Tape à l'œil privilégie le profil de candidat « investisseur ».

| APPORT PERSONNEL | DROIT D'ENTRÉE | INVESTISSEMENT TOTAL |
|---|---|---|
| 100 000 € | 10 000 € | 250 000 € |

www.franchise-magazine.com

## DOC. 3 / Salon de coiffure pour enfants chez Tape à l'œil

Tape à l'œil (TAO) a innové en 2017 avec un salon de coiffure pour enfants (ouvert les mercredis et samedis), dans ses magasins de Faches-Thumesnil, Sainte Geneniève-des-Bois et à Roncq, et dans le tout récent centre commercial Promenade de Flandre, dans un flagship de 1 300 m$^2$, contre une surface moyenne de 350 m$^2$.

www.lesechos.fr

## 4 Cerner les évolutions de la stratégie de distribution d'une enseigne

Afin de bien cerner les tenants et aboutissants d'une stratégie omnicanale, vous vous intéressez à celle de l'enseigne Décathlon.

**1. Présentez le concept de distribution testé par l'enseigne Décathlon.**

**2. Dans un tableau, identifiez les intérêts et les limites de ce concept pour le client, puis pour l'UC.**

| | Intérêts | Limites |
|---|---|---|
| Pour le client | | |
| Pour l'UC | | |

**3. Expliquez pourquoi le concept *Osons* peut être qualifié de stratégie omnicanale ?**

**4. Quelques mois après son ouverture, le concept *Osons* disparaitra pour laisser à nouveau la place à un magasin traditionnel Décathlon. Selon vous, quelle pourrait être la raison principale de cette décision ?**

### DOC. 1 / L'enseigne Décathlon teste un nouveau concept de surface de vente : Osons

C'était la foule des grands jours samedi dans les allées du nouveau magasin Décathlon d'Englos, près de Lille. Une foule venue découvrir un nouveau concept testé sur le site historique du tout premier magasin de l'enseigne, ouvert il y a quarante ans. Sur 1 200 m$^2$, le point de vente présente la totalité des 22 500 références du site Decathlon.fr mais… sans aucun stock sur place. Les produits sont là 10 % moins chers que dans un point de vente classique. Nous avons voulu répondre aux attentes des clients qui veulent pouvoir toucher le produit et rechignent à payer en ligne, pour des questions de sécurité. L'acheteur peut récupérer sa commande au magasin dans la journée si celle-ci est passée avant 11 heures, le lendemain matin si c'est plus tard, précise la manager du site Domitille Delambre. Les 40 salariés de cette équipe, désormais libérés du déchargement des camions et de la mise en rayon des produits – ce qui représentait 50 % de leur temps –, peuvent désormais « remplir leur rôle de conseiller sportif et être à l'écoute des clients », ajoute-t-elle. Pour Décathlon, qui a déployé l'année dernière le service dit de « click and collect » dans la totalité de ses 282 magasins en France, ce concept est dans la suite logique de sa politique omnicanale. Mais il s'agit bien d'un test, insiste-t-on chez le distributeur.

www.lesechos.fr

## Synthèse

# Analyser l'offre existante sur le marché

Analyser l'offre existante sur le marché nécessite de cerner les circuits de distribution existants sur ce marché.

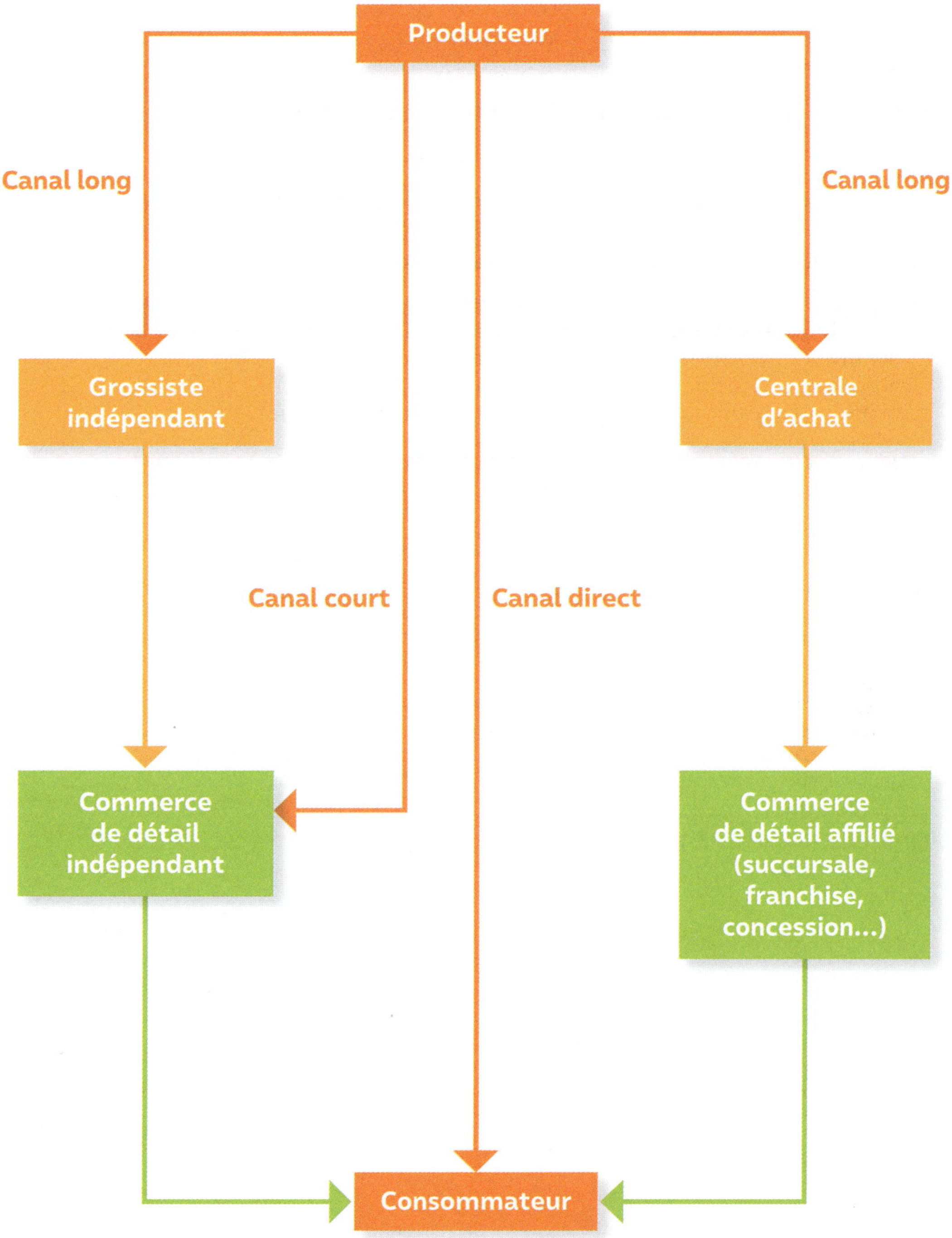

# Vers l'examen

**Objectif : Se préparer à l'évaluation de la sous-épreuve E42 Animation et dynamisation de l'offre commerciale.**

## Analyser l'offre existante sur le marché

Collecter, analyser, synthétiser des informations concernant l'unité commerciale dans laquelle vous effectuez votre stage :

**1. Identifier, caractériser le réseau de distribution de votre enseigne.**

**2. Replacer votre unité commerciale dans son circuit de distribution.**

**3. Identifier, caractériser la forme de commerce de votre unité commerciale.**

Grille d'auto-évaluation de l'analyse de l'offre existante sur le marché

| | Critères d'auto-évaluation | Oui | Non |
|---|---|---|---|
| 1 | J'ai **identifié**, **caractérisé** le réseau de distribution de mon enseigne : | | |
| | • j'ai présenté le type de réseau de mon enseigne (intégré, associé, organisé ou mixte) | ❏ | ❏ |
| | • j'ai présenté les principales caractéristiques de mon réseau (stratégie de distribution, nombre de formats, d'enseignes, de points de vente) | ❏ | ❏ |
| | • j'ai repéré les principales conséquences de cette forme de réseau pour mon enseigne (forces, faiblesses, contraintes) | ❏ | ❏ |
| 2 | J'ai **replacé** mon unité commerciale dans son circuit de distribution : | | |
| | • j'ai schématisé le circuit de distribution de mon unité commerciale | ❏ | ❏ |
| | • j'ai fait apparaître les fonctions de gros et de détail | ❏ | ❏ |
| | • j'ai repéré les différents canaux de distribution (direct, court, long) | ❏ | ❏ |
| | • j'ai présenté la stratégie de mon enseigne (monocanal, multicanal, cross-canal ou omnicanal) | ❏ | ❏ |
| 3 | J'ai **identifié**, **caractérisé** la forme de commerce de mon unité commerciale : | | |
| | • j'ai présenté la forme de commerce de mon unité commerciale physique | ❏ | ❏ |
| | • j'ai présenté les principales caractéristiques de cette forme de commerce (taille, type d'assortiment, méthodes de vente, implantation) | ❏ | ❏ |

CHAPITRE 3

# Construire et/ou adapter l'offre de l'unité commerciale

## Contexte professionnel

Votre première période de stage au sein du magasin Leroy Merlin de Montivilliers vous a permis de découvrir le marché du bricolage et d'approfondir votre connaissance de l'offre. Le chef de secteur souhaite maintenant vous faire analyser les choix effectués par l'enseigne en termes d'assortiment.

Dans un contexte de concurrence souvent agressif (guerre des prix, promotions, offre de services), l'assortiment est une variable essentielle pour créer de la valeur pour le client, pour l'entreprise. Pour autant, entre efficacité marketing et efficacité financière, les choix à effectuer concernant la construction et l'adaptation en continu des gammes de produits offertes aux clients relèvent d'un véritable exercice d'équilibriste.

Accompagné(e) de la cheffe de rayon peinture, vous travaillez sur l'offre du rayon.

**Vidéo**

Histoire originale d'un pot de peinture

**lienmini.fr/30541-peinture**

### Vos missions

1 Caractériser l'assortiment de l'unité commerciale

2 Identifier les adaptations de l'offre de l'unité commerciale

3 Cerner les évolutions des relations producteurs/distributeurs

# Vos missions

## MISSION 1 Caractériser l'assortiment de l'unité commerciale

Annexes 1 à 4 Ressources 1 et 2

**Afin de vous permettre de cerner la structure de l'offre de l'unité commerciale, votre chef de rayon fait avec vous le tour des univers de consommation ainsi que des différents rayons présents dans l'unité commerciale.**

**1.** Définissez la notion d'univers de consommation et présentez l'intérêt pour une unité commerciale de structurer son assortiment ainsi.

**2.** À l'aide du schéma en annexe 1, présentez la structure de l'assortiment de peinture.

**3.** Analysez l'assortiment de la famille peinture murale de finition :

**a.** Caractérisez la profondeur de l'offre.

**b.** Précisez quelles sont les marques nationales et quelles sont les marques d'enseigne.

**c.** Identifiez un produit leader et un produit d'appel.

**4.** Analysez les dimensions de l'offre puis précisez la nature de l'assortiment de l'unité commerciale Leroy Merlin de Montivilliers.

## MISSION 2 Identifier les adaptations de l'offre de l'unité commerciale

Annexes 5 à 11 Ressources 1 et 2

**Intégré(e) à l'équipe des conseillers de vente, vous assistez à une réunion organisée par votre chef de rayon. Elle y présente les principaux résultats et changements à venir concernant l'offre peinture et droguerie. Soucieux de ne rien oublier, vous prenez des notes sur votre tablette (annexe 5).**

**1.** Identifiez les nouvelles attentes des consommateurs en matière de peinture et de produits d'entretien.

**2.** Dans un tableau, présentez les caractéristiques (composition et positionnement) des marques référencées pour 2019.

**3.** Justifiez le choix de votre manageur de référencer ces 4 marques.

## MISSION 3 Cerner les évolutions des relations producteurs/distributeurs

Annexe 5 Ressource 3

**Afin de parfaire votre formation, votre maître de stage vous demande de l'assister dans la préparation de sa rencontre avec le responsable des ventes de l'entreprise Briochin.**

**1.** Concernant les produits Briochin, précisez le besoin d'achat pour le rayon droguerie de l'unité commerciale Leroy Merlin de Montivilliers.

**2.** Listez et hiérarchisez par ordre d'importance les critères de sélection du fournisseur.

**3.** Proposez les arguments pouvant être mis en avant par Leroy Merlin dans le cadre de la négociation avec le responsable des ventes de l'entreprise Briochin.

ANNEXE 1

## Organisation des rayons chez Leroy Merlin

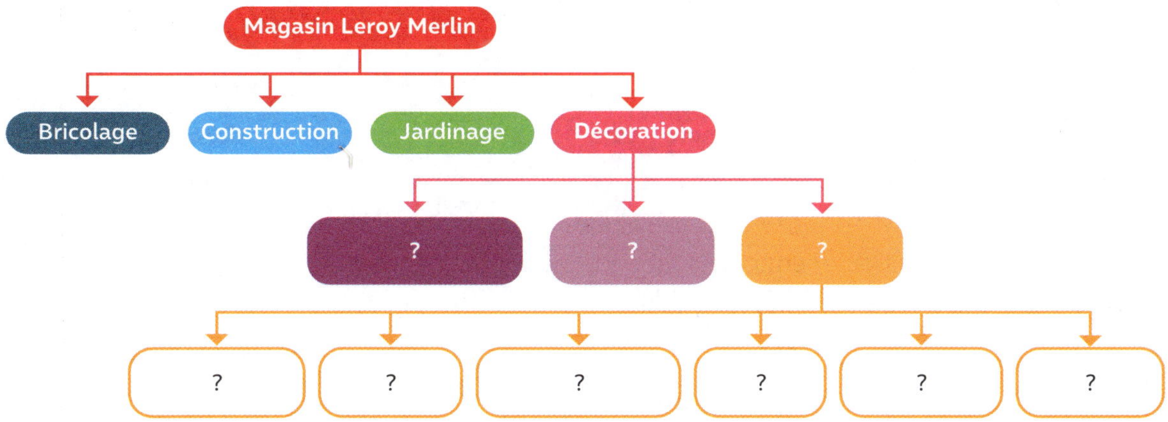


ANNEXE 2

## L'offre de produits Leroy Merlin

Leroy Merlin propose ses produits autour de 4 univers : Bricolage, Construction, Décoration et Jardinage.

Leroy Merlin a le souci d'offrir aux habitants le meilleur choix de produits et solutions, au meilleur prix. Pour satisfaire leurs attentes et tenir compte des spécificités culturelles ou réglementaires du pays d'implantation, le référencement est adapté localement.

L'offre Leroy Merlin comprend ainsi :

- des produits de grande marque, à la notoriété reconnue ;
- des produits à marque propre ;
- des produits de marques moins connues.

Des plus grands fournisseurs internationaux aux plus petits fournisseurs locaux, la politique de distribution de Leroy Merlin implique tous types de fabricants.

ANNEXE 3

## Les marques de peinture murale proposées par Leroy Merlin

**Ripolin, la marque des artistes**
Créée en 1888, la marque revendique la technicité de ses produits. Forte de son image haut de gamme, elle se tourne aujourd'hui vers des produits plus écologiques.

**Dulux valentine, la peinture grand public**
Créée en 1925, la marque française est aujourd'hui leader sur le marché de la peinture grand public.

**V33, la marque des professionnels**
Créée en 1957, la marque propose depuis 1988 des produits de qualité professionnelle.

**Envie, la marque haute finition de Leroy Merlin**
Marque propre de Leroy Merlin qui propose des peintures tendance, lessivables et dépolluantes.

**Luxens, la marque de Leroy Merlin**
Marque propre de Leroy Merlin, Luxens propose des peintures grand public à des prix très compétitifs. Luxens Niveau 1 (1er prix) et Luxens (moyenne gamme)

ANNEXE

## 4 Prix de vente d'un pot de peinture blanche satinée, 2,5 litres

| Marques | Lignes | Prix relevé en rayon (en euros) |
|---|---|---|
| **Ripolin** | Rénov'Express | 38,90 |
| | Murs | 42,90 |
| | XPro 3 | 45,90 |
| | Chambre d'enfants | 47,90 |
| **Dulux Valentine** | Protech | 38,90 |
| | Crème de peinture | 39,90 |
| | Architecte | 55,90 |
| **V33** | Acti'pur | 39,90 |
| | Easycover | 39,90 |
| | Resistextrem | 44,90 |
| **Envie** | Velours | 39,90 |
| **Luxens** | Travaux courants (niveau 1) | 19,90 |
| | Murs, plafonds, boiseries | 29,90 |
| | Murs, plafonds, boiseries | 32,90 |

*Relevé prix effectué dans le rayon chez Leroy Merlin Montivilliers – décembre 2018*

ANNEXE

## 5 Notes prises durant la réunion bilan de 2018

Participation au CA du rayon Peinture des différentes familles de produits :
- Peinture extérieure 25 %
- Peinture blanche 20 %
- Peinture couleur 17 %
- Préparation des supports 15 %
- Matériel de peinture 7 %
- Peinture de finition 5 %
- Droguerie 5 %
- Autres 6 %

Marque la plus vendue : Luxens

Référencements prévus pour 2019 :
- Peinture : Tollens et Guittet (nombre de références et date de référencement à déterminer)
- Droguerie : Briochin et Mystarwax + gamme droguerie Envie (toutes les références pour chacune des 3 marques)

Briochin : référencement prévu janvier 2019 avec TG en allée centrale Briochin le samedi 22 janvier 2019. Négociation commerciale prévue fin décembre avec objectif d'obtenir l'intégralité de la gamme, en quantités importantes, avec un packaging spécialement dédié à Leroy Merlin.

/...

Test au magasin de Montivilliers et référencement en centrale si succès commercial.

Aucun déréférencement prévu en peinture mais nécessité de retravailler la gamme sous-famille des produits d'entretien (trop de gammes, trop de produits), d'où une grande confusion pour le client.

Objectif du secteur Décoration et Peinture pour 2018 : Montée en gamme pour capter la clientèle à Haut Pouvoir d'Achat (HPA).

Spécificités de la clientèle HPA :
• Pouvoir d'achat > à la moyenne nationale.
• Comportement d'achat lié à des projets d'ensemble (peinture, sols, rideaux, luminaires).
• Clientèle exigeante, très à l'affût des dernières tendances, adeptes des magazines de décoration haut de gamme, de Pinterest.
• Clientèle soucieuse de trouver un produit de qualité, qui s'inscrit dans la durabilité.

ANNEXE

## 6 Le boom de la peinture décorative

La folie de la peinture décorative a gagné les consommateurs. Cantonnés au blanc durant des décennies, ils osent désormais la couleur et réclament du jaune poussin, de la framboise écrasée, du rouge corail, de l'anis, du taupe ou du chocolat.

Le changement est venu notamment avec l'influence des émissions de télévision. Ainsi depuis quelques années, la demande de peinture s'est extrêmement diversifiée : le fabriquant est jugé désormais sur sa capacité à proposer de la couleur. Il s'agit alors pour les ingénieurs de trouver le meilleur pigment qui permettra à la peinture le meilleur rendu de couleur tout en durant dans le temps. On note aussi que même si les produits premiers prix sont toujours demandés, on assiste à une évolution des comportements d'achat des particuliers : ils ont compris qu'acheter peu cher revient en réalité plus cher parce qu'il faut utiliser plus de produit. Aujourd'hui, la peinture est devenue un achat plaisir.

www.clicanoo.re

ANNEXE

## 7 Produits d'entretien : les consommateurs ménagent leur santé

Selon une étude Ifop, 78 % des consommateurs considèrent les produits ménagers néfastes pour la santé. Ce sujet est régulièrement abordé dans les médias et, tout comme les cosmétiques, de nombreux produits d'entretien sont pointés du doigt. « Ce n'est pas pour autant que les Français font moins le ménage, même si 69 % d'entre eux le considèrent comme une corvée, constate Bérénice Pironon, experte Entretien chez KantarWorldpanel. Toutefois, on observe une simplification des gestes. Les consommateurs cherchent des produits pour tout faire, et de préférence sans risque pour leur santé. »

Et voici donc le retour en grâce des savons de ménage, du vinaigre blanc et du bicarbonate de soude. Ces trois catégories ont vu leur clientèle augmenter cette année. Par leur simplicité, les ingrédients naturels comme l'huile de lin, le savon noir ou le savon de Marseille séduisent les consommateurs effrayés par les cocktails chimiques. Cela se traduit dans les ventes.

Une stratégie qui s'est avérée gagnante pour certaines entreprises. Ainsi les marques jouant la carte de l'authenticité et du rétro séduisent les consommateurs, à l'instar de Briochin, qui a recruté 708 000 ménages en un an.

www.lsa-conso.fr

# Vos missions

ANNEXE

## 8 Présentation de la marque Tollens

**Technique, esthétique et innovation…**

Au fil du temps, Tollens s'est imposée comme une marque référente de la peinture professionnelle grâce à la qualité technique de ses produits. Tollens est alors recherchée par les plus grands noms de la décoration et de la couleur (Flamant, Pantone) pour la technicité de ses produits. Tollens complète sans cesse son offre couleur pour tous les styles et toutes les envies.

Tollens innove en permanence tout en gardant toujours en tête plusieurs objectifs : aller plus loin que les normes environnementales, faciliter le quotidien de ses clients peintres, améliorer le confort des utilisateurs et des résidents.

… **pour une offre complète**

Tollens travaille avec les plus grands noms du marché pour proposer une offre de produits étendue de qualité incontestable :

- Peinture intérieure, façade, bois, métal, sol
- Isolation Thermique par l'Extérieur (ITE) et Isolation Technique Intérieure (ITI)
- Revêtements de murs : papiers peints, toile de verre, revêtement à peindre
- Revêtements de sol : stratifiés, parquets, PVC, moquettes, accessoires
- Colles et enduits
- Brosses et rouleaux
- Abrasifs
- Matériel et outillage
- Équipement de Protection Individuelle Vêtements de travail

www.tollens.com

ANNEXE

## 9 Présentation de la marque Guittet

Fabricant français de peintures depuis 1864, GUITTET développe une offre de produits, destinés aux professionnels du bâtiment, alliant authenticité et décoration haut de gamme. Depuis plus de 50 ans, la qualité reconnue des laques GUITTET, a permis à la marque d'acquérir une forte notoriété et de devenir la référence sur le marché. Fort de ce savoir-faire, GUITTET propose aujourd'hui une multitude de finitions, de matières, d'aspects et de couleurs pour donner à toutes les décorations un esprit résolument moderne et tendance. GUITTET répond à tous les besoins décoratifs en intérieur comme en extérieur, en proposant des peintures pour les murs, les plafonds, la façade, le bois, le métal et le sol. Guittet s'engage pour la planète en proposant un grand nombre de peintures acryliques labellisées NF Environnement et Ecolabel aussi bien en aspect mat, satin ou velours.

www.guittet.com

ANNEXE

## 10 Présentation de la marque Briochin

C'est en 1919 que la marque Le Briochin fut créée par Renaud Raoul en Bretagne. Dans son atelier, il fabriquait des savons et des produits d'entretien destinés aux professionnels : imprimeurs, mécaniciens… Dès ses débuts, il proposa des produits de qualité perpétuant ainsi le savoir-faire et la longue tradition d'artisan droguiste. Sa notoriété fut rapidement acquise et ses savons étaient reconnus comme les plus efficaces. Pour répondre à la demande grandissante des particuliers, il étendit sa gamme au grand public. Aujourd'hui, Jacques Briochin s'évertue à fabriquer ses produits dans le plus pur respect de la tradition savonnière.

C'est en s'appuyant sur un savoir-faire artisanal, transmis de génération en génération que l'équipe Jacques Briochin élabore chaque année de nouveaux produits. Jacques Briochin c'est une cinquantaine de produits pour l'entretien quotidien de la maison, de la vaisselle, du linge et des souliers.

ANNEXE

## 11 Présentation de la marque Starwax

My Starwax, c'est l'histoire d'une gamme qui nous veut du bien, qui nous propose de nous recentrer sur l'essentiel, de nous faciliter la vie au quotidien, et de nous engager vers une planète plus propre.

Faire nous-mêmes nos produits, c'est recycler et générer moins de déchets.

Choisir des formules à base d'actifs d'origine naturelle et facilement biodégradables, c'est faire un pas vers des solutions plus propres & responsables.

Penser à soi et se faire plaisir avec des parfums sans allergène, subtils, revigorants et relaxants, c'est mieux vivre tout simplement.

# 1 Le produit

## 1 La notion de produit

Un **produit** est un bien (tangible) ou service (intangible) présenté sur un marché et visant à satisfaire un besoin.

Un produit se définit par :
- ses attributs (caractéristiques intrinsèques) ⎤ Valeur d'usage
- les services rendus par le produit ⎦
- sa dimension symbolique ⟶ Valeur de signe

Le **positionnement** est le choix stratégique des éléments clés qui permettent de donner au produit une position crédible, différente et attractive au sein du marché et dans l'esprit du client.

## 2 Le packaging du produit

Le **packaging** du produit résulte des choix faits en matière de conditionnement (emballage du produit) et de stylique (design du produit).

| | Conditionnement | Stylique |
|---|---|---|
| Fonctions techniques | • Protection, conservation du produit<br>• Facilité d'utilisation<br>• Transport, stockage, magasinage | • Fonctionnalité et ergonomie<br>• Efficience de production |
| Fonctions commerciales | • Identification du produit<br>• Expression du positionnement<br>• Information du consommateur | • Attractivité de l'apparence<br>• Valorisation de la marque<br>• Impulsion à l'achat |

## 3 La marque du produit

La **marque** est un signe susceptible de représentation graphique servant à distinguer les produits ou services d'une personne physique ou morale (Art. L 711-1 du Code de la propriété intellectuelle).

La **signalétique de la marque,** c'est l'ensemble des éléments d'identité visuelle qui permettent à la marque d'être reconnue par le consommateur :
- Le nom
- Les emblèmes (logotype, jingle, signature ou slogan)
- Le packaging
- Le design produit

On recense aujourd'hui 2 grandes catégories de marques :
- Les **marques nationales** (MN) possédées et contrôlées par des organisations dont l'objectif premier est la production.
- Les **marques de distributeur** (MDD) possédées et contrôlées par des organisations dont l'objectif premier est la distribution (art. 62 de la loi NRE 15 mai 2001).

| Typologie des marques nationales (MN) | | |
|---|---|---|
| **Marque globale** | Marque attribuée à l'ensemble des produits de l'entreprise | Coca-colas, Perrier, Apple |
| **Marque ombrelle** | Marque attribuée à un ensemble hétérogène de produits (univers de consommation différents) | Honda qui vend sous la même marque des motos, des voitures et des tondeuses |
| **Marque gamme** | Marque attribuée à un ensemble de produits homogènes (même univers de consommation) | Findus pour l'univers des surgelés |
| **Marque ligne** | Marque attribuée à un ensemble de produits complémentaires | Nivea avec NiveaBody, Nivea Soft |
| **Marque produit** | Marque attribuée à un produit | Etap Hôtel, Formule 1, Sofitel (marques hôtelières du groupe Accor) |

| Typologie des marques de distributeurs (MDD) | | |
|---|---|---|
| **Marque enseigne** | Marque de distributeur qui reprend le nom et éventuellement le logo de l'enseigne qui en est propriétaire. | Auchan |
| **Marque propre** | Marque de distributeur qui ne prend pas la forme d'une marque d'enseigne mais pour laquelle un nom de marque est créé. | Marque Auchan textile :<br>in extenso®<br>Marque Auchan pour le multimédia :<br>Qilive by Auchan |

Les intérêts marketing de la marque :

- Donner une **identité au produit** et créer de la valeur pour l'entreprise : différenciation par rapport aux concurrents, acceptation d'un prix plus élevé par les consommateurs.
- Donner une **image au produit** et créer de la valeur pour le client : promesse de performances, climat de confiance lors de la décision d'achat, satisfaction pendant l'usage du produit.

La marque peut faire l'objet d'une protection légale, par un dépôt à l'INPI. Pour pouvoir être déposée, la marque doit remplir 3 conditions de validité : elle doit être licite, distinctive et disponible.

## 4 Les services associés au produit

Les **services associés** au produit (bien ou service) concernent l'ensemble des services complémentaires au produit. Ils ont pour objet d'apporter des bénéfices supplémentaires au client et sont autant de sources potentielles de différenciation pour l'entreprise.

| | |
|---|---|
| **Les services de base** | Services minimums attendus par le client et qui ne font pas l'objet d'une tarification séparée.<br>Ex. : numéro vert d'information, démonstration |
| **Les services additionnels** | Services associés à un niveau de gamme et pouvant donner lieu à une tarification séparée.<br>Ex. : livraison, installation, extension de garantie, SAV |

### 5 La qualité du produit

Un produit **ou service de qualité** est un produit dont les caractéristiques lui permettent de satisfaire les besoins exprimés ou implicites des consommateurs (AFNOR).

Pour le consommateur, la qualité du produit s'exprime à travers :
- La performance du produit (capacité à exercer sa fonction première)
- Les fonctions complémentaires (autres avantages du produit)
- La conformité (respect des normes)
- La fiabilité (absence de panne)
- La longévité (durée de vie utile du produit)
- Les services associés (étendue, coût)
- L'esthétique
- L'image (réputation positionnement de la marque, du produit)

La qualité est le résultat d'une démarche collective et volontaire des producteurs et des distributeurs. En France et en Europe, des logos officiels permettent de reconnaître les produits qui bénéficient d'un Signe Officiel d'Identification de la Qualité et de l'Origine (SIQO).

### 6 Le prix et les conditions générales de vente

**Le prix** est un élément essentiel du mix produit. Afin **d'être rentable et de générer des bénéfices,** un produit doit se vendre à un prix supérieur à son prix de revient, c'est-à-dire, à son coût de production ou son coût d'achat. La marge de bénéfice doit obligatoirement être positive, si minime soit-elle, pour assurer la rentabilité du produit et la survie de l'entreprise. Dans la fixation du prix, l'entreprise doit aussi tenir compte **de la taille du marché visé**, de l'importance de la concurrence sur ce marché et des attentes du client potentiel.

Les Conditions Générales de Vente (CGV) correspondent à un **ensemble de clauses** qui visent à **encadrer les relations contractuelles** entre un vendeur professionnel et un client professionnel ou entre un vendeur professionnel et client particulier. Les CGV permettent d'**informer le client** sur les conditions de vente telles que le prix ou les tarifs applicables, les conditions de paiement, les modalités et délais de livraison avant toute transaction, ou du possible délai de rétractation. À l'inverse du contrat de vente classique dans lequel les clauses sont **négociées** entre les deux parties, les CGV sont des clauses **standardisées** car elles ont vocation à s'appliquer à l'ensemble de la clientèle.



## 2 L'assortiment de l'UC

### 1 Les notions d'assortiment et de gamme

**L'assortiment** c'est l'ensemble des gammes et produits proposés à la vente dans une UC (physique ou virtuelle) ou dans un rayon.

**La gamme** c'est l'ensemble des produits qui relèvent de la même catégorie, qu'elle soit définie en termes de fonctions principales du produit, de besoins, de cibles ou de prix.

| L'assortiment ou la gamme se définissent par quatre dimensions : | | | |
|---|---|---|---|
| **La largeur** | **La profondeur** | **L'ampleur** | **La hauteur** |
| Nombre de familles ou de sous-familles vendues par une UC ou un rayon. | Nombre de références vendues par famille ou sous-famille dans une UC ou un rayon. | Nombre total de références vendues dans une UC ou rayon. | Niveau de qualité des produits vendus dans une UC ou un rayon. |

## 2 La politique d'assortiment de l'UC : construction et adaptation

Aujourd'hui, du fait des réseaux d'enseignes, les assortiments sont le plus souvent déterminés en centrale d'achat, par une commission regroupant des acheteurs et des responsables des ventes en UC. Selon le mode de gouvernance des réseaux, un certain degré de liberté peut cependant être laissé au manageur de rayon pour moduler l'assortiment en fonction des caractéristiques de la zone de chalandise.

**Le plan d'assortiment** a pour objet d'identifier les gammes de produits proposées à la clientèle de manière permanente et de manière saisonnière. Aujourd'hui, les plans d'assortiment sont le plus souvent construits en fonction d'**univers de consommation** (ensembles cohérents de produits substituables et complémentaires satisfaisant un besoin du consommateur).

Les critères pris en compte dans la construction de l'assortiment concernent :
- Le positionnement et la vocation de l'enseigne ;
- Le marché des produits concernés (poids, évolution, saisonnalité, segmentation) ;
- Les attentes de la clientèle ;
- Les spécificités de la zone de chalandise ;
- Les objectifs de performance de l'UC (volume de vente, CA, marges) ;
- La politique commerciale de la concurrence.

| Ainsi l'UC peut opter pour différents choix : | | |
|---|---|---|
| **Proposer un assortiment de base** | **Proposer un assortiment étendu** | **Proposer un assortiment adapté** |
| Assortiment minimum qui comprend les produits les plus demandés par les consommateurs. | Assortiment plus étendu qui vise à satisfaire une grande partie des besoins des consommateurs. | Assortiment adapté aux spécificités de la clientèle de la zone de chalandise. |

Dans un assortiment, on repère 4 types de produits :

| | |
|---|---|
| **Les produits leaders** | Produits de marques nationales ayant une forte notoriété et des parts de marché importantes |
| **Les produits d'enseignes** | Produits de marques de distributeurs qui génèrent des marges importantes |
| **Les produits d'appel** | Produits de premiers prix |
| **Les produits complémentaires** | Produits qui viennent compléter l'assortiment et susciter des achats additionnels |

Dans le domaine de la distribution :
- **le référencement** est l'action par laquelle une enseigne, une centrale d'achat ou une unité commerciale introduit une marque ou un produit dans l'assortiment ;
- **le déréférencement** est l'action par laquelle une enseigne, une centrale d'achat ou un point de vente supprime une marque ou un produit dans l'assortiment.

Afin de tenir compte des évolutions du marché, l'assortiment est modifié en continu. Les questions à se poser concernent :
- **les gammes** : faut-il étendre ou restreindre les gammes existantes ? faut-il introduire de nouvelles gammes de produits ?
- **les produits** : certains produits sont-ils trop anciens ? faut-il les abandonner ? certaines innovations sont-elles arrivées sur le marché ? faut-il les référencer ?

Ainsi, en moyenne, les assortiments sont modifiés de 20 % (en termes de références) chaque année.

# 3 Les relations producteurs/distributeurs

## 1 Les enjeux de la relation producteurs/distributeurs

La relation producteurs/distributeurs est depuis toujours marquée par des divergences d'intérêts, sources de conflits.

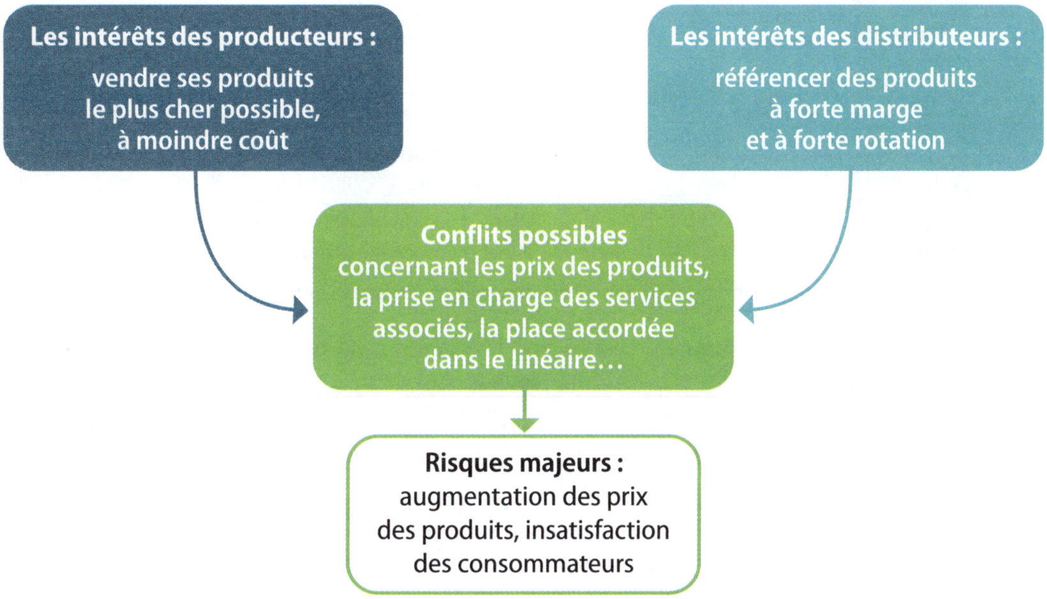


Ainsi, pour lutter contre l'inflation et la baisse du pouvoir d'achat, les pouvoirs publics interviennent pour rééquilibrer les rapports entre producteurs et distributeurs.

## 2 Les actions de la coopération commerciale

Depuis quelques années, de nouveaux outils et moyens de coopération se développent entre producteurs et distributeurs (Trade marketing, Efficient Consumer Response, Category Management, Échange de Données Informatisées…). Ces démarches conjointes ont pour but de répondre mieux, plus vite, à moindre coût, aux besoins du consommateur en mettant en œuvre une collaboration étroite entre un distributeur et un producteur dans les domaines de l'assortiment, de l'approvisionnement et de la logistique, des promotions, des innovations produit ou encore de la gestion des informations commerciales.

Quelques exemples de coopération commerciale producteurs/distributeurs :
- Fournisseur qui se voit confier la responsabilité du rayon le concernant en termes d'implantation, de mise en avant des produits.
- Mise en œuvre d'un outil de commande automatisée alimenté par les données collectées en unité commerciale et relié directement au système d'informations du fournisseur.
- Démarche conjointe de gestion des allotissements (*cross docking*).
- Approvisionnement des entrepôts et des UC suivant des règles de gestion co-définies.
- Co-définition des caractéristiques d'un nouveau produit.

## 3 Les étapes et les critères de la sélection des fournisseurs

Du fournisseur dépend la qualité des produits vendus et donc la satisfaction du client. La recherche et la sélection sont ainsi essentiels pour assurer la pérennité de l'entreprise.

| | | |
|---|---|---|
| **Étape 1** | Le besoin d'achat | Expression des besoins d'achat de l'entreprise en termes de produits, de services, de prix… (selon les critères de sélection de l'entreprise concernée) |
| **Étape 2** | L'inventaire des fournisseurs | Identification des fournisseurs susceptibles de répondre aux besoins de l'entreprise |
| **Étape 3** | La demande d'informations | Collecte et analyse des informations concernant l'offre de produits, les tarifs, la solvabilité, la compétence industrielle, la réactivité, la proximité géographique, la démarche qualité |
| **Étape 4** | La short-list | Constitution de la liste de fournisseurs retenus pour participer à l'appel d'offres |
| **Étape 5** | La consultation | Lancement de la procédure de demande de propositions commerciales auprès des fournisseurs retenus |
| **Étape 6** | Le scoring | Évaluation, hiérarchisation des offres des différents fournisseurs en fonction des critères de sélection précédemment définis |
| **Étape 7** | La négociation | Rencontre et négociation avec le fournisseur retenu |

Les critères les plus fréquemment retenus en matière de sélection des fournisseurs concernent : le coût d'achat, la qualité des produits, le respect des délais de livraison.

## 4 Les modèles de décision en matière de sélection des fournisseurs

La sélection des fournisseurs doit permettre à l'entreprise de diversifier son offre et faire jouer la concurrence donc baisser ses prix. Au-delà de ces considérations marketing et financières, la sélection des fournisseurs entre aussi dans une logique stratégique puisque se posent deux questions :

- la détermination du nombre de fournisseurs : un ou plusieurs ?
- le type de relations à mettre en place : relations à court terme, à long terme ? relations contractuelles, partenariat ? relations d'achat, de logistique ?

Aujourd'hui, en vue de réduire le risque fournisseur, les entreprises optent de plus en plus pour quelques fournisseurs avec lesquels elles vont mettre en œuvre des relations à long terme qui vont dépasser le simple achat pour englober toutes les activités liées à l'approvisionnement (conception des produits, logistique). Cette intégration du fournisseur dans la stratégie de l'entreprise nécessite alors une mise en commun du système d'information (supply chain management).

## 5 Le cadre juridique des négociations commerciales

Le cadre juridique des négociations commerciales est en constante évolution.

| Les objectifs du cadre juridique ↙ ↘ | |
|---|---|
| Introduire davantage de transparence dans les négociations commerciales ↓ | Rééquilibrer les relations commerciales au profit des plus faibles (petits fournisseurs face aux grandes enseignes de la distribution) ↓ |
| Renforcement du formalisme contractuel | Renforcement du rôle des Conditions Générales de Vente |
| **Exemple** : Élaboration d'une convention d'achat (document unique ou cadre annuel) récapitulant l'ensemble des obligations des 2 parties (notamment concernant le déréférencement ou les retours de marchandises) | **Exemple** : Socle unique des CGV avec obligation pour le fournisseur de les communiquer à l'acheteur avant la transaction |

# 1 Analyser un assortiment

## 1 Les niveaux d'analyse

L'analyse de l'assortiment est indispensable à la constitution et à l'adaptation en continu de l'offre.

| Les niveaux d'analyse | Les questions à se poser | Les sujets à aborder |
|---|---|---|
| **La structure de l'assortiment** | Comment l'assortiment est-il organisé ? | Schéma de l'assortiment en terme d'univers, de rayons, sous-rayons |
| **Les dimensions de l'assortiment** | Quelle est la largeur de l'assortiment ? | Schéma de l'assortiment en terme de familles, de sous-familles, de références |
| | Quelle est la profondeur de l'assortiment ? | |
| | Quelle est l'ampleur de l'assortiment ? | Calcul de l'ampleur |
| | Quelle est la hauteur de l'assortiment ? | Gammes de prix et typologies des marques (marques nationales, marques de distributeur) |
| **La typologie de l'assortiment** | En termes de réponse aux besoins de la clientèle, quel est le type de l'assortiment ? | Typologie des assortiments : assortiment de base, assortiment étendu, assortiment adapté, assortiment permanent, assortiment saisonnier |
| **La composition de l'assortiment** | Quelles sont les catégories de produits qui composent l'assortiment ? | Catégories de produits : produits leaders, produits d'enseigne, produits d'appel, produits complémentaires |

## 2 Matrice assortiment/force de commerce

En fonction de la largeur et de la profondeur d'un assortiment, on peut ainsi identifier 4 grandes catégories :

| Profondeur ↑ / Largeur → | | |
|---|---|---|
| | **Peu large, profond**<br>Boutiques spécialisées, GSS | **Large, profond**<br>Grands magasins, hypermarchés |
| | **Peu large, peu profond**<br>Magasins de proximité, superettes | **Large, peu profond**<br>Magasins multicommerces, supermarchés, discount |

## 3 Les indicateurs de l'analyse de l'assortiment

**Le taux de service** : Indicateur permettant de mesurer le choix offert au consommateur par une unité commerciale ou un rayon.

$$\text{Taux de service} = \frac{\text{nombre de références proposées par l'UC ou le rayon}}{\text{nombre de références existant sur le marché}} \times 100$$

*Exemple : Une enseigne propose 6 marques de café sur les 24 existantes. Le taux de service est alors de 33,33 % (8/24 × 100).*

**La participation au CA (ou à la marge)** : Indicateur qui mesure la contribution d'une famille de produits ou d'une référence au CA ou à la marge de l'unité commerciale ou du rayon.

$$\text{Participation au CA} = \frac{\text{CA de la famille ou du produit concerné}}{\text{CA du magasin ou du rayon}} \times 100$$

$$\text{Participation à la marge} = \frac{\text{marge de la famille ou du produit concerné}}{\text{marge du magasin ou du rayon}} \times 100$$

*Exemple :*

| *Famille des ultra-frais : CA 329 000 euros* | | |
|---|---|---|
| **Sous-familles** | **CA** | **Participation au CA (CA de la sous-famille/CA de la famille) × 100** |
| Yaourt | 168 000 | 51,1 % |
| Fromage blanc | 73 000 | 22,2 % |
| Crème | 9 000 | 2,7 % |
| Dessert lacté | 79 000 | 24 % |

# Applications

**VRAI/FAUX** Validez vos connaissances en indiquant si ces propositions sont vraies ou fausses, puis justifiez oralement vos réponses.

1. **Le consommateur achète un produit uniquement pour sa valeur d'usage.** ☐ Vrai ☐ Faux
2. **Le positionnement d'un produit ou d'une marque correspond à sa place sur le marché (part de marché).** ☐ Vrai ☐ Faux
3. **Conditionnement et packaging sont des termes synonymes en marketing.** ☐ Vrai ☐ Faux
4. **Une marque nationale est une marque vendue dans un seul pays.** ☐ Vrai ☐ Faux
5. **Une marque propre est une marque de distributeur.** ☐ Vrai ☐ Faux

**VRAI/FAUX**
Retrouvez la suite en version interactive, pour tester vos connaissances sur ce chapitre.
**lienmini.fr/30541-exo3**

## 1 Analyser un produit

Intéressé(e) par les nouvelles technologies, vous suivez particulièrement les innovations produits et notamment celles des marques leaders.

Connectez-vous sur *https://www.apple.com/fr/apple-watch-hermes/* et répondez aux questions suivantes :

1. **Identifiez la valeur d'usage (caractéristiques intrinsèques, services rendus) du produit.**
2. **Présentez la valeur de signe du produit.**
3. **Justifiez le choix de la marque Apple Watch Hermès.**

## 2 Cerner les enjeux d'une coopération commerciale producteur/distributeur

Stagiaire en Droguerie, Parfumerie, Hygiène (DPH) à Auchan, votre maître de stage vous présente la coopération mise en œuvre entre l'enseigne et la marque L'Oréal.

Regardez la vidéo présentée ci-dessous et répondez aux questions suivantes :

1. **Précisez la problématique présentée dans la vidéo.**
2. **Identifiez la solution mise en œuvre par Auchan et l'Oréal.**
3. **Présentez les différentes actions mises en œuvre dans le cadre de cette coopération.**
4. **Quels sont les facteurs clés de succès d'une telle coopération ?**

**Vidéo**
Collaboration to Consumer – L'Oréal et Auchan
**lienmini.fr/30541-loreal**

## 3 Analyser un assortiment

En charge du rayon jouets d'un supermarché, votre manageur vous demande d'analyser l'assortiment proposé.

**1.** **Sachant que le nombre total de références jouet proposées par la centrale d'achat est de 10 344, calculez le taux de service du rayon jouets.**

**2.** **Que constatez-vous ?**

**3.** **Que préconisez-vous ?**

**4.** **Dans le cas de référencements de produits, quels seraient, selon vous, les critères à prendre en compte ?**

### DOC. 1 / Le rayon jouets d'un grand supermarché

| Familles | Nombre de sous-familles dans la famille | Nombre d'articles référencés |
|---|---|---|
| Assemblage | 4 | 306 |
| Sèche pleurs | 3 | 12 |
| Jouets 1 âge | 4 | 130 |
| Jouets filles | 8 | 145 |
| Jouets garçons | 12 | 162 |
| Gros jouets et porteurs | 9 | 0 |
| Peluches | 3 | 14 |
| Artisanat et dessin | 3 | 70 |
| Jeux électroniques | 8 | 20 |
| Fêtes et anniversaires | 4 | 4 |
| Jeux et puzzles | 7 | 107 |

### DOC. 2 / Les 5 niveaux d'assortiment du rayon Jouets

<table>
<tr><th>Niveau d'assortiment</th><th>A1</th><th>A2</th><th>A3</th><th>A4</th><th>A5</th></tr>
<tr><td>Taux de service</td><td>– de 15 %</td><td>de 15 à 40 %</td><td>de 40 à 60 %</td><td>de 60 à 80 %</td><td>+ de 80 %</td></tr>
<tr><td rowspan="3">Correspondance assortiment/ format de l'UC</td><td></td><td></td><td></td><td colspan="2">Hypermarché</td></tr>
<tr><td></td><td colspan="3">Supermarché</td><td></td></tr>
<tr><td>Supérette</td><td></td><td></td><td></td><td></td></tr>
</table>

# Synthèse

## Construire et/ou adapter l'offre de l'unité commerciale

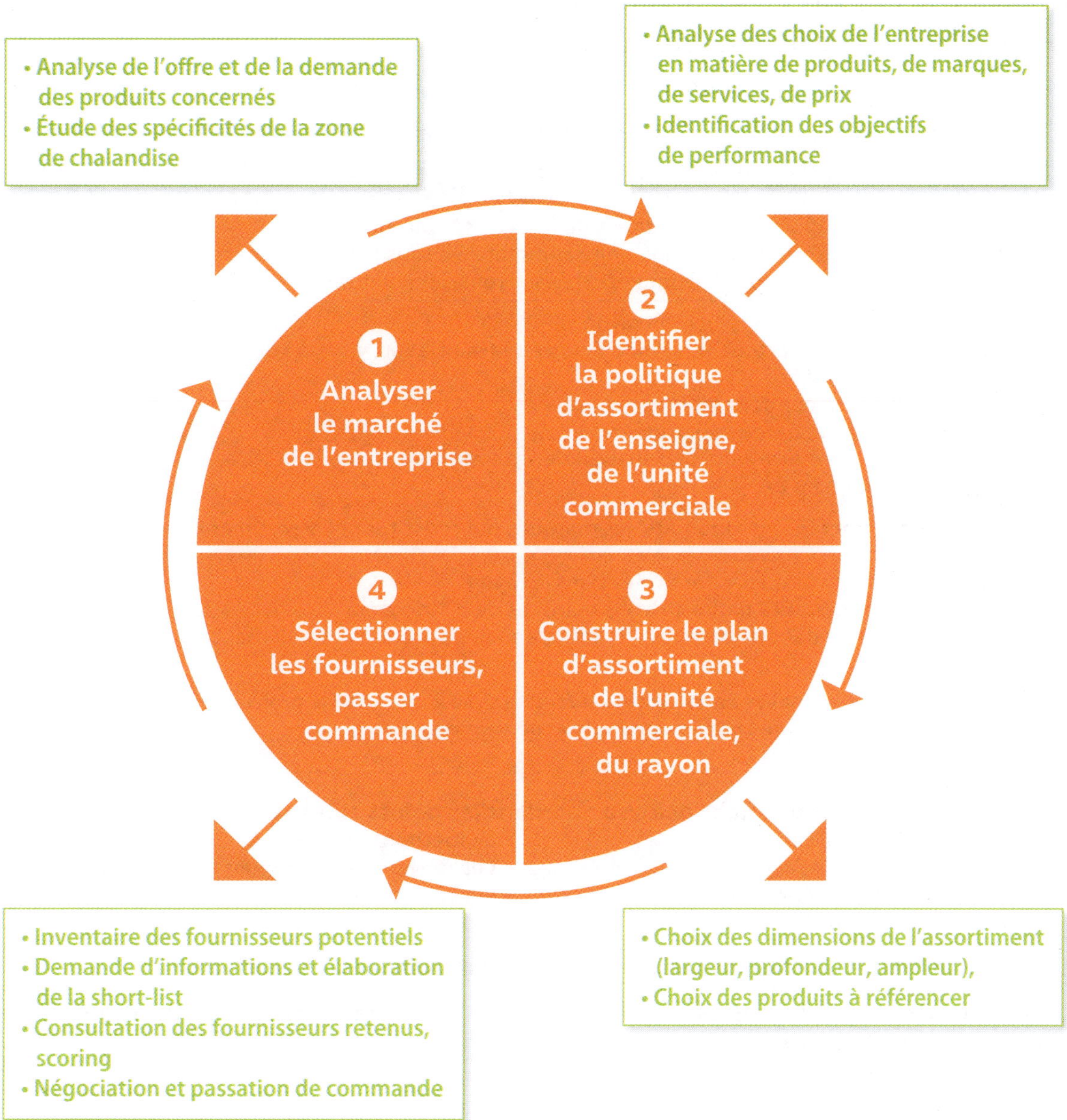

# Vers l'examen

**Objectif : Se préparer à l'évaluation de la sous-épreuve E42 Animation et dynamisation de l'offre commerciale.**

## Construire et/ou adapter l'offre de l'unité commerciale

Collecter, analyser, synthétiser des informations concernant l'unité commerciale dans laquelle vous effectuez votre stage (et éventuellement le rayon auquel vous êtes rattaché(e)) :

**1. Présenter la structure de l'assortiment de votre unité commerciale.**

**2. Caractériser l'assortiment de votre rayon.**

**3. Identifier, caractériser les produits, les marques qui le constituent.**

Grille d'auto-évaluation de l'analyse de la construction et de l'adaptation de l'offre de l'unité commerciale

| | Critères d'auto-évaluation | Oui | Non |
|---|---|---|---|
| 1 | J'ai **présenté** la structure de l'assortiment de mon unité commerciale :<br>• j'ai présenté l'assortiment de mon unité commerciale sous forme de schéma<br>• j'ai précisé les univers de consommation, les rayons, les sous-rayons | <br>❑<br>❑ | <br>❑<br>❑ |
| 2 | J'ai **caractérisé** l'assortiment de mon rayon :<br>• j'ai schématisé l'assortiment de mon rayon en faisant apparaître la largeur et la profondeur de l'offre<br>• j'ai calculé l'ampleur de l'assortiment<br>• j'ai précisé la hauteur de l'assortiment<br>• j'ai présenté les indicateurs de l'analyse de l'assortiment (taux de service, taux de participation au CA, à la marge) | <br>❑<br>❑<br>❑<br>❑ | <br>❑<br>❑<br>❑<br>❑ |
| 3 | J'ai **identifié**, **caractérisé** les produits, les marques qui constituent l'assortiment de mon rayon :<br>• j'ai identifié les marques référencées dans le rayon<br>• j'ai repéré les marques nationales, les marques de distributeur<br>• j'ai repéré les produits leaders, les produits d'appel, les produits complémentaires | <br>❑<br>❑<br>❑ | <br>❑<br>❑<br>❑ |

Concernant le travail réalisé en stage, présenter l'analyse d'une activité professionnelle liée à **l'élaboration et à l'adaptation de l'offre de produits et de services.**

Sous format numérique :

**1. Rédiger et présenter une fiche analyse abordant les points suivants :**

- La compétence mobilisée
- La date et la durée de l'activité
- Le contexte professionnel
- Les objectifs poursuivis
- La méthodologie utilisée
- Les moyens et techniques mis en œuvre
- Les résultats obtenus

**2. Joindre toutes les annexes nécessaires à la présentation du travail effectué.**

**3. Évaluez votre degré de maîtrise de la compétence « Élaborer et adapter en continu l'offre de produits et de services ».**

**1.** L'analyse de la demande est pertinente.
Très bien ❑ Bien ❑ Moyen ❑ Insuffisant ❑

**2.** L'analyse de l'offre est pertinente.
Très bien ❑ Bien ❑ Moyen ❑ Insuffisant ❑

**3.** L'offre proposée est adaptée aux caractéristiques locales.
Très bien ❑ Bien ❑ Moyen ❑ Insuffisant ❑

**4.** L'offre proposée est cohérente avec la politique commerciale de l'enseigne.
Très bien ❑ Bien ❑ Moyen ❑ Insuffisant ❑

COMPÉTENCE

# Organiser l'espace commercial

# 2

La réussite d'une unité commerciale passe par **l'organisation de son point de vente**. Cette organisation repose essentiellement sur un aménagement réfléchi et conçu en fonction des attentes de la clientèle.

Les objectifs poursuivis par l'unité commerciale sont multiples :

- mettre en avant les produits ;
- se distinguer de la concurrence ;
- augmenter l'attractivité du point de vente.

Cette organisation doit aussi prendre en compte l'importance de la digitalisation dans le fonctionnement des points de vente. En effet, face à un consommateur de plus en plus connecté, l'omnicanalité s'impose comme une solution idéale pour répondre à ces nouvelles exigences. Le web-to store, le store-to-web, la e-reservation et bien d'autres techniques sont aujourd'hui devenus incontournables pour optimiser l'aménagement de la surface de vente.

**Vidéo**
Auchan, notre vision
**lienmini.fr/30541-auchanvision**

## Sommaire

## Fiche d'identité

- **Secteur d'activité :** Hypermarchés, supermarchés, banque, immobilier et e-commerce
- **Date de création :** 1961 par Gérard Mulliez
- **Localisation/siège :** 59170 Croix (Hauts- de-France)
- **Type de réseau :** Réseau mixte
- **Format des magasins :** GSA grandes surfaces alimentaires
- **CA annuel HT :** 52 milliards d'euros
- **Nombre de magasins :** 3 778 points de vente dans le monde
- **Implantation :** Auchan Retail est présent dans 17 pays, de l'Europe à l'Asie, en passant par l'Afrique.

## Métier et concept

Après avoir rencontré les fondateurs des magasins Carrefour et Leclerc, le 6 juillet 1961, Gérard Mulliez ouvre le premier magasin Auchan dans une usine désaffectée de l'entreprise Phildar, ancienne entreprise de filature du Nord fondée par son père. D'une superficie de 600 m$^2$, ce magasin était situé dans le quartier des Hauts-Champs, à Roubaix (Hauts-de-France). Avec cette ouverture, le concept de « tout sous le même toit » est lancé. Auchan devient une des premières enseignes françaises de grande distribution et l'une des premières sociétés européennes ayant adopté les concepts de centre commercial et de galerie marchande.

# CONTEXTE >>

Auchan

## Histoire et valeurs clés

- 1961 : Ouverture d'un premier magasin à Roubaix (Nord) par Gérard Mulliez, dans le quartier des Hauts-Champs, qui donne son nom à l'entreprise.
- 1967 : Inauguration du premier hypermarché, à Roncq, toujours dans le Nord.
- 1969 : Naissance du premier centre commercial français sur le concept « un hyper-une galerie commerciale » à Englos, près de Lille. Auchan en est la locomotive avec plus de 16 000 m$^2$. La galerie regroupe 30 commerces différents.
- 1976 : Création d'Immochan, filiale immobilière du groupe, puis, en 1987, de la Banque Accord, sa filiale bancaire. Auchan adopte ainsi une stratégie de diversification.
- 1981 : Internationalisation du Groupe Auchan en intégrant le marché espagnol, puis le marché italien, en 1989. Le groupe est présent dans 16 pays d'Europe et d'Asie.
- 2000 : Lancement du concept Auchan Drive, dans la zone commerciale de Leers (Nord), un concept de commande et de livraison au volant de produits alimentaires. Six ans plus tard apparaît la version avec commande en ligne.
- 2010 : Mise en place du e-commerce.

Auchan Retail, dans sa recherche de compétitivité, mise sur 3 valeurs essentielles :
**La Confiance :** Proposer aux clients une offre de produits exclusifs, de qualité et bons pour leur santé. Faire confiance aux collaborateurs pour donner le meilleur d'eux-mêmes.
**L'Ouverture :** Miser sur l'innovation et le digital pour créer une relation client unique et réinventer le commerce.
**L'Excellence :** Être sur le podium retail dans le monde, enseigne reconnue par les clients comme un commerçant attentif et responsable, et reconnue par les collaborateurs comme un employeur de référence.

## Cible

Nouveau slogan, publicité plus moderne... L'enseigne nordiste insuffle un vent nouveau à sa communication et renforce son dispositif digital. L'objectif est de recruter les jeunes, et notamment des femmes.

## Contexte économique

Le marché de la grande distribution alimentaire poursuit sa transformation : au gigantisme des années 80-90, les formats développés par les enseignes préfèrent désormais la proximité. Ainsi, les célèbres enseignes Carrefour et Auchan, sont les plus touchées. La part de marché du groupe Carrefour a baissé sur la première période de l'année 2018 de - 0,3 point, passant à 20,6 %. Le groupe Auchan, quant à lui, a perdu 0,2 point avec une part de marché de 10,8 %. Enfin, le groupe L. Delhaize (Match, Cora) a reculé de 0,1 point, passant à 3,1 % de part de marché. L'éclosion du drive et le boom du bio font aussi évoluer ce marché. Les enseignes historiques comme Casino, E.Leclerc, Carrefour, Système U, Auchan, etc., se positionnent désormais sur d'autres valeurs. Les clients souhaitent revenir à des valeurs de **proximité** et de **praticité**. Désormais, une grande surface alimentaire qui n'offre pas la possibilité de commander sur Internet est dépassée. Parallèlement, les grandes enseignes qui avaient déserté les centres-villes pour s'agrandir en périphérie font quasiment toutes machine arrière. En l'espace d'une petite dizaine d'années, les concepts de supérettes urbaines se sont multipliés. Ce retour des petits formats au plus proche des consommateurs a largement été porté par le développement de la franchise.

## Focus digitalisation

Auchan Retail est devenu une entreprise multiformat hyperconnectée et omnicanale. Entre le 100 % digital et le 100 % physique, il y a le client qui s'informe en ligne et conclut en magasin, et l'inverse, celui qui s'inspire en magasin et conclut online. Il y a celui qui se fait tout livrer chez lui et celui qui préfère être livré dans le magasin le plus proche pour compléter ses achats du jour. Être un commerçant phygital, c'est personnaliser et mixer ses réponses en matière d'offres, de services, de relation et de fidélisation. C'est proposer aux clients un parcours de courses personnalisé qui multiplie les interactions entre le physique et le digital et permet des allers-retours fluides sur mobile, ordinateur, tablette et en magasin (tablettes vendeurs, bornes interactives, QR codes, écrans tactiles...).

## Environnement juridique

En France, la fin annoncée des méga-promotions dans la distribution, à l'instar du Nutella vendu avec un rabais de 70 % par Intermarché, colle aux nouvelles tendances de consommation, même si les enseignes possèdent d'autres leviers leur permettant de continuer à fidéliser le client. Voté le 15 septembre 2018 à l'Assemblée nationale, le projet de loi Alimentation, examiné au Sénat le 25 septembre, prévoit dans son article 9 de limiter les promotions des produits de grande consommation, *a priori* à 34 % en valeur et à 25 % en volume...

CHAPITRE 4

# Aménager l'espace commercial

## Contexte professionnel

La publication des résultats annuels d'Auchan Retail est tombée comme un couperet. Le groupe nordiste est en perte de vitesse. En effet, l'entreprise boucle l'exercice sur un excédent brut d'exploitation en recul de 12,1 % à 1,91 milliard d'euros. Les raisons sont multiples. Les distributeurs font face à des consommateurs de plus en plus connectés et la digitalisation devient incontournable pour aménager les points de vente.

Étudiant(e) en 1re année de BTS MCO, vous allez prochainement intégrer l'entreprise Auchan pour votre première période de formation en milieu professionnel.

Au vu des résultats financiers en baisse, les manageurs de rayon ont tous été mobilisés afin de trouver des solutions pour relancer l'activité du groupe et proposer des éléments qui permettront de développer la performance de l'aménagement de l'espace de vente.

Votre maître de stage, conscient que l'agencement d'un rayon est un véritable levier de croissance, décide de vous rendre acteur de ces transformations et vous confie différentes missions.

### Vos missions

**1** Comprendre les principes et les techniques de l'aménagement de l'espace commercial

**2** Connaître les conséquences du digital sur l'aménagement de l'espace commercial

# Vos missions

## MISSION 1 Comprendre les principes et les techniques de l'aménagement de l'espace commercial

Annexes 1 à 3 | Ressource 1 | Méthode 1

Vous êtes affecté(e) au magasin Auchan Englos situé près de Lille dans l'univers « Épicerie sèche », et plus particulièrement au rayon Conserves.
Afin de vous familiariser avec le secteur de la grande distribution, vous allez découvrir comment est organisé l'aménagement de l'espace commercial.

1. À partir des annexes 1 et 2, justifiez pourquoi il existe au niveau de l'organisation de l'espace commercial une distinction entre la zone chaude et la zone froide.
2. Indiquez quelle est l'utilité de proposer des produits d'appel en zone froide.
3. Précisez pour quelles raisons les achats d'impulsion sont très fréquents au niveau de l'allée pénétrante.
4. Visionnez la vidéo en annexe 3 et indiquez pourquoi « l'univers maison » remplace « l'univers électronique » au début du parcours client.
5. Expliquez comment la « zone marché » a évolué dans le point de vente.

## MISSION 2 Connaître les conséquences du digital sur l'aménagement de l'espace commercial

Annexes 4 à 11 | Ressource 1 | Méthode 1

La prise en compte du digital est devenue incontournable pour Auchan. Cette digitalisation a des conséquences sur l'aménagement de l'espace commercial. Les parcours d'achat multicanaux se développent et l'omnicanalité devient la norme pour les distributeurs. Votre manageur vous met à disposition une veille documentaire pour analyser et comprendre ces différents bouleversements.

1. Analysez les résultats des parcours d'achat qui vous sont proposés en annexe 4.
2. Indiquez pourquoi les parcours d'achat deviennent de plus en plus « sans coutures ».
3. Reproduisez et complétez le tableau en annexe 6 qui permet de montrer comment la digitalisation impacte le point de vente et son aménagement.
4. Définissez les concepts d'omnicanalité, de web-to-store, de store-to-web et de web-in-store.
5. Expliquez le principe de la e-reservation et présentez quelles peuvent être les conséquences de son développement sur l'aménagement du point de vente.
6. Présentez le click and collect XXL développé par Auchan Saint-Étienne. Peut-on dire que le click and collect bouleverse l'aménagement de l'espace commercial ? Justifiez votre réponse.
7. Montrez comment l'application Auchan favorise l'omnicanalité.
8. Selon vous, peut-on qualifier l'enseigne auchan de phygitale ? Justifiez votre réponse.

ANNEXE

## 1 L'aménagement de l'espace commercial au service de la performance des points de vente

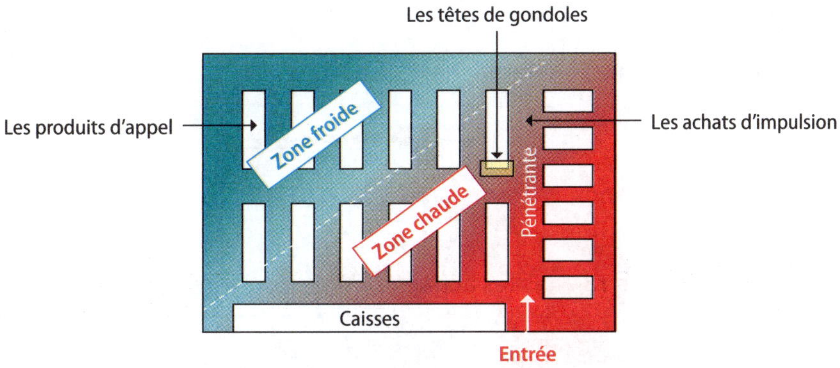


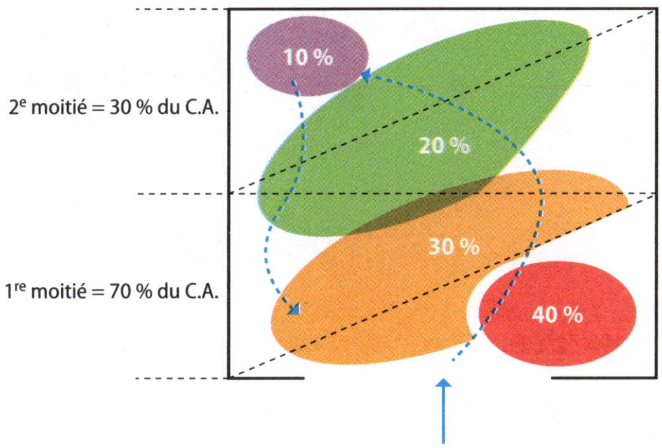


ANNEXE

## 2 Auchan Englos réaménage son espace commercial

Dans un point de vente, il est capital de proposer une organisation cohérente facilitant la circulation de la clientèle. Il s'agit de baliser le chemin qui doit sembler libre et indépendant pour les clients, afin d'optimiser le processus d'achat. On commence par la pénétrante correspondant le plus souvent au temps d'arrêt inhérent à la découverte de l'espace. Cette zone est cruciale pour le client car elle correspond à la prise de conscience marchande. C'est pourquoi il est important d'y placer promotions, actualités ou coups de cœur pour « pousser » le produit vers le client et éliminer ainsi bon nombre de freins. Ensuite, vient la zone chaude, ou zone de circulation naturelle, allant vers la droite du point de vente. C'est là que la circulation est la plus importante ; il faut donc y proposer des produits d'impulsion, d'actualité, car l'appétit d'achat est au maximum. Quant à la zone froide, une zone peu fréquentée par le client, les produits d'obligation et de destination suscitant des achats de réflexion et d'intention donnent un caractère utilitaire à ces achats supplémentaires avec de faibles marges. C'est à cet endroit que nous retrouvons le plus souvent les laboratoires de découpe, les ateliers de boulangerie et les lieux de stockage pour les liquides. Enfin, la zone de caisse doit évidemment se trouver en fin de parcours client. Il est recommandé d'y créer de la convivialité par des offres complémentaires, car le client terminant son processus d'achat y sera plus facilement sensible.

# Vos missions

ANNEXE

## 3 Visite d'Auchan Englos

**Vidéo**
La visite d'Auchan Englos
**lienmini.fr/30541-visiteauchan**

ANNEXE

## 4 Les parcours d'achat « sans coutures »

Lors de leur parcours d'achat, les consommateurs effacent les frontières entre e-commerce et magasin.

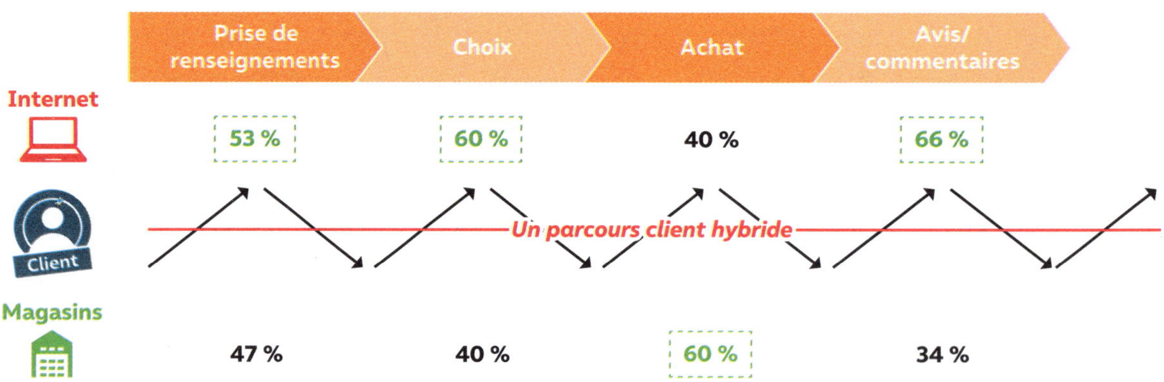


Estimation à partir de moyennes sur les souhaits des consommateurs en termes de parcours d'achat de produits dans la banque, la beauté, le voyage, le prêt-à-porter, les produits culturels ou technologiques

**Des parcours clients hybrides révélés par la relative similitude de la performance des canaux**

ANNEXE

## 5 Comment la digitalisation impacte-t-elle le point de vente ?

**Impact 1 – Le magasin n'est plus la seule vitrine d'une enseigne**

Aujourd'hui, il cohabite avec le site de e-commerce, les réseaux sociaux... Par ailleurs, les consommateurs accèdent facilement sur le web à toute l'information dont ils ont besoin pour prendre une décision, s'adressent directement aux enseignes et partagent largement leurs commentaires sur leurs diverses expériences d'achat (avec un vrai pouvoir de prescription et/ou de nuisance). Conséquences : d'une part, des relations horizontales se créent entre les retailers et leurs clients ; d'autre part, l'expérience en magasin doit s'avérer irréprochable, plus gratifiante qu'avant car les comportements des consommateurs évoluent : ils sont moins facilement captifs d'une enseigne donnée et la rationalité ne joue plus le même rôle dans leurs décisions d'achat.

**Impact 2 – Le magasin « se connecte »**

Il intègre de plus en plus d'outils digitaux, couplés à une scénarisation de l'espace de vente, dans l'objectif d'améliorer l'expérience d'achat des clients *via* des interactions d'un nouveau genre. Tablettes tactiles, étagères à affichage amélioré, cabines d'essayage à réalité augmentée, miroirs connectés, applications mobiles, m-paiement... L'éventail des technologies numériques déployées en point de vente s'élargit constamment.

**Impact 3 – Le rôle du vendeur s'étoffe**

Équipé de sa tablette numérique, le « vendeur augmenté » accompagne le client et optimise sa satisfaction pour mieux vendre. C'est désormais un véritable expert des produits ou services qu'il propose, à même d'apporter un conseil à valeur ajoutée à des clients sur-informés. Les outils dont il dispose lui permettent d'enrichir sa connaissance du client (*via* l'accès facilité aux historiques d'achats, aux préférences identifiées...) et de dispenser une information personnalisée.

**Impact 4 – Le point de vente devient hybride**

Le « nouveau commerce » intègre en effet sur une chaîne de valeur unique les opérations en ligne et hors ligne, la logistique et les données. Et prend en compte un consommateur rivé à son smartphone en permanence.

www.acuite.fr

ANNEXE

## 6 Comment la digitalisation impacte-t-elle le point de vente ?

| | Les impacts de la digitalisation | Les conséquences de la digitalisation | Les outils au service de la digitalisation |
|---|---|---|---|
| 1 | Le magasin n'est plus la seule vitrine d'une enseigne. | | |
| --- | ------------------------- | ------------------------- | ------------------------- |

ANNEXE

## 7 Les principes de l'omnicanalité

Les deux mondes offline et online du commerce convergent : le commerce est désormais omnicanal. L'expérience client doit être homogène quel que soit le canal de vente de l'enseigne : magasin, web, téléphone... Elle doit également s'avérer fluide quel que soit le parcours d'achat et respecter une logique « sans couture » : suivant les moments, un client peut essayer un produit en magasin et l'acheter sur Internet (store-to-web), ou bien sélectionner un produit sur le site e-commerce et le retirer en magasin (web-to-store), ou même encore commander un produit en ligne en point de vente (web-in-store). Par ailleurs, commerce physique et e-commerce ne s'opposent plus. Des liens existent entre ces deux canaux. La notion de phygital se développe pour caractériser cette forte synergie qui tire profit du meilleur des deux mondes pour proposer aux clients des expériences simplifiées, sans couture et personnalisées.

www.acuite.fr

ANNEXE
## 8 Auchan lance la e-reservation

Auchan propose un nouveau service sur son site auchan.fr : les produits réservés en ligne sont disponibles pour un retrait en magasin dans l'heure qui suit. Ce « retrait en 1 h » est déployé dans de nombreux hypers : sur Lille, Bordeaux, Angoulême, Le Mans, Le Havre, etc.

Ce principe de click and collect est réservé aux produits high tech (TV, photo, etc.). Tous les articles en vente sur auchan.fr ne sont évidemment pas éligibles au retrait dans l'heure. Seuls ceux qui sont déjà disponibles en point de vente sont proposés.

Sur Internet, le client ne fait que réserver ses articles. Dès que la commande est préparée, il est prévenu par SMS et peut venir la retirer dans l'espace « retrait des colis » de l'hyper. C'est à ce moment-là qu'il passe en caisse et règle ses achats.

www.lineaires.com

ANNEXE
## 9 Un espace click and collect XXL pour Auchan Saint-Étienne

Pour ses clients Drive, Auchan Retail France a installé 250 casiers tri-températures au 2e étage du parking Auchan Centre 2, sur Saint-Étienne. Le parcours client commence comme une commande drive classique, avec 8 500 références proposées. Et dès H+4 il peut récupérer sa commande dans un casier. Auchan souligne que ce service est totalement gratuit. Cette ouverture est aussi une illustration de l'attachement d'Auchan Retail France à un commerce phygital, qui allie le meilleur du commerce physique aux potentialités du digital afin d'offrir aux consommateurs des parcours de courses variés mais avec toujours la garantie de qualité qu'apporte la marque Auchan.

www.lsa-conso.fr

ANNEXE
## 10 Auchan teste cette année un magasin sans caisse en France

À l'image de ce qui se pratique déjà outre-Atlantique, l'enseigne de supermarché et d'hypermarché Auchan va tester un magasin sans caisse ni employé en mars 2019. Évidemment, les enseignements de ce test pourraient servir à un déploiement plus vaste sur l'Hexagone. L'utilisateur s'identifie *via* son application mobile en entrant dans le container, fait ses courses en enregistrant les achats dans un panier virtuel, et est ensuite prélevé du montant directement sur son compte en banque. Auchan évoque avec ce principe la notion de « magasin phygital ». En cas de problème, des conseillers à distance sont mis à disposition des clients *via* des écrans.

www.zdnet.fr, 28 décembre 2018.

ANNEXE
## 11 La nouvelle application Auchan : innovante et multiformat

L'appli Auchan est facile d'utilisation grâce à sa navigation intuitive et à son système de géolocalisation. Pour répondre aux attentes d'un consommateur devenu omnicanal, elle propose désormais un compte client unique pour tous les formats permettant à chacun de faire des économies et de se simplifier la vie. L'appli permet de vivre une nouvelle expérience de courses, enrichie et connectée grâce à : des listes de courses personnalisées et multiformat, *via* le scan du code-barres, des animations digitales comme le catalogue jouets en réalité augmentée, la possibilité d'accéder à toute l'offre Auchan, issue de tous les magasins et sites web de l'entreprise.

« Avec cette nouvelle appli Auchan, nous prouvons une fois encore notre volonté d'enrichir les parcours de course multiformat de nos clients en utilisant toutes les possibilités offertes par le digital. Cette appli exprime pleinement les valeurs de notre marque unique et connectée, synonyme d'attractivité, de qualité et de service. Elle participe ainsi à notre engagement pour réinventer l'expérience client » conclut Patrick Espasa, Président Exécutif d'Auchan Retail France.

www.carrefouruncombatpourlaliberte.fr

# 1 Les conséquences du digital sur l'aménagement de l'espace commercial

L'aménagement du point de vente se définit par l'ensemble des techniques mises en œuvre pour présenter au client, dans les meilleures conditions matérielles et psychologiques, le produit ou le service à vendre. Il concerne aussi bien les unités physiques que les unités virtuelles qui distribuent des produits ou des services. Ces dernières années, l'aménagement de l'espace commercial a été bouleversé par le développement du digital.

## 1 Un client de plus en plus connecté

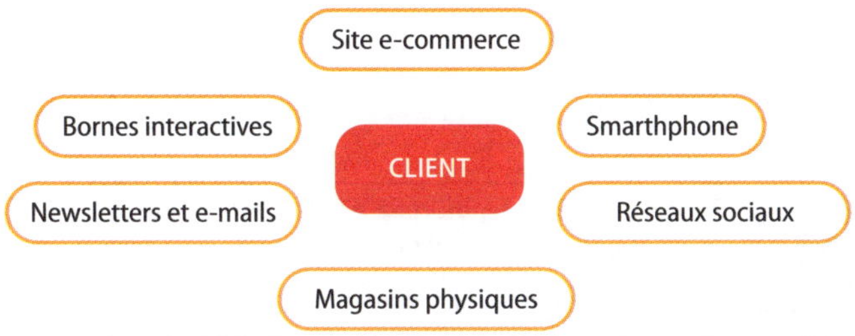


**Les différents points de contact du client**

| Avant la visite en magasin | Pendant la visite en magasin | Après l'achat et la visite en magasin |
|---|---|---|
| **Web to store** | **Store to web<br>Web in store** | **Web** |
| Couponing<br>Prise de rendez vous<br>E-réservation<br>Consultation de stock<br>Click and collect<br>Vitrine numérique/TV<br>Mobile/application | Vitrine numérique/TV<br>Catalogue interactif<br>Bornes numériques<br>Mobile /tablette | Retour post-achat sur les réseaux sociaux<br>Réponse à une enquête client<br>Promotion personnalisée |

## 2 L'omnicanalité bouleverse l'aménagement du point de vente

Les points de vente mettent en place :

- **Le store-to-web :** un client peut essayer un produit en magasin et l'acheter sur Internet.
- **Le web-to-store :** un client peut commander en ligne un produit et le retirer en magasin ou consulter en ligne puis venir en magasin.
- **Le web-in-store :** un client peut commander un produit en ligne depuis point de vente.

Les aménagements doivent s'adapter pour accompagner la digitalisation de l'aménagement commercial et faciliter les achats des clients. De nombreux outils existent comme les applications, des bornes numériques, des détecteurs de prospects, le click and collect, la e-réservation…

# 1 Techniques d'agencement de la surface de vente

## 1 La surface de circulation

| | |
|---|---|
| **L'allée pénétrante** | Tous les clients sont obligés d'y passer. La plus large du point de vente, elle sert aussi à mettre en valeur les promotions, les produits saisonniers. La circulation doit y être aisée. |
| **L'allée de caisse** | La circulation y est très lente ; c'est l'emplacement des produits d'impulsion comme les produits de la famille des snacking, des confiseries… |
| **L'allée centrale** | Elle traverse le magasin, c'est l'emplacement des têtes de gondole. |
| **Les allées secondaires** | Elles donnent accès à une famille particulière de produits ; le retour vers les caisses peut se faire *via* ces allées moins larges qui ralentissent la circulation. |

## 2 Les différentes zones

| | |
|---|---|
| **La zone chaude** | Zone de circulation naturelle, allant vers la droite du point de vente. C'est là que la circulation est la plus importante. Il faut donc y proposer des produits d'impulsion, d'actualité. |
| **La zone froide** | Zone de circulation en arrière et vers le fond du point de vente qui est naturellement moins fréquentée, avec des produits pré-vendus à faible marge. |
| **Les univers** | Ce sont tous les produits qui répondent au même besoin et qui sont souvent complémentaires (exemple : bébé, petit-déjeuner, maison…). Cette organisation permet au client de trouver rapidement les produits qu'il désire et de lui faire gagner du temps. |
| **La réserve** | La réserve se compose de trois grandes zones : la zone de réception, la zone de déballage et la zone de rangement. |

## 3 L'agencement intérieur

| | |
|---|---|
| **L'accueil** | L'espace d'accueil est souvent situé à l'entrée du magasin. C'est à cet endroit que le client a besoin de conseils et veut être rassuré. |
| **L'éclairage** | Il crée une atmosphère favorable à l'achat et met en valeur les produits. |
| **La musique** | Elle crée une ambiance et met le client dans une situation favorable à l'achat. |
| **Les odeurs** | Il s'agit de diffuser des senteurs dans le point de vente afin d'inciter à la vente. |

## 4 L'agencement extérieur

| | |
|---|---|
| **L'enseigne** | C'est ce qui donne au consommateur la première impression du point de vente. Son implantation doit être visible pour que le client la repère du plus loin possible. |
| **La vitrine** | Elle est l'espace aménagé d'un point de vente rendant visible depuis la voie publique, les articles en vente ou les services fournis dans ce commerce et les allées intérieures. |
| **Le parking** | Situé en extérieur ou en sous-sol, c'est le premier contact avec le client. Il peut proposer une multitude de services comme mise à disposition de chariots, des stations de lavage… |

# Applications

**QCM** Validez vos connaissances en cochant la ou les bonne(s) proposition(s) puis justifiez oralement vos réponses.

**1. L'agencement de la surface de vente est importante pour :**
- [ ] le consommateur.
- [ ] le distributeur.
- [ ] le producteur.

**2. La structure d'un hypermarché se décompose en :**
- [ ] trois allées.
- [ ] quatre allées.

**3. Le web-in-store représente la situation où :**
- [ ] un client peut essayer un produit en magasin et l'acheter sur Internet.
- [ ] un client peut commander en ligne un produit et le retirer en magasin.
- [ ] un client peut commander un produit en ligne en point de vente.

**4. La situation qui permet de générer des parcours clients en faisant intervenir successivement plusieurs canaux correspond :**
- [ ] au crosscanal.
- [ ] au multicanal.
- [ ] à l'omnicanal.

**5. Le parcours client digital se pratique :**
- [ ] avant la visite dans le point de vente.
- [ ] avant, pendant et après la visite dans le point de vente.
- [ ] après la visite dans le point de vente.

**QCM**
Retrouvez la suite en version interactive pour tester vos connaissances sur ce chapitre.
**lienmini.fr/30541-exo4**

## 1 Comprendre les principes de l'agencement de l'espace de vente

Vous venez d'être recruté(e) chez Bien chez Moi en tant que conseiller(ère) commercial(e). Le directeur du magasin vous demande de comprendre les principes de l'agencement du point de vente pour bien connaître votre nouveau lieu de travail. Il vous fournit un document qui présente cet aménagement.

**1. Décrivez l'organisation de l'espace de vente Bien chez moi.**

**2. Listez les acteurs concernés par cette organisation.**

**3. Citez les éléments pris en compte dans l'agencement de ce nouvel espace de vente.**

**4. Proposez des éléments d'agencement de la zone « ateliers » (meubles, éclairage...).**

### DOC. 1 / Bien chez Moi, l'enseigne des Mousquetaires à destination des Seniors

La population française compte de plus en plus de seniors. Cette enseigne pilote, au nom de « Bien chez moi » propose sur 200 m$^2$ une approche plus positive du vieillissement, avec des produits (non alimentaires) adaptés aux loisirs, à la santé, à la détente, et facilitant la vie aux seniors.

Quatre espaces ont été définis, avec 1 200 références au total. Un pôle « Se sentir bien » propose cosmétiques, huiles essentielles. La zone « Aménager sa maison » met en scène des meubles et produits ergonomiques (cuisine avec hauteur du plan de travail réglable, douche accessible, etc., pour les personnes dont la mobilité se réduit). La zone « S'ouvrir l'esprit » est consacrée au sport et loisirs, avec livres, jeux et produits intergénérationnels. La zone « Être connecté » met en avant de la téléphonie adaptée, des équipements de santé connectée, etc. « *Nous voulons en faire un lieu de vente, mais aussi un lieu de vie. On peut y venir avec ses petits-enfants, créer des échanges, et du lien au niveau local* » affirme Patricia Chatelain, directrice de l'innovation du groupement. Voilà pourquoi une zone dédiée à des ateliers est en place, pour organiser rencontres et discussions sur des thématiques liées aux attentes des seniors (comment équilibrer son alimentation, comment sécuriser son habitation, etc.).

## 2 Connaître les conséquences du digital sur l'aménagement de l'espace commercial

Vous êtes stagiaire dans le magasin Nike situé dans la ville de Rennes (Ille-et-Vilaine). Vous vous intéressez aux techniques de digitalisation et vous souhaitez analyser comment l'enseigne Nike pratique la digitalisation de ses points de vente. Le manageur vous communique un article sur le nouveau flagship new-yorkais avec une série de questions à traiter.

**1. Précisez quel est l'objectif de l'ouverture de ce nouveau magasin pour Nike.**

**2. Listez les techniques digitales développées par Nike.**

**3. Décrivez le service « Shop the look »**

**4. Indiquez quel est l'intérêt pour Nike de développer ce nouveau service.**

### DOC. 1 / Nike a ouvert son nouveau magasin sur six étages et 6 300 m² de surface de vente.

Toute l'offre de Nike, en vêtements comme en chaussures, y est présente, et l'ambition est de la « sublimer » grâce aux vertus des technologies modernes. L'idée sous-jacente ? Rendre ce magasin unique et offrir aux clients les services de personnalisation les plus poussés. On passe sur les possibilités offertes de réserver et commander sur place, à tout moment depuis son smartphone. C'est bien, mais cela devient désormais assez commun. Ce qui l'est nettement moins, en revanche, c'est ce service « Shop the look » mis en place dans ce magasin. Comme son nom l'indique, il s'agit de pouvoir « acheter les silhouettes ». En clair, vous repérez, sur les mannequins de présentation, un ou plusieurs articles qui vous plaisent, vous les scannez et, instantanément, vous avez sous les yeux toutes les informations pour savoir s'ils sont disponibles en magasin, à votre taille. Si oui, alors il n'y a plus qu'à se rendre dans les cabines d'essayage et le tour sera joué. Un autre scan, pour procéder au paiement cette fois, et voilà l'article qui est à vous, sans plus avoir à se rendre aux caisses. Cela vient donc signer la fin des files d'attente, si frustrantes pour tout le monde. On touche là au cœur même du concept : se montrer à l'écoute des clients, et de leurs attentes, le plus possible. Autre service, que l'on retrouve dans ce magasin de New York : la personnalisation des articles, avec deux studios de création pour pouvoir, à sa guise, apporter une petite touche personnelle. Sans parler, bien sûr, d'un « Sneaker bar » avec toutes les chaussures joliment mises en avant.

www.lsa-conso.fr

# Synthèse

## Aménager l'espace commercial

### L'amenagement de l'espace commercial

**Permet :**
- de faire acheter la clientèle
- de fidéliser la clientèle
- de s'adapter à la zone de chalandise

**Permet de :**
- de favoriser l'accueil
- de sécuriser le parcours client
- de rendre plus accessible le point de vente
- d'attirer la clientèle dans le point de vente
- d'optimiser la logistique

**Avec des :**
- aménagements intérieurs
- aménagements extérieurs

### L'aménagement de l'espace commercial est de plus en plus digitalisé

**Pour répondre :**
- à un environnement digital
- à une distribution omnicanale
- à un consommateur connecté

**Avec le developpement du :**
- Web to store
- Store to web
- Web in store

**Avec la mise en place :**
- de la e-reservation
- du click and collect
- des applications mobiles

# Vers l'examen

**Objectif : Se préparer à l'évaluation de la sous-épreuve E42 Animation et dynamisation de l'offre commerciale.**

## Aménager l'espace commercial

Dans le chapitre 4, vous avez abordé les différentes techniques pour aménager l'espace commercial. Vous allez appliquer cette méthodologie dans le cadre de votre stage en analysant l'agencement de votre unité commerciale.

**Grille d'analyse de l'agencement de votre unité commerciale**

Dans le cadre de votre formation en milieu professionnel, après vous être procuré un plan du magasin, vous observerez l'agencement de votre unité commerciale à l'aide de la grille d'analyse ci-dessous.

| | Dans votre unité commerciale | | | | Vos propositions d'amélioration |
|---|---|---|---|---|---|
| ÉVALUATION | TB | B | M | I | |
| Zones attractives | | | | | |
| Parcours du client | | | | | |
| Zone froide | | | | | |
| Zone chaude | | | | | |
| Facteurs d'ambiance (éclairage, musique, odeurs…) | | | | | |
| Click and collect | | | | | |
| E-reservation | | | | | |
| Bornes interactives | | | | | |

**Critères d'évaluation**

1. **La connaissance des techniques d'aménagement de l'espace commercial est acquise.**
Très bien ❑ Bien ❑ Moyen ❑ Insuffisant ❑
2. **L'analyse des résultats est pertinente et apporte un regard critique de la situation.**
Très bien ❑ Bien ❑ Moyen ❑ Insuffisant ❑
3. **La communication est mise en œuvre au service de l'efficacité relationnelle.**
Très bien ❑ Bien ❑ Moyen ❑ Insuffisant ❑

CHAPITRE

5

# Maintenir un espace commercial opérationnel et attractif avec une offre disponible

## Contexte professionnel

Étudiant(e) en 1re année de BTS MCO, vous avez intégré l'entreprise Auchan pour votre seconde période de formation en milieu professionnel. Au vu des bons résultats obtenus par les rayons que vous avez aménagés lors de votre stage précédent, le manageur du nouvel univers snacking **« Pause Snack et compagnie »** de l'hypermarché Auchan d'Englos (Hauts-de-France) souhaite vous solliciter afin de rendre cet espace commercial opérationnel et attractif.

Votre maître de stage, soucieux du confort d'achat de ses clients, compte sur votre aide pour mettre en valeur cet espace commercial physique. Il attire également votre attention sur l'attractivité du site marchand « Auchan drive ». Conscient que le marketing sensoriel est un véritable levier de croissance pour une unité commerciale, il décide de vous rendre acteur de ces transformations et vous confie différentes missions.

### Vos missions

1 Maintenir un espace commercial physique attractif

2 Proposer un espace commercial virtuel attractif

3 Maintenir un espace commercial opérationnel avec une offre disponible

# Vos missions

## MISSION 1 Maintenir un espace commercial physique attractif

Annexes 1, 2, 9 et 10 | Ressource 1

Un de vos camarades de BTS MCO, en stage chez Nature & Découvertes à Lille, vous rend compte des techniques de marketing sensoriel en vous montrant une vidéo enregistrée sur son lieu de stage. Curieux(se), vous décidez d'analyser ces techniques afin de les proposer, tout d'abord, au point accueil de l'hypermarché Auchan d'Englos, puis à votre rayon Snacking.

1. Analysez, en reproduisant le tableau en annexe 1, les différentes techniques de marketing sensoriel observées chez Nature & Découvertes.
2. Présentez les facteurs d'attractivité des différents points de contact avec la clientèle d'Auchan et proposez des améliorations sur le modèle du tableau en annexe 2.
3. Proposez, en vous inspirant du schéma en annexe 10, des préconisations de marketing sensoriel pour le rayon « Pause Snack et compagnie » d'Auchan.

**DÉFINITION** **Marketing sensoriel**

Le marketing sensoriel est une technique marketing qui sollicite un ou plusieurs des cinq sens du consommateur. Son objectif est de séduire le consommateur tout en accroissant son bien-être dans le but d'influencer favorablement son comportement vis-à-vis d'un service ou d'un produit au sein d'un point de vente.

**Vidéo**
Le marketing sensoriel chez Nature & découverte
**lienmini.fr/30541-nature**

## MISSION 2 Proposer un espace commercial virtuel attractif

Annexe 3 | Ressource 2

En visite à Auchan Englos à l'occasion du remodling de l'enseigne, le dirigeant d'Auchan Retail France a présenté le projet « Marque unique », visant à unifier les différentes activités du groupe sous une marque unique : Auchan pour les magasins (avec Auchan, Auchan Supermarché et MyAuchan pour la proxi) et Auchan.fr pour le site internet.

À cette occasion, il a annoncé que le digital avait dépassé les 20 milliards d'euros en France en 2018, la grande majorité des ventes en ligne se faisant grâce au drive.

Conscient(e) de la complémentarité des unités commerciales et virtuelles et souhaitant donc apporter de l'attractivité au site marchand d'Auchan, vous décidez, sur les conseils de votre manageur, d'interviewer le responsable web de l'hypermarché.

1. Visionnez l'interview. Précisez les enjeux du e-merchandising pour l'enseigne Auchan.
2. Connectez-vous à www.auchandrive.fr, choisissez un drive. Analysez, à l'aide du tableau en annexe 3, les composantes du site auchan drive.fr.

**Vidéo**
Interview de Daniel Malouf
**lienmini.fr/30541-malouf**

# MISSION 3 Maintenir un espace commercial opérationnel avec une offre disponible

Annexes 4 à 8 Ressource 1

**Afin de mener à bien votre mission portant sur l'aspect opérationnel du rayon « Pause Snack et compagnie » d'Auchan Englos, vous avez réalisé une recherche documentaire sur les tendances du marché du snacking et effectué une veille concurrentielle dans les points de vente situés à proximité de votre lieu de stage.**

**1.** À partir des résultats de votre recherche documentaire dans la presse professionnelle (annexes 4 et 5), listez les attentes du consommateur en matière de snacking.

**2.** Grâce à la veille concurrentielle que vous avez effectuée chez votre concurrent Carrefour implanté à proximité (annexe 6), présentez les éléments essentiels d'un rayon snacking sur le modèle du tableau ci-dessous :

| Éléments d'information | Éléments d'implantation | Éléments de théâtralisation | Éléments de cross selling | Éléments d'agencement |
|---|---|---|---|---|
| | | | | |

**3.** Observez la photo que vous avez prise dans la supérette voisine « Big Bazar » (annexe 7). Listez les erreurs d'implantation du rayon snacking.

**Intéressé(e) par les nouvelles technologies, de retour chez vous, vous décidez d'utiliser un logiciel de cartes mentales afin de présenter à votre manageur vos préconisations pour un rayon snacking « Pause Snack et compagnie » opérationnel.**

**4.** Reproduisez le modèle en annexe 8 afin de présenter vos préconisations sous forme de carte mentale.

## ANNEXE 1 Analyse des techniques de marketing sensoriel

| Sens | Objectif | Mise en application chez Nature & Découvertes |
|---|---|---|
| Vue | | |
| Odorat | | |
| Toucher | | |
| Goût | | |
| Ouïe | | |

## ANNEXE 2 Les facteurs d'attractivité

| Composantes du contact avec le client | Facteurs d'attractivité |
|---|---|
| Serviscène (design des lieux d'accueil) | |
| Personnel de contact | |
| Supports de communication | |
| Améliorations | |

ANNEXE 3

## Les composantes d'un espace commercial virtuel

| Composantes | Caractéristiques | Rôle | Analyse des composantes du site Auchandrive.fr |
|---|---|---|---|
| **Le header** | Partie haute de l'écran, commune à toutes les pages | Faciliter le repérage sur le site, s'identifier | |
| **L'ergonomie** | Charte graphique, design professionnel, structure du site | Améliorer le confort de navigation<br>Permettre de trouver facilement le produit (règle des 3 clics) | |
| **Les photos et descriptifs** | Visuels, texte descriptif du produit | Permettre de vérifier que le produit est bien conforme au besoin<br>Rubrique « avis clients » : augmente le taux de transformation (conversion) | |
| **Les promotions** | Signalées par des bannières/ventes flash | Dynamiser le site<br>Augmenter les performances | |
| **Le moteur de recherche** | Moteur de recherche interne qui doit être visible et fournir des résultats pertinents | Faciliter l'accès à l'information ou au produit recherché par le visiteur | |
| **Les réseaux sociaux** | | Partager la page, les produits | |
| **« Ajouter au panier »** | Doit être en contraste avec la charte graphique | Permettre au client d'ajouter des articles dont son panier virtuel | |
| **« Articles de la même catégorie qui pourraient vous intéresser »** | Commande complémentaire à l'achat du produit | Proposer des alternatives, suggérer des ventes complémentaires ou cross-selling, augmenter le panier moyen | |
| **« Conditions de livraison et de retour »** | En bas de la page d'accueil du site | Rassurer et fidéliser les internautes | |

ANNEXE

## 4 Snacking : aux distributeurs de jouer !

**Le casse-tête de la mise en rayon**

La mise en rayon de l'espace snacking bouscule l'organisation de la grande distribution, et la tâche est loin d'être simple. Le déploiement des espaces snacking avec caisses dédiées doit être étudié point de vente par point de vente. Un travail de fourmi qui a, par exemple, conduit Carrefour à se doter en 2016 d'un responsable catégorie snacking. Selon les tests menés par Sodebo, seule la double implantation d'un rayon snacking pour une consommation immédiate, avec une caisse à part, et d'un autre pour la consommation différée se révèle efficace pour l'essor de ce marché. Résultat, les magasins doivent investir et développer davantage de linéaires, ce qui n'est pas sans contrainte. Par ailleurs, en termes d'offre, le développement du rayon reste toujours porté par les salades et les sandwichs. Pour le reste, les produits sont réunis par défaut et relèvent de différents flux de commandes. Ces obstacles, s'ils étaient surmontés, permettraient au rayon de trouver un nouvel élan. Alors que les formules constituent un élément clé dans l'univers de la restauration, elles peinent à s'imposer en rayon. Un constat qui désole L'Atelier Blini, dont les desserts enregistrent des performances infiniment meilleures quand ils sont implantés aux côtés des salades, sandwichs et plats cuisinés dans un linéaire dédié au snacking que lorsqu'ils se trouvent au beau milieu du rayon traiteur LS, serait-ce à côté des mêmes produits. « Sur le marché du snacking, la GMS bénéficie d'atouts de taille : la variété de l'offre, le prix et la liberté de choix. La révolution de l'offre a déjà eu lieu. Il faut désormais mettre en œuvre celle de l'organisation du rayon. Le snacking est une pépite. Il serait dommage de passer à côté », met en garde un professionnel.

www.lsa-conso.fr, 09 mars 2017.

ANNEXE

## 5 Le traiteur frais et le snacking, un potentiel toujours sous-exploité

Si selon le baromètre Shopper 2017 IRI, les consommateurs achètent davantage de produits traiteurs frais dans ce circuit magasin (63 % une fois par semaine), ils fréquentent aussi davantage les autres circuits. Un gâteau qui grandit donc mais qui intéresse toujours plus d'acteurs. Aussi, il est nécessaire de rappeler l'importance de la valorisation des produits pour mieux répondre aux attentes des consommateurs. Et d'insister sur les 8 leviers de croissance qui passent par une plus grande diversité, une meilleure lisibilité de la qualité, une valorisation des innovations avec 23 % des shoppers qui attendent davantage d'animation et de dégustations, un gros travail pour éviter les ruptures de stocks, l'accélération du temps de parcours avec un consommateur qui ne passe plus que 66 secondes dans le rayon contre 85 en 2015, redonner du plaisir tout en facilitant le repas en magasin, la mise en place d'un pôle apéritif ou encore la remise en avant de l'humain pour réintroduire de la convivialité et de la confiance. Clairement, les distributeurs sont invités à mettre le paquet sur le snacking et à verser un peu plus dans la restauration.

www.snacking.fr, juin 2017.

ANNEXE

## 6 Le rayon Snacking du concurrent Carrefour

ANNEXE

## 7 Le rayon Snacking de la supérette Big Bazar

# Vos missions

## ANNEXE 8 — Préconisations pour le rayon « Pause Snacking et compagnie »

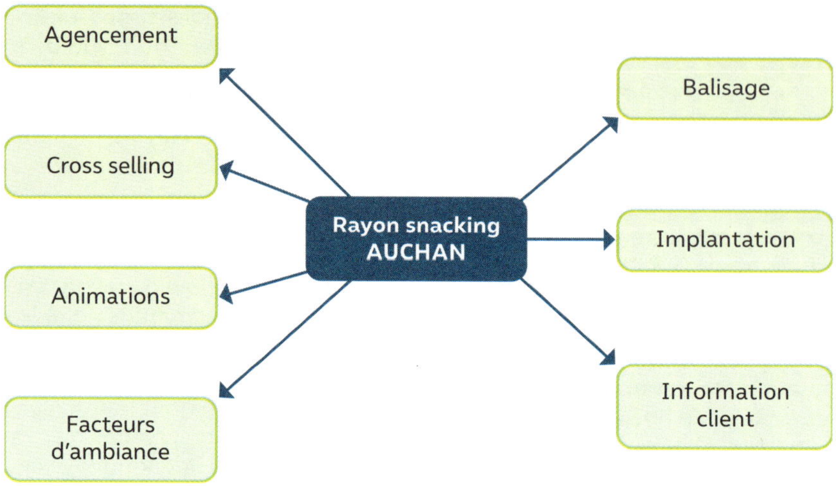


## ANNEXE 9 — Les points d'accueil d'Auchan

## ANNEXE 10 — Préconisations en marketing sensoriel pour le rayon « Pause Snacking et compagnie »

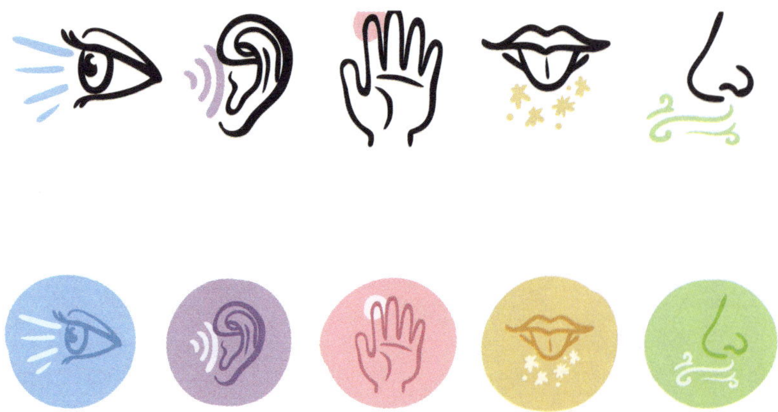

# 1 Un espace commercial attractif

Face aux grands sites internet marchands, les grandes enseignes doivent supporter la concurrence. Les consommateurs l'attestent : les grandes enseignes physiques doivent revoir leurs pratiques pour espérer les reconquérir. Les clients se satisfont de moins en moins des schémas de consommation habituels. La mise à disposition d'un produit ne suffit plus, le parcours d'achat doit être l'occasion de vivre de nouvelles expériences en phase avec leurs valeurs. Clarté des informations, services ajoutés, réactivité dans la livraison et les retours... plus encore que des « gadgets numériques » en plus, les consommateurs veulent du respect, de la rapidité, de la confiance, une meilleure reconnaissance aussi.

## 1 Un espace commercial opérationnel et une offre disponible

### a. Le repérage du client dans l'espace commercial

Le client doit pouvoir se repérer facilement dans l'espace commercial. Les allées doivent être bien définies. Ainsi une **signalétique efficace** et un **balisage clair** doivent permettre au client d'arriver au bon endroit ou de trouver le bon produit. Une mise à jour régulière des rayons est donc nécessaire pour garder l'intérêt des clients intact. De même, le client doit trouver régulièrement de nouveaux produits afin de garder l'envie de revenir. Le magasin doit être bien ordonné afin de donner une bonne impression générale. Le plaisir d'acheter est un sentiment qui va fidéliser la clientèle.

### b. L'information client

Informer... c'est le devoir des enseignes de distribution pour 39 % des Français, en priorité sur les caractéristiques d'un produit et sur le montant des frais de livraison, pouvoir d'achat maîtrisé oblige. Être le plus transparent possible, c'est une façon de **rassurer le client** et de le fidéliser. Cette capacité à être précis et clair en amont, laisse aux enseignes une marge de manœuvre face à l'éventuelle déception, par exemple, d'un retard de livraison. La transparence occupe une place centrale dans l'expérience client. Le consommateur est de plus en plus souvent en situation **d'autonomie** dans ses actes d'achat. Il doit se repérer, comprendre les classifications afin de pouvoir se décider librement en pleine connaissance de l'offre.

### c. La disponibilité de l'offre

Pour une expérience d'achat réussie, pas question de se trouver face à des rayonnages vides. L'offre doit être disponible. En voici les outils prioritaires :

- la **gestion du taux de rupture** doit faire partie de la stratégie de marchandisage. La rupture étant à l'origine d'une perte importante de chiffre d'affaires des hypermarchés, elle s'intègre à la perfection dans le plan merchandising. Celui-ci peut alors prévoir un système de prévision des ventes en fonction des plans promotionnels, des lancements d'innovations.
- le **réassort** joue également un rôle important : un réassort efficace permet un réapprovisionnement dans les bonnes quantités et au bon moment. Quand il touche au réapprovisionnement d'un produit en rayon, il assure sa disponibilité visuelle auprès du client. Lorsqu'il concerne un réapprovisionnement des stocks, il permet de prévoir les ruptures et de faire face efficacement à une augmentation des ventes.

## 2 Espace physique attractif et marketing sensoriel

On ne parle plus vraiment de consommation mais plutôt d'expérience d'achat. Comment l'entreprise, et plus particulièrement, une enseigne de distribution peut-elle tenir cette promesse tacite : offrir au client le parcours d'achat idéal ?

**a. Objectifs**

L'attractivité d'un point de vente est l'un des piliers de la réussite d'une entreprise. L'apparence, l'ambiance et **l'expérience** offerte aux clients doivent être exemplaires afin de susciter l'envie d'une première visite, mais aussi d'installer une relation dans le temps. L'**aménagement** permet également de se distinguer des concurrents et de valoriser un positionnement. Le client doit remarquer le point de vente, y entrer et y acheter des produits.

**b. Outils**

Tous les moyens sont bons pour convaincre le consommateur : la décoration, le service client, la vitrine, l'accueil, la présentation en magasin, l'éclairage, l'animation et l'événementiel. Cet ensemble d'éléments visuels, sensoriels et de communication deviennent peu à peu ce qui définit aujourd'hui le **marketing sensoriel** ou l'art de **théâtraliser** son point de vente.

**c. Principes**

Le marketing sensoriel regroupe l'ensemble des techniques marketing visant à utiliser un ou plusieurs des 5 sens pour favoriser l'achat d'un produit ou service et/ou son expérience d'utilisation. La sollicitation des sens chez le consommateur se fait essentiellement au niveau du produit ou du point de vente, mais elle joue également un rôle important dans la fidélisation par le biais de **l'expérience utilisateur**. La vue, le toucher et le goût (produits alimentaires) sont évidemment depuis longtemps partie intégrante du marketing produit. Le terme de marketing sensoriel est surtout apparu avec l'utilisation de sens « moins évidents » tel que l'odorat et l'ouïe pour les produits et les points de vente.

# 2 Espace virtuel attractif et e-merchandising

L'e-merchandising est l'équivalent en ligne des techniques utilisées dans les points de vente physiques pour améliorer l'expérience d'achat.

## 1 Objectifs

Les objectifs sont les mêmes qu'en unité commerciale physique et seul le support change afin de s'adapter aux contraintes du web. Son premier objectif est d'**optimiser le C.A.** du site internet marchand ou de l'application interactive en trouvant le meilleur équilibre entre la psychologie de l'acheteur et la politique commerciale de l'enseigne.

## 2 Outils

Sa mise en œuvre repose sur les usages en termes **d'ergonomie** du site web. Tout comme le merchandising de l'UC physique, l'objectif est de maximiser les ventes en jouant sur l'offre présentée, l'organisation de l'offre, la navigation au sein de l'offre, la présentation des produits ou services proposés, et les fonctionnalités développées pour accompagner le cheminement de l'acheteur.

## 3 Impact

L'e-merchandising va avoir un impact sur les fonctionnalités de recherche, la présentation des produits et la procédure de paiement. En améliorant l'expérience de l'internaute, **le taux de conversion** s'en trouvera augmenté. De même, le montant du panier moyen sera plus élevé, car tout aura été mis en place pour maximiser l'achat de produits connexes. Par exemple, un sac, un flash, un trépied ou une carte mémoire lors de l'achat d'un appareil photo numérique.

L'e-merchandising va notamment permettre l'amélioration des points suivants :

- Recherche interne plus fluide ;
- Catalogue mieux présenté ;
- Mise en avant de produits en page d'accueil ;
- Mise en place d'une stratégie de cross-selling ;
- Mise en avant de différents services pour rassurer et séduire davantage les internautes (avis clients, modes de livraison et de paiement, conseils d'utilisation, vidéos explicatives, astuces, etc.).

**L'exemple d'Amazon**

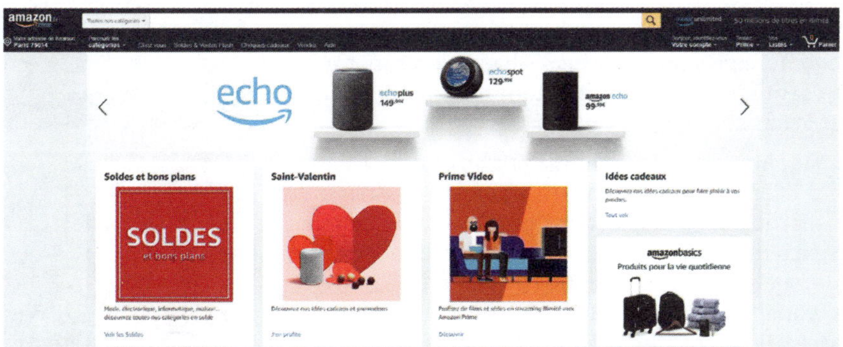


| Composantes | Caractéristiques | Amazon.fr |
|---|---|---|
| **Le header** | Partie haute de l'écran, commune à toutes les pages | Logo/code couleur/partie « identification » |
| **L'ergonomie** | Charte graphique, design professionnel, structure du site | « Parcourir les catégories » |
| **Photo et descriptif** | Visuels, descriptifs | « descriptif technique »<br>« commentaires clients » |
| **Les promotions** | Signalées par des bannières/ventes flash | « ventes flash » « prix barré » |
| **Le moteur de recherche** | Moteur de recherche interne, doit être visible, doit donner des résultats pertinents | Recherche par boutique/tri |
| **Réseaux sociaux** | | Partager Facebook Twitter Pinterest |
| **« Ajouter au panier »** | Doit être en contraste avec la charte graphique | Ici fond jaune |
| **« Articles de la même catégorie qui pourraient vous intéresser »** | Commande complémentaire à l'achat du produit | Accessoires |
| **« Conditions de livraison et de retour »** | En bas de la page d'accueil du site | « besoin d'aide ? » |

# 3 Le marchandisage de l'unité commerciale de services

Le marketing-mix service s'intéresse à l'aménagement de l'espace de **servuction (mise en œuvre d'un service)**. Le design d'environnement met en évidence l'importance de la relation entre le produit et l'espace qu'il occupe. Cet espace représente une identité cohérente.

## 1 Pourquoi l'utiliser ?

Cet outil cherche à mettre en cohérence la **perception de qualité du service** et les éléments matériels environnants (choix des matériaux, des couleurs, dimension sensorielle...). Il renforce l'esprit de la marque et le sentiment d'appartenance à une communauté.

## 2 Comment l'utiliser ?

L'espace du service peut se concevoir de trois manières.

**L'espace collaboratif :** le client s'auto-gère. C'est l'espace traditionnel de vente. Le lieu souvent multi-marques doit composer avec plusieurs identités. Ses valeurs se déterminent par le choix, la liberté, la promesse. Le client a besoin d'assistance face à l'hétérogénéité des offres qui coexistent, et les codes du distributeur doivent être plus visibles que les marques représentées, tout en les mettant en valeur, comme c'est le cas chez *Grand Optical*.

**L'espace immersif :** le client est pris en charge. L'identité du lieu est mise en avant pour être associée à une marque dans l'esprit des utilisateurs ou usagers. L'espace du service doit être porteur d'une identité et de valeurs fortes. Les codes de la marque doivent imprégner le lieu dans : l'accueil, l'organisation de ses espaces, le cheminement, le mobilier et la décoration, l'omniprésence des graphismes et les signatures, les matières et les finitions, le type de lumière, la température ou la sonorisation. On voit par exemple à quel point les boutiques de type *Hollister* exploitent les codes identitaires de leur marque dans les surfaces de vente.

**L'espace interactif :** le client est acteur. Le service investit l'espace pour augmenter sa valeur. L'environnement interagit avec l'utilisateur pour enrichir ou compléter l'offre. On constate cela chez *Apple* qui laisse le client manipuler et tester les produits, et qui vend de façon exclusive et personnalisée.

# Applications

**QCM** Validez vos connaissances en cochant la (ou les) bonne(s) proposition(s) puis justifiez oralement vos réponses.

**1. Les techniques de marchandisage concernent :**
- ☐ la mise en valeur des produits.
- ☐ la mise en valeur des sites marchands.
- ☐ la mise en valeur des services.

**2. Un espace de vente opérationnel est un espace :**
- ☐ qui optimise le chiffre d'affaires.
- ☐ qui optimise le parcours client.
- ☐ qui optimise le travail des employés.

**3. Le marketing sensoriel mobilise :**
- ☐ les 3 sens.
- ☐ les 4 sens.
- ☐ les 5 sens.

**4. Le e-merchandising a pour objectif(s) :**
- ☐ d'augmenter les visites en UC physique.
- ☐ d'augmenter les visites en UC virtuelle.
- ☐ d'augmenter les visites de l'UC physique et virtuelle.

**5. Les objectifs du marchandisage des services sont de :**
- ☐ satisfaire les clients.
- ☐ optimiser le travail du personnel.
- ☐ fidéliser les clients.
- ☐ se différencier des concurrents.

**QCM**
Retrouvez la suite en version interactive pour tester vos connaissances sur ce chapitre.
**lienmini.fr/30541-exo5**

## 1 Proposer des améliorations de l'agencement de l'espace

Le Crédit Agricole de votre ville a été sélectionné pour tester un nouveau concept d'agence commerciale. Vous avez rencontré le Directeur Général « Architecture et Design » afin de l'interviewer, et vous avez été autorisé(e) à filmer ce nouveau concept d'agence.

**1. Après avoir visionné la vidéo « Visite du Crédit Agricole », inspirez-vous du tableau ci-dessous pour proposer des améliorations de l'agencement de l'espace :**

| Marchandisage de services | Exemple du Crédit Agricole | Type d'espace |
|---|---|---|
| Extérieurs | | |
| Serviscène | | |
| Personnel de contact | | |
| Supports de communication | | |
| Objectifs du nouveau concept ? | | |

**Vidéo**
Visite du Crédit Agricole
**lienmini.fr/30541-concept**

## 2 Analyser l'espace commercial

L'enseigne Fruits Frais enregistre une baisse de son chiffre d'affaires depuis quelques mois, mais des efforts de merchandising ont été faits par le chef de rayon, alerté de la situation. Il souhaiterait toutefois des conseils afin de poursuivre ses efforts.

**1. À partir des photos, listez les éléments d'attractivité de cet espace commercial.**

**2. Proposez des améliorations.**

**DOC. 1 / Les rayons fruits et légumes chez Fruits Frais**

## 3 Repérer les éléments d'attractivité

Face à l'immense concurrence des GAFA (les quatre géants américains de l'Internet fixe et mobile que sont Google, Apple, Facebook et Amazon), le groupe Carrefour mobilise ces dernières années de nombreux moyens d'attractivité dans ses unités commerciales afin de renouer avec la clientèle. C'est notamment dans l'hypermarché de Montesson (78) qu'a été mené un nouveau test de marketing expérientiel (concept commercial de théâtralisation d'un lieu de vente ou de service qui implique l'usager dans une mise en scène de la marque et de ses produits ou services).

**1. Recensez les éléments d'attractivité liés à la signalétique.**

**2. Recensez les éléments d'attractivité liés à l'information client.**

**3. Recensez les éléments d'attractivité liés au marketing expérientiel.**

### DOC. 1 Carrefour teste un nouveau parcours client en hyper

L'ambition globale : rompre avec la monotonie du parcours d'achat dans ces paquebots de la consommation en y apportant davantage de conseil, de service et de contact humain. Le site choisi, Montesson (78), est un hypermarché huppé de 18 200 mètres carrés. Soit un terrain de jeu idéal pour explorer une nouvelle façon de faire ses courses dans un grand hyper.

**Un « manageur expérience client »**

Une vingtaine de personnes, sur place, est affectée au projet, sous l'autorité d'un « manageur expérience client ». Tous les services proposés par le magasin sont fédérés sous une signalétique unique jaune fluo. Les « anciens » (présentation du drive, du retrait colis) comme les nouveaux (livraison à domicile, conseils en bio, prêt de matériel au traiteur, par exemple). Des points information installés en tête de gondole rythment le parcours le long de l'allée centrale, avec borne de commande dans certains rayons et bouton d'appel si le conseiller est absent. Carrefour veut recréer dans ses grands hypers la même ambiance « d'assistants experts » que l'on s'attend à trouver dans un Leroy Merlin, un Décathlon, mais aussi… une Fnac ou un Darty.

**Un pôle traiteur convivial**

Les points-conseils sont installés à la beauté, dans l'univers bébé, à la cave, au rayon bio et diététique, etc. La parapharmacie, le kiosque Mydesign et le coiffeur Beauty Bubble, déjà existants, contribuent eux aussi à animer l'offre de services dans l'hyper. Un vaste pôle traiteur trône au milieu de la zone marché, dédiée en cette fin d'année à la prise de commande des menus festifs. Et parce que ce moment est particulièrement « impliquant » pour le client, il peut s'asseoir et dialoguer avec un conseiller : plus convivial que le simple imprimé à ramener à la maison. Avec son réfrigérateur et sa paillasse carrelée, le point traiteur servira aussi d'espace de démonstration. On peut déjà y emprunter, en cette saison, un appareil à raclette ou à fondue. De nombreux panneaux et stops rayon, toujours jaune fluo, relaient partout la démarche client, pour signaler que le personnel des stands coupe prépare à la demande des plateaux de fruits de mer, de fromages ou de charcuteries, que les poissons sont vidés, les filets levés si besoin, la viande mise sous vide si on le désire. Côté PGC, des stops rayon rappellent que des conseillers se tiennent à la disposition des clients. Ou que l'appli « Carrefour et Moi » propose à Montesson un moteur de recherche avec localisation des produits et même des promos, pour retrouver les offres repérées sur prospectus.

www.lineaires.com, décembre 2017

# 4 Analyser une expérience d'achat

Une enquête de satisfaction a été menée dans l'hypermarché OTOP, disposant à la fois d'unités commerciales physiques, d'un drive, et d'un site de vente en ligne, afin de faire le point sur les motivations de la clientèle lors de ses achats. Les résultats suivants vous sont communiqués (Doc. 1).

**1. Listez les critères relevant des techniques de marchandisage.**

**2. Proposez d'autres critères d'une « expérience achat réussie ».**

**DOC. 1 / Résultat de l'enquête « Expérience d'achat »**

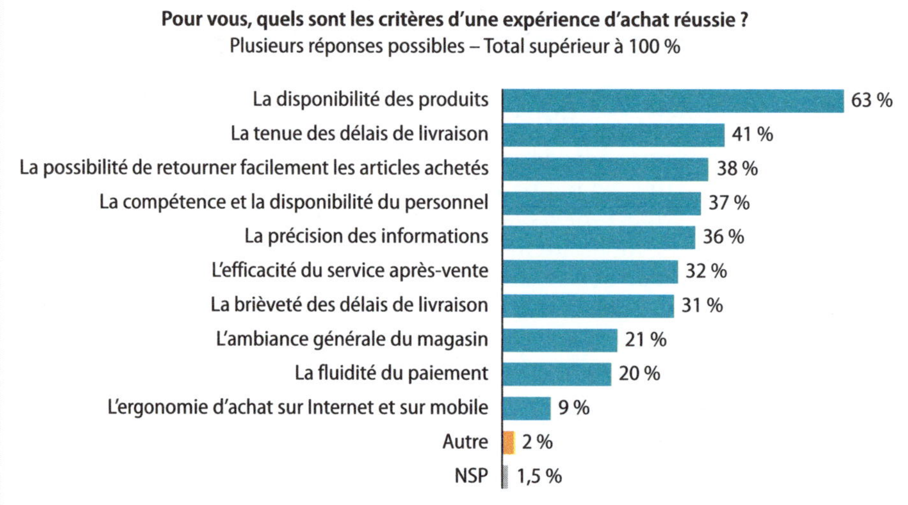

# Synthèse

## Maintenir un espace commercial opérationnel et attractif avec une offre disponible

### Le marchandisage de l'unité commerciale physique

**Doit proposer**

**Un espace opérationnel AVEC :**
- Une **signalétique efficace** permettant de repérer les univers de l'UC
- Un **balisage pertinent** facilitant l'accès aux promotions, aux produits saisonniers
- De l'**information client** sur les prix, les produits, les services associés

**Une offre disponible AVEC :**
- Un **réapprovisionnement** régulier
- Des **linéaires** bien remplis

**Un espace attractif AVEC :**
- Du **mobilier adapté**
- Des produits théâtralisés
- Du **marketing sensoriel** et expérientiel
- Une **vitrine** soignée

### Le marchandisage de l'unité commerciale virtuelle (Site marchand, Drive, Application mobile) → Le e-merchandising

**Enjeux**
- Favoriser l'**omnicanal**
- Simplifier le parcours client en ligne
- Fidéliser les internautes
- Augmenter le taux de conversion
- Proposer des services complémentaires

**Outils efficaces**
- Ergonomie du site
- Descriptifs produit
- Animations en ligne
- Ventes flash

### Le marchandisage de l'unité commerciale de services

**ENJEUX :**
- Véhiculer une image positive de l'UC
- Différencier l'UC de la concurrence
- Optimiser l'information client
- Réduire l'attente en guichet
- Faire vivre une « expérience client »
- Satisfaire et fidéliser le client

**Doit présenter un point accueil avec :**
- Du personnel compétent
- Une information client complète et actualisée
- Des outils d'information digitaux

**Doit présenter un serviscene avec :**
- Des facteurs d'ambiance
- Des éléments véhiculant l'image de qualité : code couleur, uniforme, signalétique, etc.

# Vers l'examen

**Objectif : Se préparer à l'évaluation de la sous-épreuve E42 Animation et dynamisation de l'offre commerciale.**

## Maintenir un espace commercial opérationnel et attractif avec une offre disponible

Collecter, analyser, synthétiser des informations concernant l'unité commerciale dans laquelle vous effectuez votre stage (et éventuellement le rayon auquel vous êtes rattaché(e)) :

**1. Dans le cadre de votre formation en milieu professionnel, vous observez l'attractivité de votre unité commerciale physique puis de son site web à l'aide de la grille d'analyse ci-dessous.**

**Grille d'analyse de votre unité commerciale physique**

| SENS | FONCTION | VOTRE UC ? |
|---|---|---|
| Marketing visuel | Attirer l'œil et véhiculer valeurs, positionnement | |
| Marketing olfactif | Stimuler l'odorat | |
| Marketing tactile | Le client exerce son sens du toucher. | |
| Marketing gustatif | La dégustation renforce la curiosité | |
| Marketing sonore | Une présence sonore a un impact sur l'achat | |

**2. Afin de compléter votre première observation, vous analysez selon la grille ci-dessous le site marchand de votre unité commerciale.**

**Grille d'analyse de votre unité commerciale virtuelle**

| ÉLÉMENTS À OBSERVER | LE SITE DE VOTRE UC DE STAGE |
|---|---|
| Le header | |
| L'ergonomie | |
| Photo et descriptif | |
| Les promotions | |
| Le moteur de recherche | |
| Retour liste de produits | |
| Réseaux sociaux | |

CHAPITRE 6

# Respecter les préconisations de l'enseigne, la réglementation et les règles d'hygiène et de sécurité

## Contexte professionnel

Étudiant(e) en 1re année de BTS MCO, vous avez intégré l'entreprise Auchan pour votre période de formation en milieu professionnel. Afin de faire un panorama de l'enseigne en France, votre manageur vous propose de le suivre dans une unité commerciale située en Département et Région d'Outre-mer (DROM), et plus précisément, sur l'île de la Réunion à Saint-Pierre.

Ayant pu apprécier votre autonomie et votre sens des responsabilités lors de votre stage précédent, le manageur souhaite vous solliciter afin de présenter les préconisations du siège d'Auchan Retail, situé en Hauts-de-France, aux points de vente Outre-mer de l'enseigne. De même, il compte sur votre esprit d'équipe pour faire adhérer l'équipe réunionnaise aux normes réglementaires qui s'imposent à la grande distribution française, et en particulier aux normes d'hygiène et de sécurité.

Ainsi, conscient(e) que la prise en compte des valeurs du groupe contribuent à la satisfaction du client Auchan, où qu'il se trouve dans le monde, il décide de vous rendre acteur de ces transformations.

### Vos missions

1 Respecter les préconisations de l'enseigne

2 Respecter la réglementation commerciale

3 Respecter les règles d'hygiène et de sécurité

**Vidéo**

Hygiène des supermarchés

**lienmini.fr/30541-hygiene**

# Vos missions

## MISSION 1 Respecter les préconisations de l'enseigne

Annexes 1 à 3 Ressource 1

Votre manageur vous a confié une étude sur les consommateurs réunionnais (annexe 2) dont vous prenez connaissance avec intérêt. Il vous a également parlé de la « sélection bleue » du groupe que vous avez pour mission de valoriser Outre-mer.
Avant de transposer vos connaissances de merchandising acquises en BTS MCO à l'hypermarché de Saint-Pierre :

**1.** Recensez, à partir du site web *https://auchanetmoi.auchan.fr/article/selection-bleue*, les préconisations du réseau Auchan quant à sa « sélection bleue ».

**2.** À partir des annexes 1 et 2, présentez les caractéristiques de la demande locale à prendre en compte lors de l'implantation d'un rayon dans l'hypermarché de Saint-Pierre.

**3.** Exprimez, en reproduisant le tableau ci-dessous, des préconisations pour l'hypermarché de Saint-Pierre, en tenant compte des préconisations du siège recensées en question 1 et de la demande locale présentée en question 2.

| PRÉCONISATIONS POUR L'HYPERMARCHÉ DE SAINT-PIERRE | | | | |
|---|---|---|---|---|
| Linéaire | Disponibilité de l'offre | Balisage | Mobiliser l'équipe | Autres ? |
| | | | | |

Au vu de l'arrivage de marques de produits réunionnais (annexe 3), l'hypermarché de Saint-Pierre a mis en place une campagne de communication locale par un prospectus que vous avez reçu dans votre boîte aux lettres.

**4.** Présentez l'offre proposée dans le prospectus, puis les spécificités et les intérêts de cette campagne de communication.

**5.** Donnez votre avis sur la marge d'autonomie laissée par le groupe Auchan Retail à ses hypermarchés par rapport à ses préconisations. Justifiez votre réponse.

## MISSION 2 Respecter la réglementation commerciale

Ressource 1 Méthode 1

Après quelques jours de découverte passés dans l'hypermarché Auchan de Saint-Pierre, votre tuteur souhaite attirer votre attention sur l'importance de la prise en compte de la réglementation française en matière d'organisation de votre espace commercial réunionnais. Vous décidez de compléter et d'approfondir vos connaissances portant sur la réglementation des unités commerciales à l'aide du site dédié à cette réglementation *www.service-public.fr*, onglet « ARGENT ».

**1.** Listez les domaines réglementés en matière d'organisation de l'espace commercial.

**2.** Donnez pour l'hypermarché Auchan de Saint-Pierre des exemples de mise en œuvre de la réglementation dans différents rayons et sur le site du drive.

**3.** Rédigez un mail à l'attention du chef de rayon Produits frais de l'hypermarché de Saint-Pierre, rappelant les règles à prendre en compte en matière de DLC (date limite de consommation), les interdictions et les sanctions encourues en cas de non-respect de ces règles.

# MISSION 3 Respecter les règles d'hygiène et de sécurité

Annexe 4 Méthodes 1 et 2

**L'hypermarché de Saint-Pierre, fort de son attractivité commerciale, de la qualité de son offre et d'une surface de vente bien organisée, enregistre pour l'année en cours des performances en forte augmentation. Afin de satisfaire une demande locale, le directeur a pour projet l'ouverture d'un drive. Il vous confie la mission d'étudier au préalable les conditions d'hygiène et de sécurité nécessaires à toute surface de vente, afin de les transposer à son projet.**

1. Proposez des directives à destination de l'hygiène dans le magasin.
2. Listez des mesures préventives contre les risques d'accidents corporels décrits dans le tableau en annexe 4 pour la clientèle de l'hypermarché de Saint-Pierre.
3. Proposez des solutions pour supprimer les freins à l'achat du futur acheteur du Drive Auchan.

ANNEXE 1

## Auchan à la réunion : la marque est propriétaire depuis 2014 de 2 hypers et 6 supermarchés

Le Tampon, Saint-Louis, Saint-Pierre, Saint-Gilles, Saint-Denis et Saint-Joseph accueillent les hypers et les supermarchés du Groupe Auchan. 8 magasins se sont parés des couleurs du nouveau venu dans la grande distribution à La Réunion.

**Le consommateur grand gagnant ?**

Les 2 hypermarchés et les 6 supermarchés existent déjà. Les 2 premiers magasins sont implantés à Saint-Louis et Saint-Pierre, les 6 autres sont répartis sur les communes du Tampon (3), Saint-Joseph, Saint-Denis et Saint-Gilles-les-Bains. Tous ont changé d'enseigne ces dernières heures et accueillent les produits de la marque dès l'ouverture et le groupe précise : « *Les magasins proposent une offre de produits et des politiques commerciales et promotionnelles représentatives de celles des deux enseignes et répondant aux aspirations des consommateurs locaux* ». Cette implantation témoigne, selon les responsables du groupe Auchan, d'une volonté de développer de nouveaux modes de partenariat à l'international. Le dernier mot reviendra, comme toujours, au consommateur. Cette multiplication de l'offre pourrait avoir une incidence sur les prix.

www.la1ere.francetvinfo.fr



ANNEXE 2

## Étude : 60 % des Réunionnais sont des consommateurs fidèles

Pour sa troisième édition, L'Observatoire du Crédit Moderne a réalisé une étude dans 4 départements d'outre-mer. Ainsi, l'organisme a analysé les comportements des consommateurs et leur degré de fidélité vis-à-vis des marques et des magasins en Guadeloupe, Martinique, Guyane, et à La Réunion. Pour chaque territoire étudié, 400 interviews ont été réalisées par téléphone au mois de décembre 2017, soit 1 600 entretiens au total avec des échantillons représentatifs. Ce jeudi, les résultats de cette étude étaient présentés :

- **Un moral des ménages d'une grande stabilité**

Le moral des Réunionnais fait preuve d'une belle stabilité en 2017. Ils attribuent une note de 5,4/10 à la situation de leur territoire. Ils considèrent également que leur situation personnelle reste stable par rapport à l'année précédente avec une note de 6/10. Si les consommateurs réunionnais précisent avoir envie de consommer, ils sont cependant 32 % seulement à vouloir augmenter leurs dépenses contre 37 % en 2016. Les intentions d'épargne sont en légère hausse avec 43 % des personnes interrogées qui déclarent vouloir épargner plus contre 39 % en 2016.

- **Des consommateurs fidèles aux marques et aux enseignes**

60 % des Réunionnais se considèrent comme étant des consommateurs fidèles contre 63 % en moyenne sur les 4 départements.

/...

/...

• **Confiance en la marque : difficile de pardonner**
57 % des personnes interrogées à La Réunion déclarent qu'elles ne peuvent plus faire confiance à une marque qui les a déçus.

• **Le rôle clé du vendeur dans la fidélisation du client**
88 % des Réunionnais jugent le rôle des vendeurs important pour les fidéliser. Cela passe par la compétence des vendeurs au moment où les consommateurs utilisent de plus en plus Internet dans leur parcours d'achat, ce qui leur donne un niveau d'information très élevé.

www.clicanoo.re

ANNEXE

## 3 / Prospectus d'Auchan Saint-Pierre

ANNEXE

## 4 / Les risques d'accidents corporels dans un hypermarché

| | Exemple de risques |
|---|---|
| **Parking** | Chute de personnes (verglas)<br>Chute d'objets publicitaires (vent)<br>Accidents de la route (personne renversée sur le parking)<br>Blessure avec un chariot défectueux |
| **Accueil/caisse** | Un enfant est perdu<br>Une personne se coince la main dans une porte automatique<br>Un enfant glisse ses doigts sous le tapis de caisse |
| **Circulation/sol** | Une personne âgée chute sur un sol glissant au rayon jardinerie |
| **Produits** | Un client est blessé à la tête lors de la chute d'une boîte de conserve d'une tête de gondole |
| **Équipements** | Une personne tombe dans un escalator à l'arrêt qui se remet en route brutalement |

# 1 Les préconisations de l'enseigne et leur application en unité commerciale

L'organisation de l'espace commercial passe par l'orientation du parcours client afin de rendre sa visite agréable en fluidifiant la circulation des clients, du personnel et des marchandises.

C'est généralement le siège de l'enseigne qui fournit à l'UC les documents nécessaires à l'harmonisation des pratiques dans toutes les UC du réseau.

## 1 Appliquer le plan merchandising

Au niveau d'une marque ou d'un fabricant fournisseur, le plan merchandising regroupe toutes les actions servant à assurer la meilleure **visibilité** possible des produits de la marque dans les points de vente.

Au niveau d'une enseigne, le plan merchandising est un plan prévoyant généralement le réaménagement et la réimplantation des points de vente.

Utilisé au sein d'un linéaire ou rayon, le terme de plan merchandising désigne généralement le planogramme (représentation visuelle de l'importation du rayon).

## 2 Optimiser le remplissage des linéaires

Réapprovisionner les linéaires est nécessaire pour offrir en permanence aux clients la disponibilité du produit. Le réassort peut également concerner directement le stock pour éviter la rupture. Mettre en place une **stratégie de réapprovisionnement des stocks** est donc essentiel. Une situation de rupture de stock peut en effet rapidement détériorer la **réputation** d'une entreprise. Une bonne gestion des flux permet donc d'éviter les ruptures de stock tout en limitant ses coûts de stockage.

## 3 Mobiliser l'équipe

| | |
|---|---|
| **Assurer de bonnes conditions de travail aux vendeurs** | Un esprit d'équipe afin de stimuler la bonne entente entre les collègues et donc le plaisir de venir travailler : repas d'entreprise, sorties, team building.<br>Une ambiance conviviale : climat de confiance, sentiment d'appartenance<br>Un espace de travail ergonomique : si un commerce doit être agréable et attractif pour les clients, il doit également être agréable et pratique pour les employés. |
| **Communiquer et échanger avec son personnel** | Communiquer sur les objectifs à atteindre et les difficultés à résoudre lors de réunions d'équipe. |
| **Marchandisage d'organisation** | Organisation d'un assortiment dans un point de vente par thème ou par famille de produit. Actuellement, l'assortiment se veut structuré, il doit raconter une histoire à travers le choix des coloris, des matières, etc. |
| **Responsabiliser ses employés** | Savoir déléguer et confier des tâches importantes à ses employés permet de les valoriser. |
| **Valoriser le travail** | Savoir féliciter lors d'une bonne vente ou d'une journée particulièrement réussie. |
| **Assurer une formation continue** | Les vendeurs aiment se former à de nouvelles méthodes de vente. Cela est bénéfique pour l'entreprise qui peut compter sur des vendeurs rompus aux dernières techniques de vente. |

# 2 Réglementation de la vente physique ou à distance

## 1 L'information sur les prix

**RÈGLE N° 1 :** Les prix sont librement déterminés par les professionnels.

**RÈGLE N° 2 :** Tout vendeur de produits ou tout prestataire de services informe le consommateur, par voie de marquage, d'étiquetage, d'affichage.

## 2 Les soldes

Les soldes sont des périodes où les commerçants réduisent les prix de tout ou partie de leur stock. Elles s'appliquent pour les magasins et les sites de vente en ligne.

**RÈGLE N° 1 :** Le stock doit être détenu plus d'un mois avant le début des soldes.

**RÈGLE N° 2 :** Les soldes doivent obligatoirement être accompagnées ou précédées de publicité.

**RÈGLE N° 3 :** Les soldes ont lieu 2 fois par an en été et en hiver, pendant 6 semaines. Les mêmes dates s'appliquent pour toute la France sauf certains départements frontaliers et en Outre-mer (sauf à Mayotte où les soldes ont lieu aux mêmes dates qu'en métropole).

**RÈGLE N° 4 :** Le prix avant les soldes et le nouveau prix réduit doivent apparaître clairement, dans le magasin ou sur le site : rubrique spéciale sur le site, étiquette de couleur spécifique en magasin…

## 3 L'achat à distance

L'achat à distance consiste à acheter un bien ou une prestation de services sur Internet, par catalogue, téléphone, téléachat, publipostage, SMS, etc. Les contrats portant sur les achats à distance sont réglementés :

**RÈGLE N° 1 :** Informer le consommateur avant la commande

**RÈGLE N° 2 :** Accorder un délai de rétractation au consommateur

**RÈGLE N° 3 :** Rendre possible le recours en cas de litige

## 4 La date limite de consommation (DLC)

La date limite de consommation est la date après laquelle la consommation du produit concerné devient dangereuse pour la santé. Elle est indiquée sur les produits alimentaires périssables et emballés : viandes déjà découpées, yaourts… Une DLC est indiquée par la mention : « À consommer jusqu'au… » suivie de l'indication du jour, du mois et éventuellement de l'année.

**RÈGLE :** Le produit ne peut pas être proposé à la vente le lendemain de la DLC. En cas de simple négligence, le vendeur des produits périmés risque une amende de 1 500 €par produit périmé proposé à la vente. S'il a délibérément vendu des produits périmés et cherché à tromper ses clients, le vendeur a commis un délit de tromperie. C'est notamment le cas si des produits périmés ont été vendus avec une nouvelle étiquette comportant une date plus récente. C'est ce qu'on appelle « la remballe ».

# 1 Mettre en œuvre les règles d'hygiène et de sécurité pour le personnel de l'unité commerciale

Développer la clientèle, offrir les meilleurs services et produits du marché sont des priorités des unités commerciales. Mais la pérennité de leur activité dépend également du respect des conditions de sécurité et d'hygiène. Pour protéger les biens et les personnes, la réglementation a défini des règles d'hygiène et de sécurité et impose notamment aux responsables d'unité commerciale de mettre en œuvre des vérifications périodiques des équipements et installations et de disposer d'un document unique d'évaluation des risques professionnels.

Concernant le personnel (quelle que soit la nature du contrat de travail), l'employeur est soumis aux exigences réglementaires du Code du travail.

## 1 Règles d'hygiène

En matière d'hygiène, le chef d'entreprise est tenu de prendre toutes les dispositions pour satisfaire aux obligations suivantes :

- Les locaux de travail doivent être tenus dans un état constant de propreté.
- Il est interdit de fumer dans les locaux à usage collectif. Cette interdiction doit être signalisée de façon apparente.
- Dans les locaux fermés, l'air doit être renouvelé de façon à préserver la pureté de l'atmosphère.
- L'éclairage des locaux doit être conçu de manière à éviter la fatigue visuelle et les affections qui en résultent.
- Les locaux de travail fermés doivent être chauffés afin de maintenir une température convenable.
- L'employeur doit réduire le bruit des locaux de travail au niveau le plus bas possible.
- Les salariés doivent disposer de cabinets d'aisance, de lavabos, voire de vestiaires.
- L'employeur doit mettre à la disposition de ses salariés de l'eau potable et fraîche.

## 2 Règles de sécurité

Les principales exigences liées à la sécurité ont pour objectif :

- de prévenir les risques d'accidents du travail et les maladies professionnelles ;
- de prévenir les dysfonctionnements des installations et équipements pour éviter qu'ils ne soient la cause d'accidents ou d'incidents.

## 3 Aménagement des espaces

Pour la prévention des incendies, des normes précises doivent être respectées concernant l'aménagement des issues et dégagements de secours. L'entreprise doit disposer d'extincteurs en nombre suffisant (au moins un par étage), régulièrement vérifiés.

## 4 Affichage

Les coordonnées des services d'urgence (pompiers et SAMU au minimum) doivent être affichées dans l'établissement.

## 5 Contrôle réglementaire des installations et des équipements

Les installations et équipements doivent être contrôlés à la mise en service puis périodiquement.

# 2 Appliquer les règles d'hygiène et de sécurité pour le client de l'unité commerciale

Concernant les clients, les unités commerciales doivent répondre aux exigences réglementaires liées aux **établissements recevant du public (ERP)**.

## 1 Hygiène de l'espace commercial et de l'offre

**Garantir l'hygiène et la propreté :**
- Laisser les allées propres et dégagées tout au long de la journée pour bien accueillir nos clients.
- Respecter les règles de propreté du rayon. Le rayon doit être nettoyé et entretenu régulièrement.
- Avoir une tenue et une hygiène corporelle irréprochables.

**Garantir la sécurité alimentaire :**
- des dates de retrait
- de la chaîne du froid
- des températures

**Garantir la qualité des produits** par le respect des emballages et par des manipulations soigneuses.

## 2 Sécurité du client dans l'espace commercial

Le magasin doit prendre toutes les précautions nécessaires pour garantir dans ses locaux, la protection physique du client. L'obligation de sécurité impose de mettre à disposition des produits ou des services qui, dans des conditions normales ou d'utilisation, présentent la sécurité à laquelle il est légitime de s'attendre. Cette obligation est générale : elle s'étend tant au produit lui-même qu'à son mode de commercialisation, son conditionnement et ses conditions d'exposition. Elle couvre également l'établissement (sol, plafond, etc.). Le magasin est donc tenu de :
- **mettre en place des mesures de prévention** : veiller à dégager les zones de circulation, contrôler la fixation des présentoirs, vérifier l'état des sols et des équipements, rendre visibles les obstacles éventuels, réviser périodiquement les escaliers mécaniques, etc.
- **d'informer sa clientèle des risques encourus et des précautions à prendre.** À cette fin, il doit notamment prévoir des affichages explicites : chevalet de signalisation « sol glissant », écriteau placé à l'entrée du magasin rappelant aux parents que leurs enfants ne doivent pas rester sans surveillance, etc.
- **de sensibiliser son personnel** à la sécurisation du stockage, au bon rangement des marchandises présentées à la clientèle, etc.

## 3 Sécurité du cyberacheteur

**La peur des arnaques**

73 % des consommateurs estiment que les achats en ligne sont plus risqués que le shopping hors ligne.

Ce frein à l'achat en ligne est basé sur la méfiance des consommateurs lorsqu'ils procèdent à un achat sur un e-commerce.

**Comment y remédier ?**
- Montrer qu'il y a des humains, des visages et des noms derrière l'enseigne, grâce à une page type « à propos » dans laquelle est présentée l'histoire de l'entreprise et les équipes.
- Aligner les prix sur la concurrence.
- Inclure une politique de confidentialité, indiquant clairement comment sont utilisées les données personnelles.

# Applications

**QCM** Validez vos connaissances en cochant la (ou les) bonne(s) proposition(s) puis justifiez oralement vos réponses.

**1. L'unité commerciale doit respecter la sécurité :**
- ☐ du personnel.
- ☐ du client.

**2. Le plan de merchandising prévoit :**
- ☐ des règles d'implantation.
- ☐ des règles d'hygiène.
- ☐ des règles de sécurité.

**3. Un linéaire bien rempli permet :**
- ☐ la visibilité de l'offre.
- ☐ de bonnes performances de l'UC.
- ☐ la satisfaction du client.
- ☐ la fidélisation du client.

**4. Le balisage de l'UC comprend :**
- ☐ l'information du client.
- ☐ l'orientation du client.
- ☐ la promotion des ventes.

**5. L'équipe de vente est motivée grâce à :**
- ☐ de bonnes conditions de travail.
- ☐ des ordres venant du siège.
- ☐ des responsabilités.

**QCM**

Retrouvez la suite en version interactive pour valider vos connaissances sur ce chapitre.
**lienmini.fr/30541-exo6**

## 1 Faire des préconisations

À partir de la presse commerciale (DOC. 1), vous réfléchissez sur les axes stratégiques futurs à développer dans les hypermarchés.

**1. Dressez le bilan de la grande distribution en France.**

**2. Caractérisez le profil du consommateur français actuel.**

**3. Proposez, en tenant compte des axes stratégiques des grands dirigeants actuels de la grande distribution, des préconisations pour « l'hypermarché du futur ».**

### DOC. 1 / La fin annoncée de l'hypermarché

Carrefour, Auchan et Casino ont annoncé la fin du concept qui domine la grande distribution depuis les années soixante. Un tournant pour ces usines à vendre, vaincues par le développement de l'e-commerce et la méfiance croissante à l'égard de la consommation de masse.

Jean-Charles Naouri, patron de Casino, a fait de la réduction de la surface commerciale de ses hypermarchés Géant un axe stratégique. Chaque fois, ce sont les rayons consacrés aux produits non alimentaires qui ont été sacrifiés. Le textile, l'équipement de la maison et le bricolage résistent encore. Mais le high-tech et l'électroménager passent à la trappe. Pour résumer, tout ce qui se vend bien sur Internet, et notamment sur Amazon, doit débarrasser le plancher.

Le PDG de Carrefour a parlé, lui, de l'hypermarché comme du « socle culturel » de l'entreprise. Pour Georges Plassat, ancien élève de l'École hôtelière de Lausanne, il n'est pas question d'un rétrécissement à la sauce Casino, mais d'une réallocation des espaces pour des nouveaux services et des animations. « Il faut que nous engagions des metteurs en scène » estime-t-il.

Même glissement sémantique chez Auchan. Le groupe nordiste, roi, comme Carrefour, des grands modules de 10 000 mètres carrés et plus, travaille à une « redéfinition du concept » à l'horizon 2025. « On y donnera des cours de cuisine », prédit le directeur général.

Face à la facilité de commande depuis les smartphones, 7 jours sur 7 et 24 heures sur 24, et à la quasi-exhaustivité de l'offre en ligne (Amazon affiche, avec sa place de marché, près de 300 millions de références, contre en moyenne 100 000 dans un hyper), les magasins « en dur » doivent justifier le déplacement des consommateurs. D'où l'augmentation de l'offre de restauration et de celle des divertissements. Éduqué, sensible à son bien-être et soucieux de sa santé, le consomma-

/•••

/...

teur se veut aussi responsable. Plus question de gaspiller, comme à l'époque de la consommation de masse. L'heure est à un shopping raisonné. L'achat d'impulsion, martingale du commerce du XXe siècle, a vécu.

Sur Internet, les sites permettent de rédiger des listes de courses à tête reposée. Les magasins « en dur » mettent l'accent sur les produits frais, l'achat plaisir qui associe qualité et saveur. La récompense contre la corvée. Avec du conseil en plus et quelques flonflons pour donner le sentiment de passer un bon moment. Sinon, autant se faire livrer !

www.lesechos.fr

## 2 Appliquer la réglementation

Vous travaillez à la chambre de Commerce de Chambéry (Savoie) et un nouveau supermarché de produits biologiques va s'implanter à proximité en septembre prochain, à Saint-Jean-de-Maurienne.

**1. Rédigez un mail à l'attention de son futur gérant, Monsieur ECOBIO, lui précisant les principales règles à respecter concernant les prix, les DLC, et les services de sa future unité commerciale.**

## 3 Recenser les risques

Castorama, enseigne de bricolage, a mis en place les mesures nécessaires visant à protéger à la fois son personnel et ses clients sur la surface de vente.

**1. Listez les actions de prévention mises en place pour la sécurité chez Castorama.**

**2. Présentez les projets pour Castorama concernant le plan de sécurité pour ses unités commerciales.**

**3. Recensez les principaux risques en surface de vente chez Castorama.**

**DOC. 1 / Interview responsable hygiène et sécurité**

**Vidéo**
Interview Castorama
**lienmini.fr/30541-secu-casto**

## 4 Analyser le document unique de sécurité

**1. Présentez les personnes protégées par ce document unique.**

**2. Présentez d'autres risques possibles en surface de vente et les actions préventives correspondantes.**

| Année 2010/2011 (Juillet) | | | | |
|---|---|---|---|---|
| **N°** | **Dangers identifiés** | **Actions à mener** | **Priorité** | **Personnes en charge de l'action à mener/pouvant effectuer la prestation** |
| 1 | Amplitude horaire supérieure à 8 heures | Temps de pause défini | Basse | Employeur |
| 2 | Agression du personnel (essentiellement accueil) | Formation relative à ce type de risque pour le personnel d'accueil | Moyenne | Employeur |
| 3 | Stockage en hauteur (et utilisation d'escabeau) | Réduire le stockage en hauteur aux objets de faible poids et faible volume | Basse | Personnel |
| 4 | Portes automatiques | Révision régulière des systèmes de sécurité des portes automatiques | Basse | Installateur |

# Synthèse

## Respecter les préconisations de l'enseigne, la réglementation et les règles d'hygiène et de sécurité

### RESPECTER LES PRÉCONISATIONS DE L'ENSEIGNE

- Respecter le plan merchandising
- Rendre l'offre disponible
- Prévoir un balisage efficace
- Mobiliser l'équipe de vente

### RESPECTER LA RÉGLEMENTATION

- L'affichage des prix
- L'étiquetage
- Les services
- Les soldes
- Les DLC
- La vente à distance

### RESPECTER LES RÈGLES D'HYGIÈNE ET DE SÉCURITÉ

#### RÈGLES D'HYGIÈNE

- Propreté des locaux
- Interdiction de fumer
- Aération, éclairage, chauffage
- Bruit
- Sanitaires, vestiaires...

Propreté de la surface de vente, des rayons, du personnel

#### RÈGLES DE SÉCURITÉ

- Prévention incendie, accidents du travail, maladies professionnelles
- Dysfonctionnement des équipements

- Respect des dates de retrait, de la chaîne du froid, des emballages, de la qualité des produits
- Cybersécurité

# Vers l'examen

**Objectif : Se préparer à l'évaluation de la sous-épreuve E42 Animation et dynamisation de l'offre commerciale.**

## Respecter les préconisations de l'enseigne, la réglementation et les règles d'hygiène et de sécurité

Dans le cadre de votre formation en milieu professionnel, vous observerez la prise en compte de la réglementation dans votre unité commerciale en répondant à la question suivante.

**Lister les contraintes réglementaires qui s'imposent à votre UC.**

| | Contraintes |
|---|---|
| Aménagement de la surface de vente | |
| Implantation des produits | |
| Balisage | |
| Étiquetage | |
| Hygiène et sécurité des salariés | |
| Hygiène et sécurité des clients | |

COMPÉTENCE

# 3

# Développer les performances de l'espace commercial

Une fois le client potentiel entré dans le point de vente ou connecté au site marchand, l'objectif de l'unité commerciale est de le transformer en client réel. Pour cela, le distributeur dispose de nombreux outils de **mise en valeur de l'offre**, **d'optimisation de l'implantation** des produits et de dynamisation de l'offre à travers notamment **l'organisation d'animations commerciales et d'opérations promotionnelles**.

**Vidéo**

Quand les marques charment vos sens !

**lienmini.fr/30541-france5**

## Sommaire

## Fiche d'identité

- **Secteur d'activité :** Grande distribution : commerce de détail, de vente en ligne de produits alimentaires et non alimentaires
- **Date de création :** 1969
- **Localisation/siège :** Marne-la-Vallée 77420
- **Capital social :** 5 644 000,00 €
- **Statut juridique :** SASU. Société par actions simplifiée à associé unique
- **CA annuel HT :** 4 688 059 200,00 € (en 2017)
- **Effectif :** 18 078 salariés (en 2017)
- **Forme de commerce :** Réseau intégré
- **Implantation :** 60 points de vente

## Métier et concept

La différenciation de l'enseigne se fait sur les produits frais traditionnels dont nombreux sont fabriqués par des professionnels qualifiés dans le point de vente (boulangerie, pâtisserie, boucherie, poissonnerie…). L'assortiment est constitué surtout de gammes courtes et de plus en plus de produits sans marque (*No name*).

La proximité avec le client est au cœur des préoccupations de Cora puisque tout le personnel est à son service. Des enquêtes de satisfaction sont régulièrement réalisées auprès des clients porteurs de la carte de fidélité.

# CONTEXTE »

## Histoire et valeurs clés

- 1969 : La société Cora passe un contrat de franchise avec Carrefour. Le premier magasin ouvre en septembre, sous enseigne Carrefour, à Garges-lès-Gonesse (95-Val d'Oise).
- 1970-1975 : Lancement des 10 premiers hypermarchés Cora (sous franchise Carrefour). L'enseigne Cora voit officiellement le jour en 1974 et devient indépendante.
- 1975-1985 : Lancement d'un hypermarché tous les 6 mois.
- 1984 : Le groupe acquiert 100 % de la société Radar, au capital de laquelle il était entré en 1981.
- 1989 : Achat de la Société européenne de supermarchés (hypermarchés Record) et lancement de 500 produits sous MDD, aujourd'hui 9 000 références sont commercialisées sous marques propres.
- 1997 : Premier hyper Cora en Hongrie. La Roumanie suivra dès 2003.
- 2000 : Naissance de houra.fr, concept « d'hypermarché sur Internet ».
- 2010 : Ouverture du 1er Drive.
- 2014 : Lancement de la nouvelle stratégie de l'entreprise Cora basée sur 3 ambitions : client/humain/économique.
- 2016 : Ouverture du 1er Cora en ville à Metz.
- 2017 : Ouverture du 2e Cora en ville à Verdun.

L'enseigne entreprend des actions de développement durable dans son environnement local, notamment à travers le label : « ENTREPRENEURS + ENGAGÉS » en faveur de la revalorisation du rôle des PME dans l'économie nationale, *via* l'amélioration de leurs relations avec la grande distribution et la promotion de leurs marques et produits vers les consommateurs.
Le groupe organise chaque année depuis 34 ans une collecte alimentaire, s'est engagé envers une association de lutte contre le cancer du sein et contre le travail et les violences envers les enfants en Tanzanie.

## Cible

La clientèle de l'enseigne est hétérogène car les hypermarchés étant situés en périphérie des grandes villes, les zones de chalandise sont constituées de clientèles variées. Le positionnement est hétérogène afin de proposer une offre large répondant aux besoins d'une segmentation de clientèle selon des critères tels que l'âge, le sexe et la catégorie socioprofessionnelle variés.

## Contexte organisationnel

Il s'agit d'un réseau intégré dont le management est décentralisé au sein de huit directions régionales pour davantage d'autonomie sur le terrain. Les magasins sont très autonomes en matière d'approvisionnement et de promotions.
Fin 2014, la centrale d'achat Provera (qui réunit Cora et les supermarchés Match) a signé un contrat d'adhésion à la centrale d'achats de Carrefour pour lui déléguer cette tâche concernant les produits de marque nationale, internationale, alimentaire et bazar, à l'exception des MDD, produits élaborés par les PME et issus des filières agricoles (les politiques prix et promotion restant indépendantes).

## Contexte juridique

Le premier hypermarché de l'enseigne Cora ouvre 1969, sous un contrat de franchise avec le groupe Carrefour. Elle devient indépendante en 1974, avec la fin du contrat, et appartient alors au groupe Louis Delhaize. Les groupes Carrefour et Casino, sont entrés au capital de Cora à hauteur de 42 %, entre 1996 et 2001 et entre 2001 et 2006. Toutefois, l'enseigne conserve aujourd'hui son indépendance à hauteur de 100 %.

## Contexte économique

Si à l'échelle nationale, Cora réalise une part de marché relativement faible (2,4 % de part de marché pour Cora, 3,1 % pour le groupe Delhaize selon Kantar Worldpanel), l'enseigne dispose de 60 hypermarchés dont la répartition sur le territoire n'est pas équitable. En effet, l'enseigne est surtout présente dans la région Grand Est où les parts de marché sont souvent à « deux chiffres » et l'enseigne appréciée des consommateurs.
**Développement** : Le 60$^{e}$ hypermarché d'une surface de 3 300 m$^{2}$ a ouvert en 2017 (il n'y avait pas eu d'ouverture depuis 10 ans). Le groupe compte 61 drives. L'enseigne a lancé le concept de Cora en ville en 2016 à Metz et a ouvert d'autres points de vente en 2017 à Verdun et en 2018 à Charleville-Mézières. Il s'agit d'un point de retrait des marchandises commandées en ligne à destination des habitants du centre-ville, conçu pour les piétons tel un « drive pour piétons ». Ce concept a inspiré ses concurrents. Après une première expérimentation convaincante à Lille (59) en 2017, Leclerc développe, à un rythme plus rapide, ses drives piéton. Le parc atteindra prochainement une dizaine d'unités. Carrefour a profité de ses plates-formes de préparation de commandes pour ouvrir 16 drives piéton urbains en 2018, à Paris, Lyon (69) et Saint-Étienne (42). Dans la plupart des cas sous forme de comptoirs de retrait aménagés dans des magasins de proximité, en assumant de proposer des produits moins chers en drive qu'en rayon. Le 10 octobre 2018, Auchan Drive s'est à son tour lancé sur le créneau avec l'inauguration d'une première unité à Lille. Les préparations sont assurées par le drive d'Englos mais à des prix plus élevés, permettant toutefois de s'assurer un avantage compétitif sur les enseignes du quartier.

www.lineaires.com

**Projet en cours : les points de retrait Coradrive**
Le groupe Cora cherche à s'associer à de petits commerces indépendants en ville comme à la campagne pour en faire des points de retrait de ses drives. C'est une façon d'attirer les foyers éloignés des points de vente et non desservis par la livraison à domicile. Quatre hypermarchés proposent ce service auprès de huit commerçants partenaires actuellement. Les frais de 4,99 euros correspondent à la moitié des frais de livraison à domicile.

**Vidéo**

Ouverture du 60$^{e}$ magasin Cora à Bourgoin en 2017

**lienmini.fr/30541-bourgoin**

CHAPITRE
7

# Mettre en valeur les produits

## Contexte professionnel

Vous effectuez actuellement votre stage en entreprise au sein de l'enseigne de grande distribution franco-belge Cora. Vous êtes rattaché(e) à l'hypermarché Cora de Metz Technopôle, ville située dans le Grand-Est.

Ce magasin, inauguré en septembre 1973, s'est agrandi passant de 7 000 à 12 000 m² aujourd'hui. Il vient de rouvrir après plusieurs mois d'importants travaux de rénovation.

Votre première période de stage va vous permettre de découvrir l'implantation du nouveau magasin, ainsi que les outils de mise en valeur de son offre.

La nécessité de mettre l'offre en valeur s'est développée avec la vente en libre-service, car le/la vendeur/euse est absent de la plupart des rayons. Mettre en valeur les produits doit permettre de vendre efficacement. Dans ce domaine, il existe des règles de base à respecter. Vous allez devoir découvrir ces techniques afin de rendre certains rayons plus attractifs lors des futures réimplantations.



### Vos missions

1. Comprendre les enjeux de la mise en valeur de l'offre
2. Connaître la variété du mobilier de présentation des produits
3. Caractériser les techniques de marchandisage
4. Comprendre les enjeux du marchandisage

**Vidéo**

Découverte du magasin

**lienmini.fr/30541-decouverte**

# Vos missions

## MISSION 1 Comprendre les enjeux de la mise en valeur de l'offre

Annexes 1 à 3 | Ressources 1 et 2

**Vous découvrez l'unité commerciale qui vous accueille pour votre première période de stage. Votre tuteur, le directeur du magasin, vous demande de circuler dans le point de vente afin de relever les points faibles et les points forts de la mise en valeur de l'offre.**

1. Indiquez ce que vous inspirent les rayons de l'annexe 1 et précisez quelles peuvent être les conséquences d'une telle implantation pour le point de vente.
2. Expliquez comment l'offre est mise en valeur dans les nouveaux rayons Poissonnerie et Fruits et légumes, notamment grâce aux facteurs d'ambiance.
3. Décrivez le rôle du personnel de contact dans ces rayons.
4. Repérez les objectifs de la mise en valeur de l'offre.

## MISSION 2 Connaître la variété du mobilier de présentation des produits

Annexe 4 | Ressource 2

**Votre prochaine mission sera consacrée à la proposition de mises en valeur de l'offre et d'une nouvelle implantation de rayon. Dans cette perspective, votre tuteur vous demande tout d'abord de repérer les différents modes de présentation des produits utilisés dans la surface de vente.**

1. Pour chaque photographie, indiquez le type de mobilier utilisé pour la présentation des produits.
2. Citez les rayons dans lesquels le client ne peut pas se servir seul et expliquez-en les raisons.
3. Identifiez l'effet créé dans l'esprit du client par les premier et troisième modes de présentation.

## MISSION 3 Caractériser les techniques de marchandisage

Annexes 5 et 6 | Ressource 2

**Affecté(e) à présent au rayon Boissons de l'hypermarché Cora, vous êtes chargé(e) d'étudier les techniques de présentation des produits actuellement employées afin de proposer la future implantation du rayon. Vous disposez d'un extrait de l'implantation, plus précisément des jus de fruits, et d'exemples de têtes de gondole.**

1. Donnez la signification du terme *facing* ou frontale pour un produit. Puis, comptez le nombre de frontales du produit « Pur jus de 4 agrumes » de la marque de distributeur Cora dans ce rayon.
2. Sachant qu'une étagère mesure généralement 1,33 mètre de long et que l'extrait de ce rayon se compose de deux étagères, donnez une définition des notions de linéaire au sol et de linéaire développé, puis calculez-en les longueurs respectives.

3. Repérez les produits de la marque de distributeur Cora. Où sont-ils placés ? Dites quels sont, selon vous, les critères d'attribution du linéaire.
4. Qualifiez les différents niveaux de présentation des produits sur cette gondole. Précisez lesquels sont les plus vendeurs.
5. Décrivez la manière dont sont présentés les produits dans ce rayon : pur jus multifruits de la marque de distributeur Cora et les différents jus de fruits de la marque nationale Tropicana.

## MISSION 4 Comprendre les enjeux du marchandisage

Annexes 5 et 7 | Ressource 2

**Toujours au sein du rayon Boissons de l'hypermarché Cora, votre tuteur vous demande à présent de réfléchir aux enjeux des choix d'implantation des produits en vue d'optimiser la future implantation du rayon.**

1. Précisez quel peut être l'intérêt de placer des jus de fruits bio au rayon Boissons ainsi qu'au rayon Bio, au rayon Apéritifs ou devant les caisses en été par exemple.
2. Indiquez quel peut être, selon vous, l'intérêt de modifier régulièrement l'implantation d'un rayon.
3. Dans un rayon (dont le schéma simplifié figure en annexe 7), expliquez quels sont les endroits les plus « vendeurs », c'est-à-dire les plus visibles et ceux où le client s'arrête le plus facilement.

ANNEXE 1

### Des exemples de rayons

## ANNEXE 2 — Présentation des nouveaux rayons Poissonnerie et Fruits et légumes

**Vidéo** Rayon Poissonnerie **lienmini.fr/30541-poissons**

**Vidéo** Rayon Fruits et légumes **lienmini.fr/30541-fruits**

## ANNEXE 3 — La règle des 6 B (ou 6 R en anglais) de Kepner (1963)

Le **Bon** produit : celui que le client désire

En **Bonne** quantité : éviter la rupture de stock

Au **Bon** emplacement : simplifier la recherche du produit, mettre en avant les produits les plus intéressants pour le magasin

Au **Bon** prix : celui que le consommateur est prêt à payer

À la **Bonne** période : adapter les propositions commerciales aux saisons (ex. : Noël, Pâques, le printemps, la fête des mères, la rentrée scolaire…).

Aujourd'hui, la **Bonne** information : indispensable à la satisfaction de la clientèle.

## ANNEXE 4 — La diversité du mobilier de présentation des produits

1

2

3

4

/...

5

6

**Vidéo**
L'organisation de l'espace de vente en libre-service et le mobilier de présentation
**lienmini.fr/30541-mobilier**

ANNEXE

## 5 / Le rayon Boissons

ANNEXE 6

## Des exemples de têtes de gondole

**Vidéo**

Les techniques de marchandisage

**lienmini.fr/30541-marchandisage**

ANNEXE 7

## Schéma simplifié d'un rayon

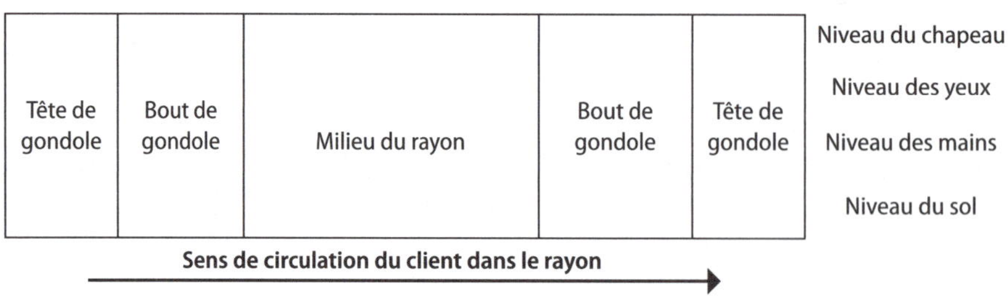

# 1 Les enjeux de la mise en valeur de l'offre

## 1 Définition

Le marchandisage désigne l'ensemble de techniques et méthodes ayant pour objectifs la présentation et la mise en valeur des produits sur le lieu de vente.

Il est mis en œuvre séparément ou conjointement par les distributeurs et les producteurs, afin d'accroître la rentabilité du point de vente et l'écoulement des produits, en adaptant l'assortiment aux besoins de la clientèle et par sa présentation appropriée.

**Mettre l'offre en valeur signifie donc proposer le bon produit, au bon prix, au bon moment, au bon endroit, en quantités suffisantes.**

## 2 Objectifs

- **Le produit doit pouvoir se vendre seul** car en libre-service dans la plupart des rayons aucun vendeur n'est présent (sauf dans quelques rayons spécifiques comme la poissonnerie ou l'électroménager).
- **La mise en valeur de l'offre doit déclencher le réflexe d'achat** (prévu ou non) et valoriser l'image de l'unité commerciale (depuis l'accueil jusqu'aux caisses).
- **Le consommateur doit se repérer et trouver facilement les produits** grâce à un positionnement clair, surtout s'il a envie de passer le moins de temps possible à faire ses courses. Ce temps doit être davantage perçu comme un plaisir plutôt qu'une contrainte.
- **Le producteur souhaite vendre son produit** et cherche à avoir en linéaire l'assortiment et la place correspondant à sa position sur le marché. Il peut demander des emplacements préférentiels pour présenter la gamme la plus complète et prolonger la durée de vie des produits.
- **Le distributeur veut présenter en rayon les produits correspondant aux besoins de ses clients pour les conquérir**, augmenter la fréquentation du point de vente et le trafic en rayon afin de satisfaire les clients et les fidéliser. Il souhaite augmenter la valeur du panier moyen, son chiffre d'affaires, ses marges et sa rentabilité, tout en diminuant ses coûts.

## 3 Les différents types de marchandisage

### 3.1 Le marchandisage d'organisation

Le client doit trouver facilement les produits qu'il cherche, tout en l'incitant à rester plus longtemps dans le magasin. Ce type de marchandisage part de l'organisation générale du magasin (plan, fléchage), jusqu'au détail du linéaire (affichage, lisibilité des emballages).

### 3.2 Le marchandisage de gestion

Il vise à accroître la rentabilité du point de vente en recherchant le meilleur assortiment, l'allocation du linéaire optimale et la présentation la mieux adaptée. L'offre doit être maximale pour toucher tous les segments de clientèle et optimiser la rentabilité du magasin et du rayon.

### 3.3 Le marchandisage de séduction

Il vise à séduire le client potentiel en créant une ambiance de vente propice, grâce à la théâtralisation du point de vente, aux choix d'éclairage et de mobilier attractifs.

# 2 L'agencement du linéaire

## 1 La variété du mobilier d'agencement d'un linéaire

| | |
|---|---|
| La gondole<br>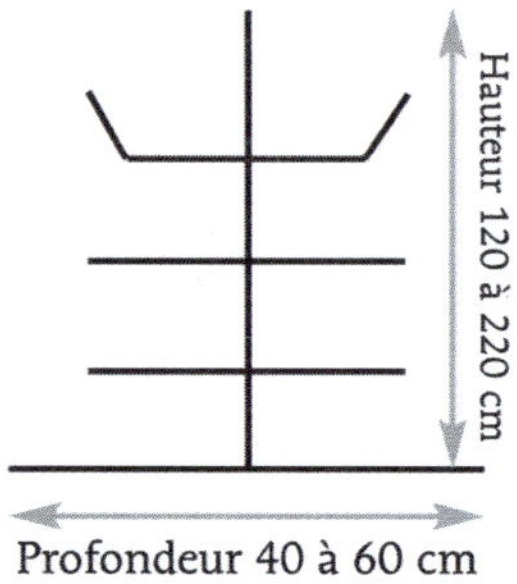<br> | Meuble de présentation et de vente en métal, constitué d'éléments juxtaposés les uns aux autres. La dimension standard est généralement de 133 cm de large. Le fond est lisse ou perforé, équipé de crochets ou broches pour suspendre des produits.<br>Dans certains rayons (boissons, conserves…) l'utilisation de gondoles hautes donnent un effet de masse.<br>Les gondoles plus basses et plus accessibles donnent une impression de clarté de l'offre (exemple : rayon des produits de beauté). |
| Le comptoir<br>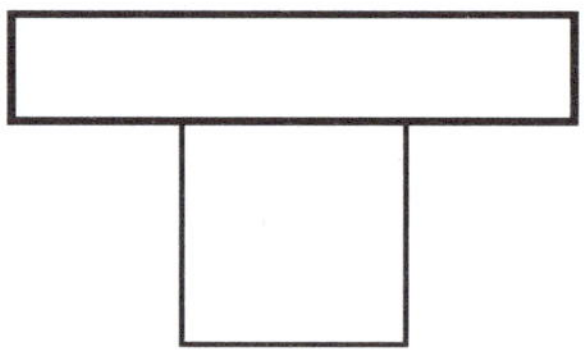 | Les produits à forte valeur nécessitant une protection contre le vol sont présentés derrière une vitrine (exemples : appareils photo, lames de rasoir, bijoux). En contrepartie, le client ne peut pas manipuler le produit. |
| La bergerie<br>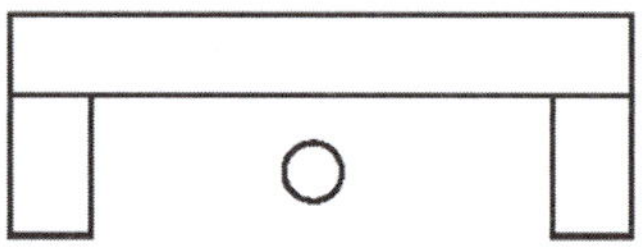 | Des comptoirs fermés en rectangle accueillent un vendeur au milieu. Ils sont utilisés dans les rayons nécessitant de la vente-conseil (exemples : la charcuterie, les fromages à la coupe, la bijouterie…). |
| Le meuble réfrigéré | Utilisé pour les produits frais (yaourts, fromages, charcuterie) ou les surgelés (parfois des congélateurs avec porte vitrée ou des congélateurs-coffres). |
| Le portant<br>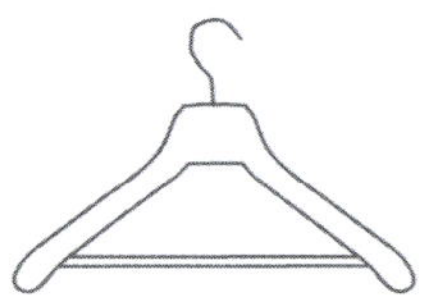 | Les articles textiles (vêtements, sous-vêtements, chaussures…) sont présentés sur des cintres, les chaussures sur des pinces, les accessoires de coiffure ou de bricolage sur des broches. |
| Le vrac<br>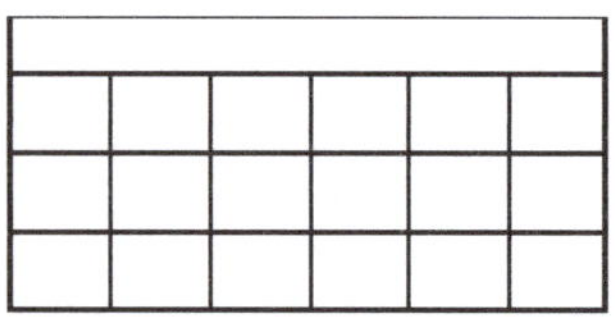 | Certains produits sont présentés dans des panières en métal, cela donne l'impression de faire une bonne affaire, car le vrac est généralement associé aux fins de série, aux prix bas. |
| Le magasin dans le magasin (*shop in shop*) | Un espace séparé qui est un magasin dans le magasin est créé afin de donner l'impression d'un commerce traditionnel et rompre la monotonie (exemples chez Cora : la bijouterie, le village des services). Dans les grands magasins, il peut s'agir d'un *corner*, c'est-à-dire d'un espace spécifique dédié à une marque et dont le personnel est généralement employé par la marque. |

## 2 La disposition des produits en rayon

### 2.1 Les linéaires

- Le **linéaire au sol** représente la longueur du mobilier de présentation au sol.

Exemple : une gondole de 1,33 m de long.

- **Le linéaire développé** représente le linéaire au sol multiplié par le nombre de tablettes.

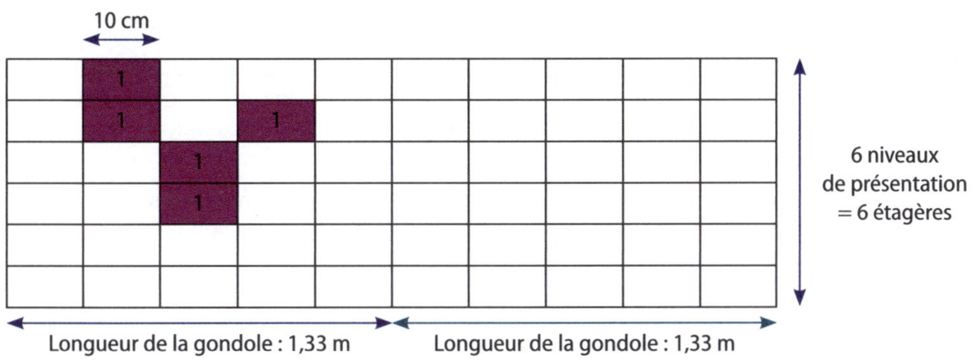


Exemple : le linéaire développé pour la référence 1 : Longueur de la frontale en centimètres 10 ; Nombre de frontales de présentation 5 ; soit le linéaire développé de cette référence 10 cm × 5 frontales = 50 cm.

Exemple : le linéaire développé pour un rayon : longueur du rayon 2 gondoles de 1,33 m ; 6 niveaux de présentation = 1,33 m × 6 niveaux = 7,98 mètres.

### 2.2 La frontale ou le *facing*

La frontale ou *facing* est le nombre d'unités de vente vues de face. Il s'exprime en nombre de produits ou en centimètres.

**Nombre de frontales pour un produit = Linéaire au sol / Largeur du produit**

**Capacité de stockage en rayon = Nombre de frontales × Nombre de produits empilables × Nombre de produits en profondeur**

**Nombre de produits empilables = Hauteur des étagères / Hauteur du produit**

**Nombre de produits en profondeur = Profondeur de l'étagère / Profondeur du produit**

Exemple : le produit 1 a une frontale de 4, c'est-à-dire que l'on distingue en façade de rayon 4 paquets du produit et 40 cm de frontale (10 cm × 4 produits). Le produit 2 a une frontale de 3 et 30 cm de frontale.

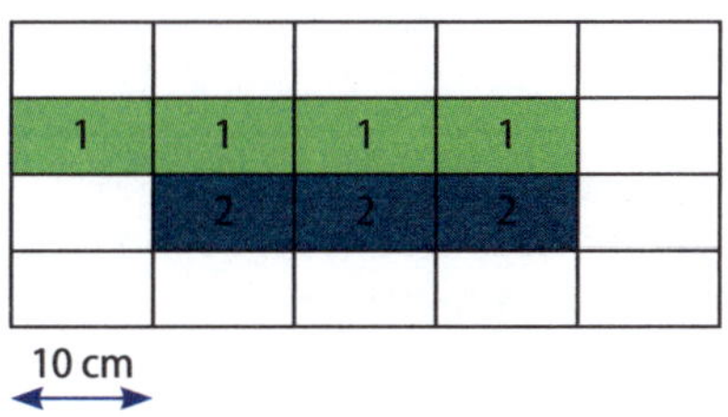

### 2.3 Les critères d'attribution du linéaire

L'attribution du linéaire dépend de plusieurs critères :

**La frontale et le linéaire minimum pour une référence** : on considère que le consommateur a une vitesse de déplacement dans le rayon d'1 mètre par seconde et perçoit une référence en 1/3 de seconde. Un produit est peu visible dans un linéaire trop petit (en-dessous de 30 cm) et une frontale trop longue est monotone. Généralement la frontale minimum est de 20 cm dans une petite surface de vente et de 40 à 50 cm dans une grande surface. Au-delà de 4 m de frontale le seuil de saturation est atteint et cela n'a plus d'effet sur les ventes.

**La demande entre deux réassortiments** : variable selon les jours, l'objectif est d'éviter les ruptures de stock en rayon afin de répondre à la demande. Le nombre idéal de produits en rayon permet de répondre à la demande de la journée la plus forte de la semaine (en général, le samedi) sans réapprovisionnement.

**L'attribution du linéaire en fonction des performances commerciales** (Cf. Chap. 9) : le linéaire attribué à chaque référence peut être déterminé en fonction de son chiffre d'affaires, du volume des ventes, de la marge.

### 2.4 Le double placement ou *cross merchandising*

Cela consiste à présenter un produit à deux emplacements différents dans le point de vente : son rayon habituel et dans un autre dont il est complémentaire.

Par exemple, un jus de fruits biologique peut être présenté au rayon « Boissons » et au rayon « Bio », voire près des caisses s'il y a un meuble réfrigéré pour les achats d'impulsion en été.

### 2.5 Les niveaux de présentation des produits dans un rayon

| Hauteurs | Niveaux de présentation | Caractéristiques |
|---|---|---|
| Au-delà de 1,70 m | **Le niveau du chapeau** | Difficile d'accès. Sert surtout à présenter les stocks, les articles encombrants ou les produits déjà présentés en bas pour les assister et donner un effet de masse. |
| Entre 1,10 m et 1,70 m | **Le niveau des yeux** | Niveau le plus vendeur. Sert à présenter les produits à marge élevée les plus rentables, à forte notoriété, haut de gamme ou stratégiques qui nécessitent une assistance à la vente ou encore les produits difficiles à écouler ou nouveaux. |
| Entre 1,10 m et 60 cm | **Le niveau des mains** | Sert à présenter les produits à forte demande et forte marge au niveau haut des mains (exemple : les marques de distributeurs), les nouveautés, les promotions et au niveau bas des mains les produits indispensables ou complémentaires. |
| En-dessous de 60 cm | **Le niveau du sol** | Sert à présenter les produits lourds et encombrants (pour des raisons de sécurité), les produits d'appel (premiers prix en général recherchés par les clients), les paniers pour le vrac, les produits à achat obligatoire, les produits utilitaires. |

## 3 Les différents types d'implantation

### 3.1 La tête de gondole

**La présentation en tête de gondole** (TG) : permet de multiplier les ventes par 2, voire par 3. Elle sert généralement à présenter les promotions. Les bouts de gondole sont peu vendeurs car le client ne s'y arrête pas de façon automatique.

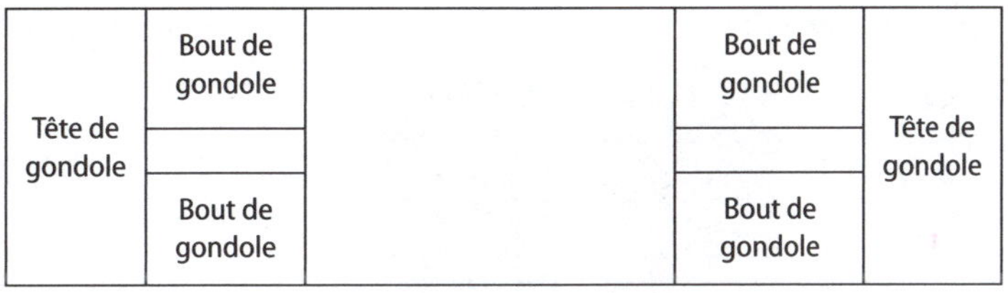


### 3.2 L'implantation horizontale

Elle présente le produit de façon horizontale sur la gondole.

| | | | |
|---|---|---|---|
| 1 | 1 | 1 | 1 |
| 1 | 1 | 1 | 1 |
| 2 | 2 | 2 | 2 |
| 3 | 3 | 3 | 3 |
| 3 | 3 | 3 | 3 |
| 4 | 4 | 4 | 4 |

### 3.3 L'implantation verticale

Elle présente le produit dans le sens vertical. Cela ralentit le client obligé de s'arrêter pour rechercher son produit et donne un effet de masse. Présentation la plus utilisée.

| | | | |
|---|---|---|---|
| 1 | 2 | 3 | 4 |
| 1 | 2 | 3 | 4 |
| 1 | 2 | 3 | 4 |
| 1 | 2 | 3 | 4 |
| 1 | 2 | 3 | 4 |
| 1 | 2 | 3 | 4 |

### 3.4 La présentation en panneaux

Elle arrête le regard car elle provoque un contraste visuel lié aux volumes et couleurs variés. Les différents panneaux proposent des produits complémentaires.

| | | | |
|---|---|---|---|
| 1 | 1 | 3 | 3 |
| 1 | 1 | 3 | 3 |
| 1 | 1 | 3 | 3 |
| 2 | 4 | 4 | 5 |
| 2 | 4 | 4 | 5 |
| 2 | 4 | 4 | 5 |

### 3.5 La présentation en vagues

Elle répartit les produits en fonction de leur degré d'attention pour le client. Cela incite le regard à aller vers le bas et à visualiser tous les niveaux de présentation.

| | | | | | | | |
|---|---|---|---|---|---|---|---|
| 1 | 2 | 2 | 3 | 3 | 3 | 2 | 1 |
| 1 | 1 | 2 | 2 | 3 | 2 | 2 | 1 |
| 4 | 1 | 1 | 2 | 2 | 2 | 1 | 4 |
| 4 | 4 | 1 | 1 | 2 | 1 | 1 | 4 |
| 5 | 4 | 4 | 1 | 1 | 1 | 4 | 5 |
| 5 | 5 | 5 | 4 | 1 | 4 | 4 | 5 |

### 3.6 La présentation avec cloisons

Elle incite le client à découvrir ce qu'il y a de l'autre côté. Il est plus attentif à tout le linéaire. C'est le cas de la présentation des produits diététiques dans le rayon « Épicerie ».

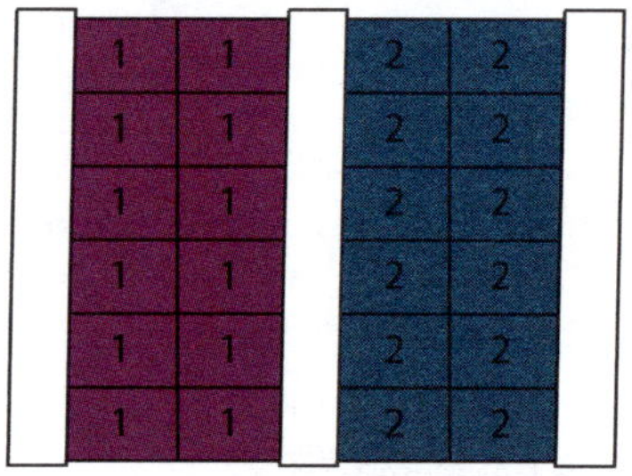


## 4 L'endroit le plus attractif dans un rayon

Dans le point de vente, le client suit un sens de circulation, tout comme dans le rayon. Un des objectifs est de l'inciter à passer devant un maximum de produits en respectant si possible la logique de la clientèle et la lisibilité de l'offre par l'ILV et la PLV en favorisant les achats d'impulsion.

Dans un rayon, l'endroit le plus attractif et donc le plus vendeur en dehors des têtes de gondole, est situé au niveau de la partie centrale de la gondole.

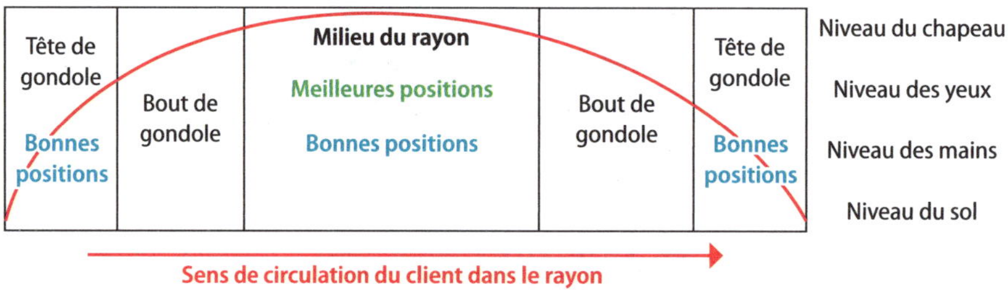


Les producteurs et distributeurs développent des partenariats pouvant porter sur les approvisionnements, le marchandisage, la fixation du prix de vente à travers le trade marketing. Certains producteurs proposent aux distributeurs des logiciels de marchandisage permettant une optimisation de l'implantation des rayons.

# 1 Analyser la mise en valeur de l'offre d'une unité commerciale physique

Grille d'analyse

| Enseigne : | | | | | Type de point de vente : |
|---|---|---|---|---|---|
| Critères | ++ | + | – | – – | Observations |
| **L'entrée dans l'unité commerciale** | | | | | |
| Les informations disponibles à l'entrée de l'unité commerciale permettent une circulation et utilisation faciles dans la surface de vente (plan, horaires d'ouverture…). | | | | | |
| L'ambiance générale à l'entrée dans l'unité commerciale est | | | | | |
| L'accueil est agréable. | | | | | |
| **Le marchandisage** | | | | | |
| La circulation dans les allées est facile. | | | | | |
| La signalisation des rayons est claire et rend la recherche d'un rayon, d'un produit facile (signalétique, ILV, PLV). | | | | | |
| La surface de vente est rangée et propre (rayon, allées). | | | | | |
| Les linéaires sont attractifs et les produits mis en valeur. | | | | | |
| Les têtes de gondole sont attractives. | | | | | |
| L'assortiment est important. | | | | | |
| Les promotions sont nombreuses, mises en valeur et attractives (réduction, cadeau…). | | | | | |
| Les ruptures en rayon sont limitées voire inexistantes. | | | | | |
| Les produits semblent de qualité. | | | | | |
| Les facteurs d'ambiance incitent à l'achat (fond sonore, éclairage, couleurs…). | | | | | |
| **Le personnel de contact** | | | | | |
| Le personnel de contact est présent dans les rayons pour renseigner. | | | | | |
| Le personnel de contact est accueillant et aimable. | | | | | |
| La tenue du personnel est correcte et professionnelle. | | | | | |
| Les vendeurs sont accueillants et aimables. | | | | | |
| Les vendeurs sont compétents et les conseils adaptés aux attentes de la demande. | | | | | |
| L'attente n'est pas trop longue. | | | | | |

| Enseigne : | | | | | Type de point de vente : |
|---|---|---|---|---|---|
| **Critères** | **++** | **+** | **–** | **– –** | **Observations** |
| **Le passage aux caisses** | | | | | |
| Les abords des caisses sont rangés et propres (achats d'impulsion favorisés). | | | | | |
| Le passage en caisse est rapide. | | | | | |
| Le personnel en caisse est agréable et accueillant. | | | | | |
| Des caisses rapides ou spéciales (nombre d'achats restreint, carte de l'unité commerciale) sont disponibles. | | | | | |
| **Les services clients** | | | | | |
| Le personnel du service « Accueil/Informations » est disponible et accueillant. | | | | | |
| L'unité commerciale est fidélisante (programme de fidélisation, échange de produits, possibilité de remboursement, emballage cadeau…). | | | | | |
| Une boîte à suggestions/réclamations est disponible. | | | | | |
| Un coin enfant est présent et attractif. | | | | | |
| **Le service après-vente** | | | | | |
| Le SAV est facile à trouver. | | | | | |
| Le personnel de contact est aimable et accueillant. | | | | | |
| Les interventions sont rapides. | | | | | |
| Des extensions de garantie sont proposées. | | | | | |

# 2 Analyser la mise en valeur de l'offre d'une unité commerciale virtuelle

Grille d'analyse

| Enseigne : | | | | | Adresse URL du site : |
|---|---|---|---|---|---|
| Critères | ++ | + | - | - - | Observations |
| **La page d'accueil du site internet** | | | | | |
| La page d'accueil est ergonomique (clarté des rubriques, des informations, navigation facilitée (arborescence du site)… | | | | | |
| La charte graphique est attractive (couleurs, design, visuels, vidéos…). | | | | | |
| Le site offre une fonction « Recherche » simple et facile à utiliser. | | | | | |
| Les informations sont utiles et claires. | | | | | |
| La page d'accueil peut contenir des informations personnalisées. | | | | | |
| Les bandeaux publicitaires sont intéressants (ou envahissants). | | | | | |
| **La recherche de produits** | | | | | |
| L'organisation du site permet de trouver rapidement le produit recherché. La liste des produits est claire. | | | | | |
| Un moteur de recherche permet un accès direct au produit. | | | | | |
| L'assortiment est important. | | | | | |
| Les informations sur les produits sont claires et utiles. | | | | | |
| Les produits sont présentés de façon attractive (visuels, animations…). | | | | | |
| Des conseils de choix, l'avis d'internautes acheteurs ou utilisateurs sont disponibles. | | | | | |
| **L'acte d'achat** | | | | | |
| Le panier d'achat est visible en page d'accueil et accessible à tout moment. | | | | | |
| Les informations liées au prix, au frais de livraison sont claires. | | | | | |
| Les délais de livraison prévisibles sont indiqués. | | | | | |
| Un système de suivi des colis est proposé. | | | | | |
| **La navigation sur le site** | | | | | |
| La navigation est simple et intuitive. | | | | | |
| Le temps de réponse et de chargement des informations est rapide. | | | | | |
| La charte graphique est homogène sur toutes les pages. | | | | | |

| Enseigne : | | | | | Adresse URL du site : |
|---|---|---|---|---|---|
| **Critères** | **++** | **+** | **-** | **- -** | **Observations** |
| Le site propose un système d'information et de relation client (*newsletter*). | | | | | |
| Le site propose un forum de discussion. | | | | | |
| L'architecture du site est claire (signalisation, recherche de pages, d'informations). | | | | | |
| **Les contraintes légales et la protection du consommateur** | | | | | |
| La raison sociale, les coordonnées de l'entreprise sont clairement indiquées. | | | | | |
| Les mentions sur la nouvelle loi informatique et libertés de 2018 et le Règlement Général sur la Protection des données sont mentionnées. | | | | | |
| L'internaute est informé de l'utilisation de cookies. | | | | | |
| L'hébergeur du site est indiqué. | | | | | |
| Les conditions générales de vente sont détaillées et accessibles facilement. | | | | | |

# Applications

**QCM** Validez vos connaissances en cochant la (ou les) bonne(s) proposition(s) puis justifiez oralement vos réponses.

**1. Mettre l'offre en valeur signifie proposer :**

☐ le bon produit.
☐ au bon prix.
☐ au bon moment.
☐ au bon endroit.
☐ en quantités insuffisantes.

**2. Les enjeux de la mise en valeur de l'offre sont :**

☐ le produit doit se vendre à l'aide d'un vendeur.
☐ le consommateur doit se repérer et trouver facilement les produits.
☐ le producteur souhaite vendre son produit sans l'aide du distributeur.
☐ le distributeur veut présenter en rayon les produits correspondant aux besoins de ses clients pour les conquérir.

**3. Les différents types de marchandisage**

☐ Le marchandisage d'organisation
☐ Le marchandisage d'attention
☐ Le marchandisage de gestion
☐ Le marchandisage de dimension
☐ Le marchandisage de séduction

**4. Parmi les propositions suivantes, lesquelles désignent un mobilier de présentation de produits ?**

☐ Les gondoles
☐ Les comptoirs
☐ Les bergères
☐ Les meubles réfrigérés
☐ Les portants
☐ Le trac
☐ Le magasin dans le magasin

**5. Le linéaire développé représente :**

☐ le nombre de tablettes que contient une gondole.
☐ la longueur du mobilier de présentation au sol.
☐ le linéaire au sol multiplié par le nombre de tablettes.

**QCM**
Retrouvez la suite en version interactive pour tester vos connaissances sur ce chapitre.
**lienmini.fr/30541-exo7**

## 1 Maîtriser le vocabulaire du marchandisage

Vous venez de débuter votre stage en entreprise au sein d'un hypermarché. Rattaché(e) au rayon Bonnes affaires, vous découvrez l'implantation actuelle du sous-rayon Animalerie.

**1. Citez le type de mobilier de présentation des produits dans ce rayon.**

**2. Indiquez les niveaux de présentation des cages puis les différents types d'implantation employés pour présenter les paniers pour chiens et chats.**

**3. Déterminez si ce rayon est attractif pour les clients potentiels.**

**DOC. 1 /** Le rayon Animalerie

## 2 Préconiser l'agencement d'un linéaire dans un hypermarché

Vous venez d'être embauché(e) par un hypermarché en tant que responsable du rayon Équipement maison. Vous recevez une nouvelle référence de lampe torche à implanter dans le sous-rayon Bricolage.

**1. Calculez le linéaire au sol, le linéaire développé total et le linéaire développé pour ce produit.**

**2. Calculez le nombre de frontales de ce produit pour une étagère.**

**3. Calculez le nombre de produits empilables, le nombre de produits en profondeur et la capacité de stockage de ce produit en rayon.**

**4. Afin d'inciter le client potentiel à s'arrêter dans le rayon, préconisez un type d'implantation pour ce produit.**

**5. Proposez un rayon approprié pour disposer ce produit en double placement (*cross merchandising*) et citez-en les enjeux.**

**DOC. 1 /** Informations concernant l'implantation du produit en rayon

- **Visuel de la gondole :**

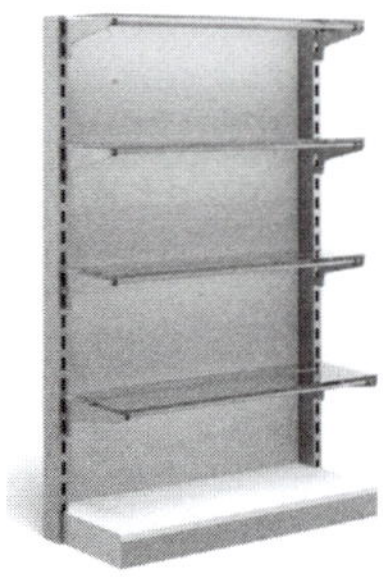

- **Dimensions de la gondole :**
  Longueur : 1,33 m
  Profondeur : 0,30 m
  Hauteur entre deux tablettes : 0,25 m
  Nombre d'étagères de la gondole : 5
  Nombre d'étagères réservées au produit : 3
- **Dimensions du produit :**
  Largeur et profondeur du produit avec l'emballage : 6 cm
  Hauteur du produit avec l'emballage : 15 cm

## 3 Éviter les ruptures en rayon grâce aux préconisations du producteur

À l'aide du document 1 ci-contre et de vos connaissances, répondez aux questions suivantes.

**1. Relevez les raisons pour lesquelles le producteur Tropicana a dû revoir ses préconisations d'implantation en magasin.**

**2. Citez les solutions proposées par le producteur Tropicana dans le rayon ultrafrais.**

**3. Identifiez les préconisations formulées par le producteur Tropicana en matière d'implantation de ses produits.**

**4. Relevez les indicateurs utilisés afin de mesurer l'efficacité de ces nouvelles préconisations.**

**5. Expliquez pourquoi le producteur peut préconiser une implantation de rayon au distributeur.**

**DOC. 1** Les jus frais combattent la rupture

[...] « Lutter contre la rupture », voici le mot d'ordre du leader du secteur des jus frais, Tropicana (42 % de part de marché en valeur), depuis un an, pour dynamiser le segment. Les boissons réfrigérées progressent de 3,8 % en volume, alors que l'ultra-frais enregistre une croissance en volume de 2,3 %. La catégorie des jus de fruits frais réfrigérés note même une évolution de 4,5 % en volume, et de 4,3 % en valeur. Pour atteindre ces performances, Tropicana a revu son merchandising. « Face aux difficultés du secteur du frais, il y a quelques années, nous avons réalisé une profonde étude de marché et plusieurs enquêtes de terrain sur les attentes et les habitudes de consommation de nos clients », explique Sébastien Le Mière, directeur category manager au sein du groupe PepsiCo. Résultat, l'industriel a identifié les freins et leviers de croissance de la catégorie. Premièrement, le conditionnement en verre n'était plus adapté aux attentes. Le groupe a lancé une nouvelle bouteille en PET, déployée sur l'intégralité de la gamme frais. Deuxièmement, le taux de rupture atteignait 9 à 10 %, un manque à gagner annuel en hypermarchés de l'ordre de 14 millions d'euros. « La solution la plus efficace consiste à agrandir le rayon afin que davantage de produits soient stockés ». La première solution : « La plupart du temps, les rayonnages peuvent être réorganisés pour libérer de la place en hauteur et créer une sixième étagère. Une solution non coûteuse qui augmente de près de 20 % la capacité du rayon ». La deuxième est la multilocalisation des produits, c'est-à-dire la multiplication des meubles de froid dans le magasin, en tête de gondoles ou dans des rayons connexes comme les fruits et légumes, ou avec les BRSA ambiantes. « Il s'agit d'une solution très efficace sur les ventes, surtout si les meubles sont implantés de manière permanente. Les chefs de rayon pensent souvent, à tort, que les jus de fruits frais subissent un effet de saisonnalité. Or, il s'agit d'une catégorie plutôt stable sur l'année. Il est vrai que les ventes de certaines boissons réfrigérées, comme les soupes froides, sont saisonnières, mais en ce qui concerne le jus de fruits, la cible de consommateurs est plutôt fidèle. »

Pour relancer les ventes, Tropicana a remis à plat ses préconisations d'implantation. La première clé d'entrée dans le rayon est le type de jus (jus, smoothie, lacté...), puis vient le matériau de conditionnement (brique, PET ou verre), devant la marque, le format et enfin le parfum (monoagrume ou recette). « Le lancement de notre gamme en PET a fortement influencé le marché. Le matériau du conditionnement est devenu une clé d'entrée, alors qu'auparavant cette classification n'avait pas d'importance. Aujourd'hui, les consommateurs de briques n'ont pas les mêmes attentes que les consommateurs de bouteilles PET. Le buveur de briques pense que le produit est mieux conservé, alors que celui de la bouteille PET est rassuré par la vision du produit ». Tropicana assure que l'impact sur les ventes est de l'ordre de + 2 à + 4 %. Et les performances du rayon pourraient s'envoler sous l'effet de recrutement de nouveaux consommateurs (taux de pénétration actuel : 35 %). [...]

www.lsa-conso.fr

## 4 Découvrir et mettre en œuvre des techniques d'e-marchandisage

Lorsqu'un serveur propose de prendre un café pour terminer le repas, c'est une forme de cross-selling ou lorsqu'un vendeur suggère une ceinture qui irait bien avec le nouveau pantalon acheté. On observe cela sur la plupart des sites des grands distributeurs tels Amazon, lorsqu'ils présentent les articles également achetés par d'autres clients intéressés par les mêmes produits que vous.

**1. Distinguez les notions de *cross selling*, *up selling* et *de bundle*.**

**2. Citez les enjeux de ces techniques.**

**3. Déterminez s'il s'agit de techniques récentes.**

**4. Si votre lieu de stage en entreprise possède un site internet marchand, déterminez si il pratique ces techniques de mise en valeur de l'offre sur internet.**

## DOC. 1 / Cross-selling versus up-selling, quelle différence ?

L'up-selling est une autre technique commerciale qui consiste à suggérer non pas un produit complémentaire mais une version plus évoluée (et donc plus chère !) du produit qui intéresse le client. Un exemple ? Vous souhaitez acheter la nouvelle Clio et votre concessionnaire essaie de vous fourguer la version « toutes options » avec la plus grosse motorisation : up-selling !
Il existe une troisième approche à la croisée de l'up-selling et du cross-selling, il s'agit du bundle.

- **Enjeux et objectifs des ventes additionnelles et croisées :** doper son panier moyen, augmenter son niveau de marge, donner de la visibilité aux produits de son choix.
- **Comment mettre en place son cross-selling ? Quels produits vendre en cross-selling ?** [...] Outre les accessoires qui présentent un avantage évident en termes de complémentarité et de marge, on peut penser aux best-sellers, les produits à déstocker.
- **Quelles sont les meilleures zones d'un site e-commerce pour le cross-selling ?** Il peut être pratiqué sur plusieurs pages, il faut néanmoins placer les zones sur des pages où le visiteur a déjà exprimé un intérêt pour un produit : les fiches produits, les layers d'ajout panier (page interstitielle pour choisir entre voir le contenu de son panier et poursuivre sa navigation), la page de panier.
- **Comment attirer le regard du client sur les produits de cross-selling ?** La zone doit être suffisamment visible pour attirer l'attention des visiteurs mais ne pas perturber leur navigation, ne pas être plus visible que le bouton d'étape suivante de la page panier pour éviter de perdre des commandes. La surface dédiée, les couleurs, le nombre de produits présentés ou la taille des visuels doivent être considérés pour ajuster la visibilité de la zone. Les expressions usuelles sont par exemple : « Produits connexes », « Les clients ayant acheté cette article ont également acheté », chez La Redoute leur formulation très prêt-à-porter « Complétez votre look » sur une fiche produit de vêtement.
- **Faut-il automatiser le cross-selling sur son site ?** Si le catalogue produit est limité, le cross-selling manuel est envisageable, mais dans le cas contraire l'automatisation atteint un niveau de performance supérieur. Cela s'inscrit dans la logique de personnalisation de l'expérience utilisateur afin d'augmenter ses dépenses. Plus le cross-selling tient compte de données pertinentes (navigation et achats du visiteur et de tous ceux qui se sont intéressés aux mêmes produits) plus il présente en temps réel des produits attractifs à chaque étape de la navigation. [...]

www.lafabriquedunet.fr

## Synthèse

# Mettre en valeur les produits

**Le marchandisage vise à mettre l'offre en valeur afin de proposer le bon produit, au bon prix, au bon moment, au bon endroit, en quantités suffisantes.**

**Il existe trois types de marchandisage**

- D'organisation
- De gestion
- De séduction

**L'agencement du linéaire passe par :**

- La variété du mobilier d'agencement d'un linéaire
- La disposition des produits en rayon
- Les niveaux de présentation des produits : niveau du chapeau, des yeux, des mains, du sol
- Les différents types d'implantation : en tête de gondole, horizontale, verticale, en panneaux, en vagues, avec cloisons ...
- L'endroit le plus attractif dans un rayon : les têtes de gondoles et le milieu du rayon

# Vers l'examen

**Objectif : Se préparer à l'évaluation de la sous-épreuve E42 Animation et dynamisation de l'offre commerciale.**

## Analyser la mise en valeur de l'offre par le marchandisage de l'unité commerciale physique et/ou virtuelle

Sur votre lieu de stage en entreprise, vous allez analyser la mise en valeur de l'offre de votre unité commerciale physique et/ou virtuelle à l'aide de grilles d'analyse. Vous pouvez compléter les grilles proposées à l'aide des critères que vous jugerez utiles.

1. **Compléter les grilles d'analyse proposées en se déplaçant dans le point de vente physique et/ou en se connectant au site internet de votre entreprise.**
2. **Réaliser la même étude pour une ou plusieurs unités commerciales concurrentes afin de formuler des conseils d'amélioration de mise en valeur de l'offre dans votre point de vente.**
3. **Compléter sa propre analyse en demandant l'avis des clients sur la mise en valeur de l'offre en réalisant une enquête par questionnaire.**
4. **Constituer un dossier comportant vos différentes analyses que vous présenterez à votre tuteur/tutrice de stage.**

**Grille d'analyse pour une unité commerciale physique**

| Enseigne : | Type de point de vente : | | | | |
|---|---|---|---|---|---|
| **Critères** | **++** | **+** | **-** | **--** | **Observation** |
| L'entrée dans l'unité commerciale | | | | | |
| Le marchandisage | | | | | |
| Le personnel de contact | | | | | |
| Le passage aux caisses | | | | | |
| Les services clients | | | | | |
| Le service après vente | | | | | |

**Grille d'analyse pour une unité commerciale virtuelle**

| Enseigne : | Type de point de vente : | | | | |
|---|---|---|---|---|---|
| **Critères** | **++** | **+** | **-** | **--** | **Observation** |
| La page d'accueil du site internet est ergonomique, attractive… | | | | | |
| La recherche de produits est facilitée | | | | | |
| L'acte d'achat est facilité | | | | | |
| La navigation sur le site est simple | | | | | |
| Les contraintes légales et la protection du consommateur sont respectées | | | | | |

CHAPITRE

8

# Optimiser l'implantation de l'offre

## Contexte professionnel

Dans le cadre de votre formation en BTS MCO, vous venez de terminer votre première période de stage en entreprise au sein de l'enseigne Cora. Vous êtes rattaché(e) à l'hypermarché Cora de Metz Technopôle.

Ce magasin se trouve confronté à la concurrence de la zone commerciale dans laquelle il est implanté en périphérie de la ville. Le directeur et son équipe doivent sans cesse optimiser l'implantation de l'offre afin de fidéliser et conquérir la clientèle. Il vous propose donc à présent de découvrir les enjeux de l'optimisation de l'implantation de l'offre et d'exploiter les outils de mesure des performances de l'implantation de l'offre.

### Vos missions

**1** Mesurer les performances d'un rayon : l'intérêt de la clientèle et l'attractivité d'un rayon

**2** Réaliser le suivi des références d'un rayon

**3** Gérer l'assortiment d'un rayon dans le temps et en fonction de sa rentabilité

**Vidéo**

Négociation en GMS et optimisation de l'implantation

**lienmini.fr/30541-implantation**

# Vos missions

## MISSION 1 Mesurer les performances d'un rayon : l'intérêt de la clientèle et l'attractivité d'un rayon

Annexes 1 et 2 | Ressource 1 | Méthode 1

**La nouvelle mission qui vous est attribuée par votre tuteur est d'analyser les performances chiffrées d'un rayon afin de déterminer s'il intéresse la clientèle et s'il est attractif. Après avoir observé le comportement des clients dans le rayon Épicerie sucrée de l'hypermarché, vous disposez des données concernant le comportement des clients des unités commerciales du réseau et des données concernant les performances de ce rayon.**

1. Dénombrez les entrées du point de vente et expliquez l'intérêt de disposer de plusieurs entrées.
2. Calculez le coefficient d'occupation des sols (COS) du rayon Épicerie sucrée. Commentez votre résultat.
3. Calculez les taux d'évolution du CA et les écarts par rapport aux objectifs pour l'année N, puis commentez vos résultats.
4. À l'aide des indicateurs appropriés, évaluez l'attractivité du rayon Épicerie sucrée. Commentez les résultats obtenus.
5. Formulez des propositions d'amélioration de l'attractivité du rayon.

## MISSION 2 Réaliser le suivi des références d'un rayon

Annexe 3 | Méthode 2

**Le manageur du rayon Épicerie sucrée réalise le suivi régulier des références du rayon dont il est responsable. Il souhaite proposer à la clientèle des produits adaptés à ses besoins et attentes. Pour cela, il a mis en place les méthodes 20/80 et ABC et vous demande d'effectuer cette analyse en vue de le conseiller sur le suivi à mettre en place pour les produits. Le critère utilisé dans le cadre de ces méthodes est le chiffre d'affaires réalisé par chaque catégorie de produits.**

1. En respectant les étapes de la méthode 20/80, déterminez les deux catégories de produits. Formulez des conseils en matière de suivi des références du rayon.
2. En respectant les étapes de la méthode ABC, déterminez les trois catégories de produits. Formulez des conseils en matière de suivi des références du rayon.

## MISSION 3 Gérer l'assortiment d'un rayon dans le temps et en fonction de sa rentabilité

Annexe 4 | Ressource 2

**Dans le cadre du suivi des références du rayon dont il est responsable, le manageur du rayon Épicerie sucrée, vous charge à présent d'effectuer une analyse liée au chiffre d'affaires et à la rentabilité des produits afin d'adapter la place accordée par chacun d'entre eux dans le linéaire.**

1. Dans un tableau, analysez la répartition du linéaire en fonction de sa contribution au chiffre d'affaires.
2. Dans ce même tableau, analysez la répartition du linéaire en fonction de sa contribution à la marge.
3. Proposez une réorganisation quantifiée du linéaire en tenant compte de la contribution à la marge de chaque catégorie de produits.

## ANNEXE 1 / Le plan de l'hypermarché Cora

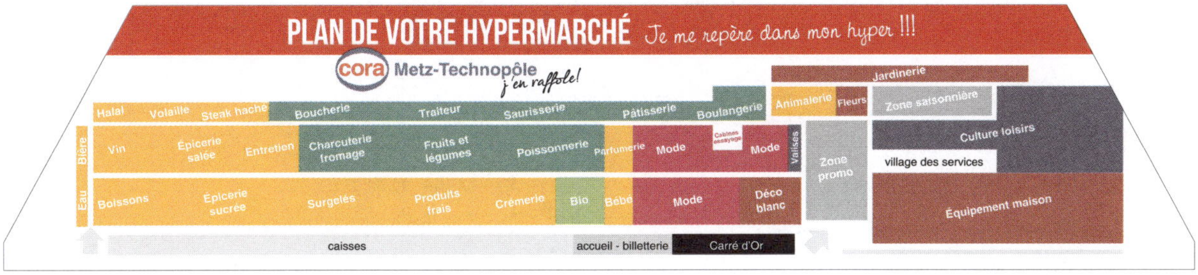


## ANNEXE 2 / Les performances du rayon Épicerie sucrée

• **Le comportement des clients dans le rayon**

Le comportement des clients dans le rayon a fait l'objet d'une observation directe en point de vente durant une partie de la journée. Sur 5 000 clients ayant acheté dans l'unité commerciale, 3 800 sont passés dans le rayon. Parmi ceux-ci, 2 600 se sont arrêtés pour y rechercher un article, 1 700 ont pris un ou plusieurs articles en main et 900 ont finalement acheté un produit.

• **Le comportement des clients dans le rayon dans les unités commerciales du réseau**

Sur 5 000 clients ayant acheté dans l'unité commerciale, 3 700 passent dans le rayon. 2 800 s'arrêtent pour y rechercher un article, 2 000 ont pris un ou plusieurs articles en main et 1 500 ont finalement acheté un produit.

• **Les dimensions du linéaire du rayon Épicerie sucrée**

La surface de vente de l'hypermarché mesure 12 000 m², le linéaire développé total 15 000 mètres. Le rayon Épicerie sucrée dispose d'un linéaire développé de 3 500 mètres et le sous rayon Chocolats 500 mètres.

• **Les performances du rayon**

| | Objectifs année N (en euros) | Réalisations année N-1 (en euros) | Réalisations année N (en euros) |
|---|---|---|---|
| CA de l'hypermarché | 90 000 000 | 86 500 000 | 95 600 000 |
| CA du rayon Épicerie sucrée | 24 750 000 | 20 762 100 | 22 131 400 |
| CA du sous rayon Chocolats | 3 375 000 | 2 982 450 | 2 768 700 |

ANNEXE

## 3 Quantités vendues et chiffre d'affaires du rayon Épicerie sucrée (extrait)

| Produits | Quantités vendues | Chiffre d'affaires (euros) |
|---|---|---|
| A | 314 | 2 340 |
| B | 630 | 495 |
| C | 890 | 234 |
| D | 93 | 3 984 |
| E | 30 | 435 |
| F | 213 | 3 000 |
| G | 930 | 1 152 |

Remarque : ce travail peut également être réalisé sur tableur.

ANNEXE

## 4 Résultats du sous rayon Chocolats (extrait)

Le manageur de rayon vous a fourni un extrait des résultats du sous rayon Chocolats pour la dernière période :

| | Nombre de mètres linéaires par catégorie de produits | Chiffre d'affaires (euros) | Marge (euros) |
|---|---|---|---|
| Chocolats noirs | 25 | 205 500 | 102 400 |
| Chocolats au lait | 31 | 120 900 | 36 250 |
| Chocolat blancs | 6 | 35 000 | 10 750 |
| Chocolats bio | 10 | 60 200 | 13 070 |
| **TOTAL** | **72** | **421 600** | **162 470** |

# Ressources

# 1 Les critères d'allocation du linéaire

Il existe des critères permettant d'optimiser le nombre et le type de produits à référencer afin d'obtenir le chiffre d'affaires et la marge les plus élevés possibles.

## 1 La répartition de la surface de vente entre les rayons et familles de produits

- **La répartition des rayons** entre les secteurs, rayons, familles de produits et références varie selon leur fréquentation et les performances financières de chaque rayon, l'image, la politique du magasin.
- Le **coefficient d'occupation des sols (COS)** mesure l'encombrement de la surface de vente en déterminant la place accordée aux allées. Les magasins aux allées larges ont un COS faible (25 %), les magasins aux allées étroites un COS élevé (40 %).

$$\text{COS} = \frac{\text{linéaire au sol en m}^2}{\text{surface de vente en m}^2}$$

## 2 Les critères de répartition des familles de produits

La place accordée à chaque produit au sein des linéaires dépend de **normes fixées selon la catégorie de magasin concernée**, la part des dépenses des ménages consacrée à chaque catégorie de produit *(exemple : part du revenu consacrée au budget vestimentaire)*, le choix de la politique commerciale de l'enseigne qui peut sous-dimensionner ou sur-dimensionner une famille de produits proposée à la vente *(exemple : l'enseigne Cora propose des gammes courtes, des produits sans marque ; l'enseigne Match propose un choix de produits supérieur de 20 % aux concurrents)*.

## 3 Les contraintes d'implantation des produits en rayon

- **Les produits alimentaires ou de première nécessité** systématiquement recherchés se situent souvent au fond du point de vente afin de faire traverser toute l'unité commerciale au client. Nouvelle tendance : l'assortiment des fruits et légumes est en pleine expansion avec les produits exotiques, salades pré-emballées, fruits pré-découpés… achetés sans réfléchir. En général placés au centre du magasin, parfois placés à l'entrée (surtout dans les supermarchés) pour privilégier une image de fraîcheur.
- **Les produits d'achat routinier** comme le pain, le journal… sont disposés dans un endroit d'accès aisé, pour être achetés rapidement avec parfois une caisse séparée (en supermarché essentiellement). Les hypermarchés créent souvent une deuxième entrée pour faciliter l'accès aux produits alimentaires et faire gagner du temps aux clients.
- **Les achats réfléchis** (tels que l'électroménager, les meubles, la hi-fi…) nécessitent de la réflexion et ne sont pas toujours achetés lors de la première visite. L'espace est parfois légèrement en dehors du flux normal de la clientèle, souvent à droite de l'entrée pour les magasins dont l'entrée se trouve à droite, certaines enseignes ont déplacé ce rayon au centre de l'hypermarché pour bénéficier d'un flux de clients plus important.
- **Les produits saisonniers ou les promotions** (d'une dizaine de jours à un mois) sont en général implantés à l'entrée du magasin.

  Les îlots promotionnels sont généralement situés au milieu de l'allée centrale pour créer une rupture dans l'agencement du point de vente et créer des achats d'impulsion.
- **Les produits lourds**, à réapprovisionnement fréquent (exemple : les boissons) se situent généralement près des réserves. **Les produits frais fabriqués sur place** doivent être placés près des ateliers. **Les produits incompatibles en raison d'odeurs** (exemple : poissonnerie et hygiène-beauté) doivent être séparés. **Les produits achetés de façon impulsive** doivent se situer sur les axes de circulation ou au niveau des caisses.

# 2 L'adaptation du linéaire dans le temps et la rentabilité du linéaire

## 1 Les enjeux de l'adaptation pour le point de vente

Le chiffre d'affaires, la marge et la part de marché réalisés par les produits au niveau national et local permettent de faire évoluer la surface accordée à chaque rayon.

Le rendement au mètre linéaire permet de mesurer le CA réalisé par $m^2$ de surface de vente.

**Rendement au mètre linéaire = CA / surface de vente en $m^2$**

## 2 Les indices de sensibilité

Les indices de sensibilité permettent de comparer le chiffre d'affaires et la marge brute du rayon ou d'un produit au linéaire accordé afin de vérifier si le produit occupe suffisamment ou insuffisamment de place dans le rayon. Si les performances sont faibles, il peut y avoir une rupture de stock ou une mauvaise signalétique dans le rayon. Si ce n'est pas le cas, il est nécessaire de modifier le linéaire (déplacer le produit, lui accorder plus ou moins de place).

**Indice de sensibilité au chiffre d'affaires = (CA du produit/CA du rayon) / (Linéaire accordé au produit / Linéaire du rayon) × 100**

**Donc IS CA = (% CA d'une référence / % Linéaire développé accordé à la référence) × 100**

Il existe un seuil au-delà duquel une augmentation du linéaire n'engendre plus une augmentation du CA.

**Indice de sensibilité à la marge = (Marge du produit/Marge du rayon) / (Linéaire accordé au produit / Linéaire du rayon) × 100**

**Donc IS Marge = (% Marge d'une référence / % Linéaire développé accordé à la référence) × 100**

**Indice de sensibilité moyen = (IS CA + IS Marge) / 2**

**Interprétation des résultats**

- Si l'indice est égal à 1 : le linéaire est optimal.
- Si l'indice est < à 1 : la référence est sur-exposée, il faut diminuer le linéaire accordé.
- Si l'indice est > à 1 : la référence est sous-exposée, il faut augmenter le linéaire accordé.

| Interprétation croisée | IS Marge > 1 | IS Marge < 1 |
|---|---|---|
| IS CA > 1 | Les ventes et la marge sont positives. La référence doit être encore plus présente en linéaire. | La référence se vend bien mais est peu rentable. C'est le cas des produits d'appel. Dans les autres cas, la marge peut être augmentée en diminuant le prix d'achat ou en augmentant le prix de vente. |
| IS CA < 1 | La référence est rentable mais se vend peu. Il faudrait en rechercher les raisons, mettre les produits en valeur, avant de diminuer sa place dans le linéaire. | Les ventes et la marge sont faibles. Il faudrait en rechercher les raisons avant de diminuer sa place dans le linéaire, voire supprimer la référence. |

**Nouvelle implantation du linéaire :**

Selon l'objectif du point de vente, la nouvelle implantation peut privilégier le critère de la rentabilité, du CA ou les deux.

**Nouveau linéaire = Linéaire total actuel × % marge ou % CA**

**OU Nouveau linéaire = Ancien linéaire de la catégorie de produit × IS marge ou IS Ca ou IS moyen de la catégorie de produit**

# 1 Mesurer l'intérêt de la clientèle et l'attractivité d'un rayon

L'assortiment d'une unité commerciale n'est pas définitif, ceci afin de proposer à la clientèle une offre adaptée à ses besoins et attentes qui peuvent évoluer. Des indicateurs permettent le suivi régulier de performances d'un rayon afin de procéder éventuellement à des modifications ou ajustements. Ils sont réalisés à partir de données recueillies sur les ventes de l'unité commerciale ou l'observation des clients dans le point de vente.

| Indicateurs | Formules de calcul | Interprétation |
|---|---|---|
| **Part de marché** | – En volume : $\frac{\text{Nombre de marques proposées par l'unité commerciale}}{\text{Nombre total de marques proposées sur le marché}} \times 100$<br>– En valeur : $\frac{\text{CA des marques proposées par l'unité commerciale}}{\text{CA total des marques proposées sur le marché}} \times 100$ | Si elle est élevée, cela indique que l'unité commerciale a retenu les marques qui dégagent le plus de ventes ou de CA. |
| **Taux de service absolu** | $\frac{\text{Ampleur de l'assortiment de l'unité commerciale pour un produit}}{\text{Totalité des références offertes sur le marché}} \times 100$ | Il mesure le choix offert par l'unité commerciale. S'il est proche de 100 %, les besoins des clients sont presque tous couverts. S'il est faible le client peut ressentir un manque de choix. |
| **Indice de passage ou de fréquentation du rayon** | $\frac{\text{Nombre de clients passant dans le rayon}}{\text{Nombre de clients entrant dans le magasin}} \times 100$ | Il varie en fonction de la localisation du rayon dans l'unité commerciales (à l'entrée il y a plus de passages de clients). S'il est faible, il convient d'améliorer la signalétique dans le point de vente ou de déplacer le rayon. S'il est élevé alors que l'indice d'achat est insuffisant, il faut s'intéresser au niveau de prix et à l'adéquation de l'offre avec les attentes des clients. |
| **Indice d'achat dans le point de vente** | $\frac{\text{Nombre de clients achetant dans le rayon}}{\text{Nombre de clients achetant dans le magasin}} \times 100$ | Évaluer l'efficacité de l'offre proposée dans le rayon. |
| **Indice d'attention** | $\frac{\text{Nombre d'arrêts dans le rayon}}{\text{Nombre de passages dans le rayon}} \times 100$ | Évaluer l'attractivité de la mise en valeur de l'offre. Si il est faible, l'assortiment n'est peut-être pas adapté aux attentes des clients. |
| **Indice d'attractivité** | $\frac{\text{Indice d'achat}}{\text{Indice de passage}} \times 100$ | Évaluer l'efficacité des moyens mis en œuvre pour attirer le client dans le rayon. |
| **Indice de manipulation** | $\frac{\text{Nombre de prises en mains}}{\text{Nombre d'arrêts dans le rayon}} \times 100$ | Évaluer l'adaptation de l'offre aux attentes des clients. Si il est élevé alors que l'indice d'acquisition et faible, il faut s'intéresser au rapport qualité/prix. |
| **Indice d'acquisition du produit** | $\frac{\text{Nombre d'achats dans le rayon}}{\text{Nombre de prises en main dans le rayon}} \times 100$ | Évaluer l'adaptation de l'assortiment au comportement d'achat des clients ou le rapport qualité/prix. |

# 2 Analyser l'assortiment grâce aux outils de gestion

## 1 Les modèles théoriques

Ils répertorient les références nécessitant une gestion plus approfondie. Certains producteurs réalisent l'analyse de leur assortiment pour les distributeurs et leur fournissent des outils (logiciels, portables…) pour réaliser un diagnostic de l'assortiment et déterminer les actions à mettre en place.

## 2 L'analyse structurelle de l'assortiment : la loi de Pareto (ou 20/80) et l'analyse ABC

Souvent, quelques articles (20 % des références vendues en quantité) représentent l'essentiel du chiffre d'affaires (80 %). Ces articles essentiels demandent un suivi rigoureux et privilégié en terme de gestion du stock (inventaire permanent, surveillance au niveau des délais d'approvisionnement et des coûts…), alors que les autres références peuvent faire l'objet d'une gestion plus sommaire car moins essentiels au chiffre d'affaires en cas de rupture de stock.

## 3 La méthode de calcul

**1)** Classer les produits par ordre décroissant de leur chiffre d'affaires.

**2)** Calculer les parts de CA et des quantités vendues en %.

**3)** Calculer les % de CA cumulés et % des quantités cumulées.

**4)** Repérer dans les colonnes « % cumulés » les 20 % de produits qui représentent 80 % du CA et formuler des conseils en termes de gestion des produits.

Les résultats peuvent être présentés selon le tableau suivant :

| Produits | Prix de vente unitaire HT | Chiffre d'affaires | % CA | % CA Cumulés | Quantités vendues | % Quantités | % Quantités Cumulés |
|---|---|---|---|---|---|---|---|
| 1 | | | | | | | |
| 2 | | | | | | | |
| … | | | | 100 | | | 100 |
| **TOTAL** | | | 100,00 | | | 100,00 | |

Concernant l'analyse ABC, la méthode de calcul est identique à la méthode des 20/80, toutefois l'analyse met en évidence trois catégories de produits et donc trois niveaux de vigilance :
- 10 % des produits représentent 60 % du chiffre d'affaires : catégorie A ; « gros produits », très importants dans le CA ;
- 40 % des produits représentent 30 % du chiffre d'affaires : catégorie B ; « produits moyens », importants dans le CA ;
- 50 % des produits représentent 10 % du chiffre d'affaires : catégorie C ; « petits produits », plus marginaux dans le CA.

*Remarque : ces analyses sont théoriques et les catégories de produits ne sont pas toujours respectées dans la réalité. L'unité commerciale doit alors adapter sa gestion de l'assortiment.*

# Applications

**VRAI/FAUX** Validez vos connaissances en cochant la (ou les) bonne(s) proposition(s) puis justifiez oralement vos réponses.

1. **Une offre qui ne correspond pas aux besoins et attentes des clients de la zone de chalandise ou qui ne se distingue pas de la concurrence existante est pertinente.** ☐ Vrai ☐ Faux
2. **Aujourd'hui de nombreuses enseignes de la grande distribution centralisent leurs achats, leur assortiment est original.** ☐ Vrai ☐ Faux
3. **Les indices de sensibilité permettent de comparer le chiffre d'affaires et la marge du rayon ou d'un produit au linéaire accordé afin de vérifier si le produit occupe suffisamment ou insuffisamment de place dans le rayon.** ☐ Vrai ☐ Faux
4. **Les produits alimentaires ou de première nécessité systématiquement recherchés se situent souvent à l'entrée du point de vente.** ☐ Vrai ☐ Faux
5. **La répartition des rayons entre les secteurs, rayons, familles de produits et références varie selon leur fréquentation et les performances financières de chaque rayon, l'image, la politique du magasin.** ☐ Vrai ☐ Faux

**VRAI/FAUX**

Retrouvez la suite en version interactive pour tester vos connaissances sur ce chapitre.
**lienmini.fr/30541-exo8**

## 1 Évaluer l'intérêt de la clientèle d'un rayon de supermarché

Votre responsable de magasin a constaté une diminution du chiffre d'affaires du sous-rayon Pâtes sèches que vous gérez en tant que nouveau manageur sur la dernière période. Il vous demande d'analyser les données présentées et de trouver les causes de cette baisse de performances afin d'y remédier.

1. **Calculez les taux d'évolution du CA et les écarts par rapport aux objectifs pour l'année N, puis commentez vos résultats. La réponse peut être présentée dans un tableau.**
2. **À l'aide des indicateurs appropriés, évaluez l'attractivité du rayon Épicerie salée. Commentez les résultats obtenus.**
3. **Formulez des propositions d'amélioration de l'attractivité du rayon.**

## DOC. 1 / Données liées au comportement des clients du point de vente et du réseau

**• Observation directe du comportement des clients dans le rayon**

Le comportement des clients dans le rayon a fait l'objet d'une observation directe en point de vente durant une partie de la journée. Sur 3 000 clients ayant acheté dans l'unité commerciale, 1 600 sont passés dans le rayon. Parmi ceux-ci, 900 se sont arrêtés pour y rechercher un article, 700 ont pris un ou plusieurs articles en main et 400 ont finalement acheté un produit.

**• Le comportement des clients dans le rayon dans les unités commerciales du réseau**

Sur 3 000 clients ayant acheté dans l'unité commerciale, 1 800 passent dans le rayon. 1 000 s'arrêtent pour y rechercher un article, 800 ont pris un ou plusieurs articles en main et 500 ont finalement acheté un produit.

**• Les performances du rayon**

| | Objectifs année N (en euros) | Réalisations année N-1 (en euros) | Réalisations année N (en euros) |
|---|---|---|---|
| **CA du supermarché** | 50 000 000 | 51 600 000 | 51 900 000 |
| **CA du rayon Épicerie salée** | 12 550 000 | 12 000 400 | 10 990 000 |
| **CA du sous-rayon Pâtes sèches** | 2 275 000 | 2 180 700 | 1 970 550 |

# 2 Analyser et optimiser la répartition du linéaire

Vous venez d'être embauché(e) au sein d'un supermarché en tant qu'adjoint(e) au manageur du rayon Épicerie. Il dispose du plan d'agencement du rayon ainsi que des résultats des ventes du sous-rayon Cafés en dosettes pour l'année N. Il vous confie ces documents et vous demande de l'assister dans cette analyse et de le conseiller quant à la répartition du linéaire afin d'optimiser les ventes.

**1. Analysez quantitativement l'implantation actuelle du sous-rayon Cafés en dosettes. Pour cela, effectuez les calculs que vous jugerez utiles. Ce travail peut être présenté sous forme de tableau.**

**2. Formulez des propositions de réorganisation du linéaire en fonction de la marge si cela s'avère nécessaire. Justifiez vos propositions.**

## DOC. 1 / Schéma d'implantation du sous-rayon Cafés en dosettes

| | | | |
|---|---|---|---|
| **Niveau 5** | Marque nationale 1 | Marque nationale 1 | Marque nationale 3 |
| **Niveau 4** | Marque nationale 2 | Marque nationale 2 | Marque nationale 3 |
| **Niveau 3** | MDD | Marque nationale 3 | Marque nationale 2 |
| **Niveau 2** | MDD | Premier Prix | Premier Prix |
| **Niveau 1** | MDD | Marque nationale 2 | MDD |
| | 1,33 m | 1,33 m | 1,33 m |

DOC. 2 / **Performances du sous-rayon Cafés en dosettes (année N)**

| | Marques | | | | |
|---|---|---|---|---|---|
| **Année N** | **Marque nationale 1** | **MDD** | **Marque nationale 2** | **Premier Prix** | **Marque nationale 3** |
| **Ventes en volume** | 2 360 | 2 310 | 5 280 | 1 010 | 2 530 |
| **Prix de vente TTC** | 3,00 | 2,70 | 2,90 | 1,40 | 2,20 |
| **Marge (en euros)** | 920,40 | 810,80 | 1 990,50 | 183,80 | 723,50 |

## 3 Intégrer le digital en vue d'optimiser l'implantation de l'offre

45 % des ventes réalisées en boutique par le commerce de détail seront influencées par le digital en 2020, selon E-commerce Mag. « (...) Pour booster votre magasin et séduire les clients, le digital in store est sans nul doute l'une des principales solutions. De très nombreux outils numériques sont à votre disposition. Les avantages varient en fonction des solutions numériques employées ».

**1. Expliquez la notion de marchandisage digital.**

**2. Citez des outils du marchandisage digital.**

**3. Déterminez si le marchandisage digital peut constituer une force ou une menace pour les unités commerciales.**

DOC. 1 / **Les bénéfices du digital pour votre boutique**

**1. Booster l'expérience client**

Grâce au numérique, vos clients vivent une révolution de leur façon de consommer en point de vente. Cela participe grandement à la réinvention du commerce physique nécessaire à sa pérennité.

**2. Consolider la fidélisation de la clientèle**

Parce que vos clients découvrent une boutique améliorée et dynamisée, ils sont plus enclins à y venir. Cet avantage du numérique permet de stimuler l'attachement à votre marque et d'accroître le nombre de vos clients ambassadeurs.

**3. Doper la satisfaction des clients**

Leur shopping est facilité, amélioré et modernisé. Les bénéfices du digital pour votre boutique représentent de la satisfaction supplémentaire de votre clientèle.

**4. Faciliter l'acte d'achat**

Parmi les bienfaits du digital in store, la fluidification du passage en caisse est un élément essentiel. Selon les outils mis en place, vous pouvez arriver à réellement favoriser l'achat (et donc augmenter vos ventes). Vos clients arrivent alors à dépasser facilement les freins et contraintes liés à l'acte d'acheter.

**5. Réinventer et individualiser la relation client**

Vous êtes en mesure d'offrir à chacun une approche individualisée tenant compte de ses besoins et attentes. Au nombre des bénéfices du digital pour votre boutique, l'approfondissement de la relation client est crucial.

**6. Augmenter l'attractivité du point de vente**

Reboostée par les différents outils digitaux, votre boutique va gagner en attractivité. Les avantages du numérique vont convaincre davantage de consommateurs. Le trafic de votre magasin va en ressentir les effets.

## DOC. 1 / Les bénéfices du digital pour votre boutique (suite)

**7. Valoriser l'image de l'enseigne**

Digitaliser son point de vente lui donne un coup de jeune et le rend plus dynamique aux yeux des acheteurs potentiels. Les bénéfices du digital pour votre boutique vont lui permettre d'accroître sa notoriété et son image de marque.

**8. Dépasser les murs de la boutique physique**

Un point de vente qui se connecte, c'est un espace ouvert 24 h/24 7 j/7 partout dans le monde. L'un des bienfaits du numérique est donc bien d'offrir au commerce physique de transcender les contraintes et les limites de ses 4 murs.

**9. Améliorer l'efficacité des offres commerciales**

Une digitalisation permet de connecter tous les canaux et médias. Cette configuration omnicanale améliore les performances de vos opérations commerciales. Votre communication et votre marketing disposent alors d'une meilleure diffusion et d'une valorisation optimisée.

**10. Accroître le panier d'achat moyen et les ventes additionnelles**

Parce qu'il améliore l'expérience d'achat et la performance commerciale, le digital entraîne une hausse du panier moyen ainsi que des ventes supplémentaires. Facilitant le shopping du consommateur, celui-ci achète davantage. L'avantage du numérique porte ainsi clairement sur le volume et la valeur de vos ventes.

**11. Proposer de nouveaux services à la clientèle**

Le digital in store permet la mise en place de très nombreux outils et services profitables à la clientèle : borne interactive, système de fidélité cross canal, personnalisation des produits, vendeur augmenté, essayage virtuel, tablette numérique de paiement, notification push, géolocalisation indoor, click & collect, livraison à domicile…

**12. Animer et dynamiser le magasin**

Bouleversant le modèle traditionnel, le numérique offre du mouvement, de l'interactivité et de la modernité. On entre alors dans une logique de retailtainment où le consommateur s'amuse et joue avec les solutions digitales à sa disposition.

**13. Optimiser le parcours client**

Parce qu'il va vous permettre de mieux gérer vos stocks, de mieux connaître les goûts de votre clientèle et de bien gérer votre merchandising, le digital améliore les parcours d'achat. Il les rend plus efficaces, plus fluides et plus rapides.

**14. Fluidifier la gestion du commerce**

Les outils digitaux améliorent le pilotage de votre activité, de la gestion des stocks, au paiement, en passant par le marketing ou la GRC (gestion de la relation client).

**15. Se différencier de ses concurrents**

Les clients sont friands de ces nouveaux outils qui vous permettent de vous démarquer de votre concurrence. Vous boostez la personnalisation de votre offre, son accessibilité, votre réactivité…

D'après www.tactill.com, 3 octobre 2017.

# Synthèse

## Optimiser l'implantation de l'offre

### Les critères d'allocation du linéaire

- **La répartition de la surface de vente entre les rayons et familles de produits** varie selon leur fréquentation et les performances financières de chaque rayon, l'image, la politique du magasin.
- **Le coefficient d'occupation des sols (COS)** mesure l'encombrement de la surface de vente en déterminant la place accordée aux allées.

$$COS = \frac{\text{linéaire au sol en } m^2}{\text{surface de vente en } m^2}$$

- **Les critères de répartition des familles de produits dépendent de la nature des achats.**
- **Les contraintes d'implantation des produits en rayon** dépendent de normes fixées selon la catégorie de magasin concernée, la part des dépenses des ménages consacrée à chaque catégorie de produit, le choix de la politique commerciale de l'enseigne.

### L'adaptation du linéaire dans le temps et en fonction de sa rentabilité

- **Les analyses de rentabilité :** CA, marge et part de marché permettent de faire évoluer la surface accordée à chaque rayon.
  **Rendement au mètre linéaire = CA/surface de vente en $m^2$**
- **Les indices de sensibilité :** comparent le CA et la marge du rayon ou d'un produit au linéaire accordé afin de vérifier si le produit occupe suffisamment ou insuffisamment de place dans le rayon.
  **Indice de sensibilité au chiffre d'affaires ou à la marge = (CA ou marge du produit/CA ou marge du rayon)/(Linéaire accordé au produit/Linéaire du rayon) × 100**
  *OU* **IS CA ou marge = (% CA ou % Marge d'une référence/% Linéaire développé accordé à la référence) × 100**
  **Nouveau linéaire = Linéaire total actuel × % marge ou % CA**
  *OU* **Nouveau linéaire = Ancien linéaire de la catégorie de produit × IS marge ou IS Ca ou IS moyen de la catégorie de produit.**

# Vers l'examen

**Objectif : Se préparer à l'évaluation de la sous-épreuve E42 Animation et dynamisation de l'offre commerciale.**

## Optimiser l'implantation de l'offre de l'unité commerciale physique et/ou virtuelle

Sur votre lieu de stage en entreprise, vous allez analyser l'implantation de l'offre d'un rayon ou d'une partie d'un rayon de votre unité commerciale physique et/ou virtuelle.

1. **Vous pouvez collecter vous-même les informations nécessaires (plan merchandising, résultats du rayon (CA, panier moyen, volume des ventes, fréquentation du rayon…)) ou solliciter un rendez-vous avec votre tuteur ou le responsable du rayon ou du point de vente selon la taille de votre entreprise.**
2. **Réaliser l'analyse de l'implantation actuelle du rayon ou sous-rayon choisi. Pour cela, vous effectuerez les calculs appropriés (indices d'attractivité du rayon, indices de sensibilité…).**
3. **Présenter les résultats chiffrés dans un tableau de bord. Analyser les performances de l'implantation actuelle.**
4. **Formuler des préconisations à son tuteur en vue d'améliorer les performances du rayon si nécessaire (exemples : calcul du nouveau linéaire à réimplanter, animation du rayon, nouvelle signalétique…).**

**Fiche d'identité de votre entreprise**

| | |
|---|---|
| Nom de l'entreprise | |
| Adresse | |
| Responsable de l'unité commerciale | |
| Gammes de produits proposés | |
| Rayon choisi pour l'analyse | |

**Tableau de bord**

| Indicateurs de performance | Données de la période précédente | Données de la période actuelle | Écarts | Commentaires |
|---|---|---|---|---|
| Indice de passage | | | | |
| Indice d'attention | | | | |
| Indice d'attractivité | | | | |
| Indice de sensibilité | | | | |
| … | | | | |

CHAPITRE 9

# Proposer et organiser des animations commerciales et des opérations promotionnelles

## Contexte professionnel

Vous effectuez actuellement votre période de stage en entreprise au sein de l'enseigne de grande distribution Cora. Vous êtes rattaché(e) à l'hypermarché Cora de Metz Technopôle. Ce magasin vient de rouvrir après plusieurs mois d'importants travaux de rénovation. Cette période de réouverture est riche en matière d'animations commerciales et d'opérations promotionnelles.

À votre arrivée en stage, votre tuteur, directeur du magasin, vous charge d'analyser les opérations commerciales mises en place à l'occasion de cette réouverture, de les caractériser, et d'envisager l'évaluation de leur efficacité afin de vous permettre d'organiser une prochaine opération.

### Vos missions

1 Comprendre les enjeux d'une opération commerciale

2 Caractériser une opération promotionnelle

3 Comprendre la réglementation

**Vidéo**

L'Oasis Fruit Show

**lienmini.fr/30541-oasis**

# Vos missions

## MISSION 1 Comprendre les enjeux d'une opération commerciale

Annexes 1 et 2 | Ressource 1

Votre tuteur, le responsable du point de vente, vous remet un dossier concernant les supports de communication de l'opération promotionnelle « Gros volumes ». L'objectif est de découvrir les principes de cette opération ainsi que ses enjeux pour le point de vente et les moyens de communication employés avant de distinguer les autres types d'opérations commerciales créés par l'enseigne.

1. Identifiez l'intérêt de l'annexe 1.
2. Identifiez qui est à l'initiative de cette opération et déterminez-en la cible.
3. Citez les objectifs d'une telle opération commerciale pour le producteur d'une part et pour le distributeur d'autre part.
4. Relevez les supports de communication utilisés dans le cadre de cette opération promotionnelle.
5. Indiquez quelles sont, selon vous, les conditions de réussite d'une telle opération commerciale.

## MISSION 2 Caractériser une opération promotionnelle

Annexe 4 | Ressource 2

Le point de vente met également en œuvre des opérations promotionnelles afin de dynamiser ses ventes. Votre tuteur vous demande donc d'étudier en détail ces opérations ainsi que leurs limites.

1. Expliquez le principe de chaque opération promotionnelle présentée par les visuels.
2. Définissez la notion d'opération promotionnelle.
3. Identifiez qui est à l'initiative de ces opérations promotionnelles.
4. Précisez quel est, selon vous, le type de promotion le plus apprécié par le client et pourquoi. Précisez ensuite quelles peuvent être les limites de cette pratique fréquente.

## MISSION 3 Comprendre la réglementation

Annexes 1, 5, 6, 7 et 8 | Ressource 3

La mise en œuvre des opérations d'animation commerciale et des opérations promotionnelles suppose le respect de règles notamment d'ordre réglementaire. Vous disposez des principaux textes liés à ce type d'opération fournis par le responsable du point de vente qui vous demande d'en dégager les intérêts et d'en faire la synthèse.

1. Relevez les informations obligatoires sur le support de communication de toute opération promotionnelle.
2. Présentez de façon synthétique les règles applicables aux animations et opérations promotionnelles.
3. Expliquez pourquoi les animations commerciales et opérations promotionnelles sont réglementées.

ANNEXE 1

## Opération commerciale « Gros volumes » – Recommandations du réseau

**Dates de validité :** Du 13/10/2018 au 03/11/2018 inclus.

**Points de vente concernés :** Tous les points de vente de la région Grand-Est.

**Communication :** Diffusion du prospectus gratuitement dans les boîtes aux lettres de la zone de chalandise à partir du 10/10/2018 ; Page *Facebook* des points de vente la veille du lancement de l'opération promotionnelle ; Newsletter envoyée la veille par e-mails aux clients détenteurs d'une des cartes de fidélité du point de vente ; affichage sur panneaux publicitaires sur le chapiteau extérieur et en bordure de routes à proximité des points de vente durant toute l'opération ; affichage dans le point de vente durant toute l'opération.

**Fonctionnement :** Opération « Gros volumes » sous chapiteau situé sur le parking des points de vente avec disposition des produits également dans les rayons respectifs du point de vente. Dans la limite des stocks disponibles.

**Suivi :** mesure des performances grâce aux outils quantitatifs (CA, marge, panier moyen, fréquentation) et comparatif magasins de la région.

ANNEXE 2

## Les supports de communication de l'opération « Gros volumes »

**Page Facebook**

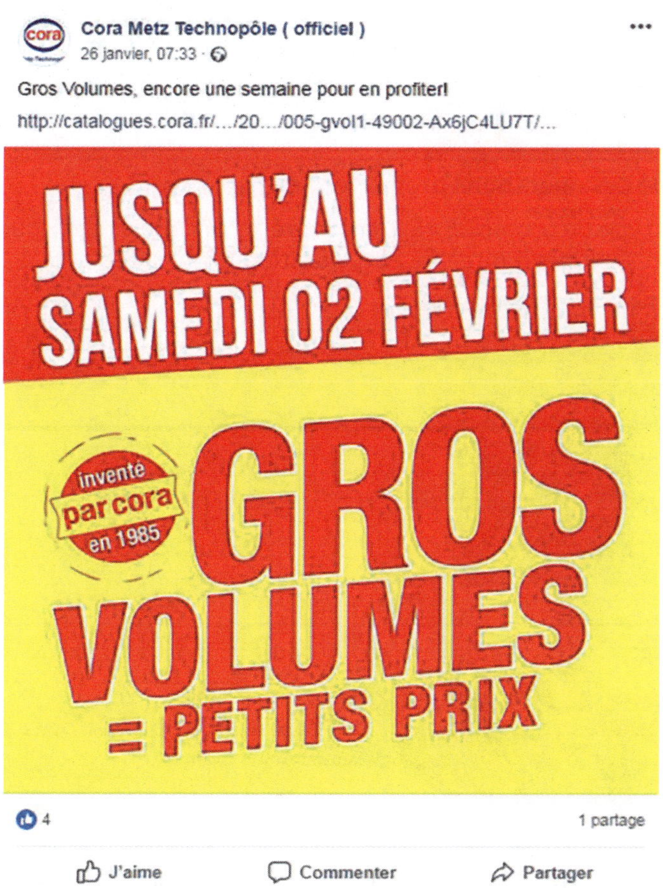


**Prospectus distribué dans les boîtes aux lettres de la zone de chalandise**

ANNEXE 3

## Différentes opérations promotionnelles

1

2

3

4

5

6

7

8

ANNEXE

## 4 La réglementation applicable aux loteries et jeux-concours

L'article L.121-36 du Code de la consommation précise que les **loteries avec obligation d'achat ne sont illicites que dans la mesure où elles sont déloyales**, au sens de l'article L.120-1 du Code de la consommation.

Par conséquent, il peut exister une **loterie avec une obligation d'achat** si elle n'est pas déloyale aux consommateurs.

La loi n° 2014-1545 du 20 décembre 2014 a modifié le droit français relatif aux **loteries publicitaires et jeux-concours** pour le mettre en harmonie avec le droit communautaire, et simplifie ainsi l'organisation de ces opérations.

La validité d'une opération de loterie est donc uniquement appréciée au regard de son caractère loyal ou non.

[...] le non-respect de la réglementation relative à la protection des données personnelles (collecte déloyale et disproportionnée au but recherché, etc.) et non respect de la réglementation de la Commission Nationale de l'Informatique et des Libertés (CNIL). Pour le surplus, il faut prendre en compte le contenu de l'article L 120-1 du Code de la consommation.

www.entreprises.cci-paris-idf.fr

ANNEXE

## 5 La réglementation applicable aux ventes par lot ou ventes jumelées

La vente par lot est encadrée par la loi dans le cadre de l'article Loi 122-1 du Code de la Consommation relatif au refus de vente. Celui-ci stipule notamment qu'« il est interdit de subordonner la vente d'un produit à l'achat d'une quantité imposée ou à l'achat concomitant d'un autre produit ou d'un autre service ».

www.definitions-marketing.com

ANNEXE

## 6 La réglementation applicable aux avantages en nature ou aux ventes avec prime

L'**article L. 121-19 du Code de la consommation** dispose qu'« est interdite toute vente ou offre de vente de produits ou de biens ou toute prestation ou offre de prestation de services faite aux consommateurs et donnant droit, à titre gratuit, immédiatement ou à terme, à une prime consistant en produits, biens ou services dès lors que la pratique en cause revêt un caractère déloyal au sens de l'article L. 121-1 » du Code de la consommation.

**Un produit, un bien ou un service remis lors de la conclusion d'un contrat de vente entre un professionnel et un consommateur.**

Une prime est un produit, un bien ou un service (exemples : une montre, une cheminée, une vidange, un appareil photo, etc.) remis en sus à l'occasion d'une vente d'un produit, d'un bien meuble ou immeuble (exemples : équipement automobile, batterie de cuisine, café, maison individuelle, articles de pêche, etc.) ou d'une prestation de service (exemples : contrat d'assurance, contrat de transport, contrat de bail, etc.). [...]

**Un produit, un bien ou un service remis à titre gratuit**

La remise doit se faire à titre gratuit, c'est-à-dire n'entraîner aucun surcoût pour le consommateur. Ainsi, ne sont pas concernées les primes payantes et auto-payantes qui permettent à l'occasion de l'achat d'un produit, d'un bien ou d'un service de se voir proposer, moyennant un prix réduit, voire dérisoire, un produit, un bien ou un service supplémentaire (exemple : l'installation d'une box Internet pour un euro de plus).

**Il ne faut pas confondre « prime » et « cadeau ».** Un cadeau est un produit ou un service accordé à toute personne, sans obligation d'achat. Autrement dit, il peut être distribué indépendamment de tout contrat principal de vente (exemples : un transport gratuit ou une distribution de journaux gratuite, dès lors que cela ne s'accompagne d'aucune obligation d'achat).

www.inc-conso.fr

ANNEXE

## 7 La réglementation applicable aux techniques liées au prix

La réglementation actuelle résulte de l'article L.121-1 du Code de la Consommation sur les pratiques commerciales trompeuses et s'appuie sur les principes suivants :

- une promotion est toujours pratiquée par rapport à un prix de référence clairement mentionné ;
- la pratique consistant à majorer un prix pour ensuite annoncer une promotion est interdite ;
- le prix de référence à prendre en compte est déterminé par l'annonceur doit pouvoir être justifié ;
- la publicité doit indiquer la durée de la promotion ou la date de son début et le volume de produits concerné. Elle doit aussi systématiquement indiquer le prix de référence.

Ces règles s'appliquent à la fois pour la vente en magasin et pour la vente à distance, notamment sur Internet.

La réduction de prix ne doit pas :

- entraîner une revente à perte, c'est-à-dire une revente du produit à un prix inférieur à son prix d'achat ;
- constituer une pratique de prix abusivement bas ou bien encore une pratique de prix d'appel (annonce de bas prix sur des produits de marque qui sont soit indisponibles, soit disponibles en quantité très insuffisante par rapport à la demande générée par la promotion).

Attention : dans certains cas, notamment pour les livres, le montant de la réduction est limité par des dispositions légales.

www.entreprises.cci-paris-idf.fr

# 1 L'organisation d'une opération commerciale

Les opérations promotionnelles constituent une pratique courante dans les unités commerciales physiques et virtuelles, les animations commerciales sont une forme particulière. Elles peuvent être mises en œuvre à l'initiative du distributeur ou du producteur, séparément ou conjointement.

## 1 Définition et enjeux

### 1.1 Définition

Une animation commerciale désigne les techniques mises en œuvre dans le point de vente ou en dehors afin de promouvoir un produit, un univers, un point de vente qui permettent de dynamiser l'offre de produits et de services par la présence d'un animateur qui « pousse » le produit vers le consommateur (stratégie *push*, contrairement à la publicité qui est une stratégie pull visant à attirer le consommateur vers le produit).

La promotion des ventes désigne une modification temporaire de l'offre sous la forme d'un avantage supplémentaire portant sur le prix, le produit ou un bénéfice accessoire afin d'augmenter les ventes à court terme grâce à une offre portant sur un modèle ou une ligne de produits destinée à une cible réduite. Afin d'être efficace, elle doit être réfléchie, programmée, limitée dans le temps, exceptionnelle ou occasionnelle, cohérente avec la stratégie de l'unité commerciale et contrôlée durant l'opération et *a posteriori*.

### 1.2 Enjeux et cible

**a. Les opérations commerciales destinées au consommateur permettent de :**

- Théâtraliser l'offre car l'animation suppose d'occuper un espace visuel et sonore ;
- Faire connaître un nouveau produit, le faire tester, augmenter les ventes à court terme et souvent de diminuer le frein lié au prix et écouler les stocks ;
- Créer du trafic dans un point de vente (physique et en ligne) et augmenter la fréquentation du point de vente ;
- Conquérir de nouveaux clients ;
- Déclencher des achats d'impulsion ;
- Augmenter le panier moyen ;
- Favoriser un nouvel achat, le renouvellement du produit, fidéliser le client et communiquer ;
- Augmenter la notoriété d'un point de vente, forger une réputation, relayer les évènements sur les réseaux sociaux qui seront ensuite partagés et commentés.

**b. Les opérations commerciales destinées au distributeur**

L'objectif du producteur est de se faire référencer dans les points de vente, augmenter le volume des ventes et écouler ses produits, obtenir davantage de place dans les linéaires, conforter sa position concurrentielle. Le producteur peut fournir les éléments de l'opération promotionnelle au distributeur (exemple : matériel de théâtralisation de l'offre, kit d'animation, formation du personnel du distributeur…) et il peut créer un challenge entre distributeurs.

**c. Les opérations commerciales destinées à l'équipe commerciale**

Le producteur stimule, motive et anime la force de vente afin qu'elle augmente le volume et accélère la prise de commandes et ainsi fidélise les distributeurs et lutte contre les opérations des concurrents (Exemple : lors d'un challenge commercial des places de cinéma ou des chèques cadeaux sont offerts aux meilleurs commerciaux du point de vente).

## 2 Étapes de mise en place

### 2.1 Organisation sur le point de vente

La mise en place d'une animation commerciale est planifiée des mois à l'avance, voire pour l'année entière par le réseau d'unités commerciales. Elle respecte les étapes suivantes :

1. Définition des objectifs de l'opération commerciale, de sa durée et de la période de réalisation
2. Choix des produits ou marques à mettre en avant
3. Choix du type d'animation commerciale à mettre en œuvre

Si l'animation se déroule en dehors de l'espace de vente et déborde sur la voie publique, une demande doit être déposée auprès de la mairie (la réponse peut prendre jusqu'à trois mois), tout comme pour l'affiche sur la voie publique. Si l'animation se déroule sous un chapiteau sur le parking du point de vente, une demande d'ouverture peut être demandée aux pompiers. Si l'animation a lieu dans un centre commercial, elle doit respecter le règlement intérieur du centre.

4. Communication sur les différents supports (magazine de l'entreprise, prospectus, site internet, réseaux sociaux, médias, affichage extérieur...).
5. Mise en place de l'opération avec détermination des emplacements en point de vente et/ou à l'extérieur
6. Suivi des performances de l'opération d'animation commerciale.

### 2.2 Communication

Les opérations promotionnelles doivent être annoncées et préciser la période de l'opération ou les dates de début et de fin. Les supports sont multiples :

- Dans le point de vente : publicité sur le lieu de vente, annonce sonore, écrans en magasin, chariot, affiche, ticket de caisse...
- En dehors du point de vente : catalogue papier ou électronique, newsletter, e-mailing, sms-mailing, affichage, presse, radio...

## 3 Techniques et outils

### 3.1 Les opérations promotionnelles des UC physiques et virtuelles

Il existe une grande diversité de techniques de promotion des ventes qui peuvent se cumuler. Elles doivent être choisies en cohérence avec la stratégie de l'unité commerciale et le cycle de vie du produit.

| Techniques de promotion des ventes |
| --- |
| **Les techniques liées au prix**<br>Le produit est proposé à un prix temporairement inférieur. Elles sont les plus utilisées et les plus recherchées par les clients. Elles réduisent le frein lié au prix et peuvent permettre de fidéliser le client.<br>Il s'agit de : **réduction de prix immédiate, offre de remboursement, bon de réduction, ventes privées, jours d'achat spéciaux, offre sur carte de fidélité, sur-classement, vente par lot ou vente groupée, vente jumelée, reprise, soldes.** |
| **Les techniques liées aux avantages en nature ou les ventes avec prime :**<br>elles offrent gratuitement des objets ou services complémentaires lors de l'achat d'un produit principal.<br>Leur efficacité vient de la sensibilité de l'individu face à l'idée de « cadeau ».<br>Il s'agit de : **gratuité d'un produit, prime directe, prime différée, prime produit en plus (ou produit girafe), prime auto payante, prime contenant.** |
| **Les techniques d'essai :** Il s'agit de l'essai **produit.** |

### 3.2 Les animations commerciales des UC physiques et virtuelles et le rôle de l'animateur

| Techniques d'animation commerciale |
| --- |
| **Les techniques liées au prix**<br>Le produit est proposé à un prix temporairement inférieur. Elles sont les plus utilisées et les plus recherchées par les clients. Elles réduisent le frein lié au prix et peuvent permettre de fidéliser le client.<br>Il s'agit de : **l'offre spéciale ou vente flash, l'offre spéciale web.** |
| **Les techniques liées aux avantages en nature ou les ventes avec prime**<br>Elles offrent gratuitement des objets ou services complémentaires lors de l'achat d'un produit principal.<br>Leur efficacité vient de la sensibilité de l'individu face à l'idée de « cadeau ».<br>Il s'agit de : **la gratuité d'un produit ou la distribution de cadeaux.** |

| Techniques d'animation commerciale (suite) |
|---|
| **Les techniques d'essai**<br>Visent à lever le frein à l'achat (peur ou inhibition) lié à la nouveauté du produit et à se familiariser avec le nouveau produit. Il s'agit de : **la dégustation ou la démonstration, l'essai produit, l'échantillonnage.** |
| **Les techniques liées aux jeux**<br>Offrent la possibilité de gagner des prix en argent, marchandises ou cadeaux. Ces techniques permettent de soutenir les ventes, de maintenir la notoriété d'une gamme de produits, de motiver l'équipe commerciale et d'entretenir la relation avec le client. Il s'agit de : **jeu concours, loterie, jeu animation.** |

L'animateur est chargé de faire la promotion évènementielle de produits ou marques selon les objectifs fixés par le distributeur ou le producteur. Il travaille en lien avec les unités commerciales et est en contact avec la clientèle dans le point de vente ou en dehors. L'animateur doit :

- Établir un plan d'action commerciale et mettre en place l'animation (mise en valeur de l'offre afin d'en assurer la visibilité en rayon, installation du stand d'animation, préparation des produits de démonstration...).
- Présenter le produit et ses caractéristiques, en faire la démonstration ou la dégustation, distribuer des échantillons ou des coupons de réduction...
- Attirer un maximum de clients et maximiser les ventes du produit. Cela nécessite d'avoir un bon relationnel, de savoir identifier le profil du client, ses besoins et attentes et savoir argumenter. Il peut être aidé par les équipes commerciales du point de vente qui poursuivent l'animation dans les rayons.

## 4 La prise en compte du cycle de vie du produit dans le choix des opérations promotionnelles

Le cycle de vie du produit doit être pris en compte dans le choix des opérations promotionnelles mises en place.

| Étapes du cycle de vie du produit | Objectifs commerciaux à atteindre | Exemples de techniques promotionnelles pertinentes |
|---|---|---|
| Lancement | Faire connaître, faire essayer le produit | Échantillonnage, reprise de l'ancien en contrepartie de l'achat du nouveau produit, techniques d'essai, offre spéciale... |
| Croissance | Soutenir les ventes du produit | Bon de réduction, réduction de prix immédiate, vente par lot, techniques liées aux jeux... |
| Maturité | Soutenir les ventes du produit et fidéliser le client | Offre de remboursement, prime produit en plus, réduction de prix immédiate, techniques liées aux jeux... |
| Déclin | Relancer les ventes du produit, liquider le stock, lutter contre de nombreux concurrents | Réduction de prix, vente par lot, reprise de l'ancien produit... |

## 5 Les limites des opérations promotionnelles

La multiplication des opérations promotionnelles oblige les unités commerciales à être plus créatives. Des coûts supplémentaires sont induits : communication, fabrication des échantillons, conditionnement spécifique, logistique et approvisionnement...

Certains clients diffèrent leurs achats en attendant l'opération promotionnelle.

La fréquence importante des opérations liées au prix risque de déprécier la valeur de l'offre initiale et l'image de marque des produits.

# 2 La réglementation des animations commerciales et des opérations promotionnelles

Les animations commerciales et les opérations promotionnelles sont encadrées légalement, notamment par le Code de la consommation (article L.121-11) et des règlements européens. Les dispositions légales s'appliquent aux unités commerciales physiques et virtuelles.

## 1 Réglementation applicable

| | |
|---|---|
| Loteries et jeux-concours | Ils sont généralement sans obligation d'achat ni participation financière, mais cela n'est illicite que si l'obligation d'achat est déloyale.<br>En cas de lot de valeur importante dans une loterie, il est conseillé de faire appel à un huissier de justice pour la rédaction d'un règlement et le tirage au sort. |
| Ventes par lot ou ventes jumelées | Les produits du lot doivent pouvoir être achetés séparément, exception faite des produits dont l'usage est de les vendre en pack (*exemple :* les yaourts). |
| Techniques liées aux avantages en nature ou les ventes avec prime | Un cadeau est un produit ou un service accordé à toute personne, sans obligation d'achat, attribué indépendamment de tout contrat de vente.<br>Une offre de vente avec prime : un produit est remis à l'occasion d'une vente d'un produit ou d'une prestation de service. Elle est illicite si elle constitue une pratique commerciale déloyale. C'est une forme de vente publicitaire, elle ne doit pas être mensongère ni tromper le consommateur. |
| Techniques liées au prix | La réduction temporaire de prix par rapport à un prix de référence clairement mentionné est autorisée (période ou date de début et fin mentionnées sur la publicité, comme le volume initial de produits concernés ou l'expression «jusqu'à épuisement des stocks») et n'entraine pas de revente à perte, un prix abusivement bas ou prix d'appel sur des marques indisponibles ou en quantité très insuffisante par rapport à la demande générée par la promotion (l'unité commerciale devra se réapprovisionner). |
| Techniques d'essai et cadeau | La législation autorise la remise d'un objet en cadeau sans obligation d'achat. |

## 2 Recours possible pour le consommateur

Le consommateur qui pense être victime d'une pratique commerciale déloyale (trompeuse ou agressive) peut demander la nullité du contrat ou une indemnisation au professionnel.

## 3 Sanctions applicables

Ces pratiques sont punies par un emprisonnement de deux ans et d'une amende de 300 000 € pour les personnes physiques, 1 500 000 € pour les personnes morales (article 131-38 du code pénal). Des peines complémentaires sont prévues comme, par exemple, l'interdiction d'exercer une activité commerciale directement ou indirectement, pour une durée de cinq ans au plus pour les personnes physiques.

## 4 Évolutions de la réglementation

- **Loi Egalim : loi pour l'équilibre des relations commerciales dans le secteur agricole et alimentaire et une alimentation saine et durable.**
- **Taxation des achats en ligne.**

# Méthodes

# 1 Construire un plan d'action commerciale

*Une opération commerciale peut être décidée par le siège du réseau ou par l'unité commerciale. Si elle est à l'initiative du siège, l'UC doit suivre les instructions de programmation fournies.*

## 1 Les contraintes à prendre en compte

Une opération commerciale doit correspondre aux attentes du client et s'intégrer dans le calendrier des activités récurrentes de l'unité commerciale (exemples : la rentrée des classes, les soldes d'été et d'hiver, la semaine du blanc, l'anniversaire du point de vente…).

Les jours de mise en œuvre de l'opération sont généralement choisis parmi les jours de forte affluence.

## 2 La programmation de l'opération commerciale

### Avant l'opération commerciale

- Identifier les besoins en action promotionnelle en fonction des résultats d'activité (exemple : diminution du chiffre d'affaires d'un rayon ou d'un produit, diminution de la fréquentation du point de vente…), du niveau des stocks et des opérations commerciales des concurrents.
- Déterminer une cible, une ligne de produit, des objectifs à atteindre…
- Déterminer un budget, la durée de l'opération, les ressources matérielles et humaines nécessaires.
- Déterminer la ou les méthodes adaptées aux objectifs de l'opération commerciale, aux attentes du client.
- Vérifier la capacité des fournisseurs à assurer l'approvisionnement dans les quantités et délais fixés, définir les éléments de collaboration tels que le prix d'achat, les aides matérielles (exemple : les supports de théâtralisation de l'offre).
- Définir les indicateurs de performances adaptés.
- Définir le programme de communication et diffuser la communication à la date prévue.

### Pendant l'opération commerciale

- Animer l'opération commerciale (exemple : relayer l'action par message radio dans le point de vente, sur les réseaux sociaux).
- Approvisionner le stock régulièrement.
- Évaluer et analyser régulièrement les performances afin de proposer des actions correctives si nécessaire avant la fin de l'opération commerciale.

### Après l'opération commerciale

- Évaluer et analyser les résultats afin de proposer des points d'amélioration dans le cadre d'une future opération commerciale.

www.agriculture.gouv.fr

## 3 Concevoir un plan d'action commerciale

Le plan d'action commerciale est un document interne à l'entreprise qui détaille l'ensemble des actions commerciales (promotion, animation, communication, mercatique directe…) mises en œuvre sur une période donnée pour atteindre les objectifs commerciaux de l'entreprise. Il permet de se prévoir les différentes actions, de les planifier et de vérifier la conformité entre les choix et résultats obtenus et les prévisions.

Il peut être présenté sous la forme d'un tableau.

| Étapes | Responsable | Budget alloué | Période | Objectifs quantitatifs et/ou qualitatifs à atteindre | Indicateurs de suivi | Résultats obtenus |
|---|---|---|---|---|---|---|
| **Participation à un salon professionnel** | Monsieur X Chef de projet | 20 000 euros. | Du 20/01/2020 au 31/01/2020 | Rencontrer des prospects particuliers et professionnels. Trouver 200 nouveaux contacts potentiels. | Nombre de visites sur le stand par jour et au total. Nombre de contacts potentiels | Nombre de prospects contactés suite au salon. Nombre de ventes réalisées au salon et suite au salon. |
| **Amélioration des performances en matière de prospection.** | Madame Y Commerciale terrain | | Du 01/03/2020 au 30/03/2020 | Augmenter le nombre de visites de prospection et améliorer leur efficacité en ciblant davantage les prospects et en augmentant les ventes. | Nombre de visites de prospection par commercial et par jour | Nombre de ventes réalisées par commercial, par jour et au total. |
| **Réalisation d'une campagne de prospection par phoning.** | Monsieur Z Commercial sédentaire | 2 500 euros. | Du 15/02/2019 au 28/02/2020 | Trouver de nouveaux clients afin de faire connaître l'entreprise et ses produits et réaliser un maximum de ventes. | Nombre d'appels aboutis par commercial et par jour. | Nombre de ventes réalisées par commercial, par jour et au total. |

# 2 Évaluer la performance d'une animation commerciale ou d'une opération promotionnelle

L'évaluation régulière des résultats au cours de l'opération commerciale permet de proposer des actions correctives si nécessaire afin d'en améliorer l'efficacité.

## 1 Contrôler la performance commerciale

- Évaluer le nombre de produits vendus et le comparer à une période hors promotion
- Évaluer le nombre de personnes ayant acheté pour la première fois le produit
- Calculer le taux d'évolution des ventes ou du chiffre d'affaires d'un produit

$$\textbf{Taux d'évolution} = \frac{\text{Valeur d'arrivée} - \text{Valeur de départ}}{\text{Valeur de départ}} \times 100$$

## 2 Contrôler l'impact

$$\textbf{Taux de retour d'un coupon} = \frac{\text{Nombre de coupons de réductions utilisés}}{\text{Nombre de coupons de réduction distribués}} \times 100$$

$$\textbf{Taux de retour d'une offre de remboursement différée} = \frac{\text{Nombre d'offres de remboursement envoyées}}{\text{Nombre de produits porteurs de l'offre de remboursement achetés}} \times 100$$

Contrôler l'évolution du nombre de personnes ayant augmenté leur consommation de ce produit.

L'élasticité de la demande par rapport au prix permet de vérifier si quand le prix diminue, la demande augmente. Elle mesure la sensibilité de la demander par rapport aux variations de prix.

$$e(d/p) = \frac{\text{Taux d'évolution de la demande (\%)}}{\text{Taux d'évolution du prix (\%)}}$$

| Résultat | Interprétation du résultat |
|---|---|
| En principe, l'élasticité est **négative** | Les variables varient dans le sens contraire : si le prix diminue, la demande augmente et inversement. |
| Si le **coefficient d'élasticité est positif** | Les deux variables varient dans le même sens : lorsque le prix augmente, la demande augmente et inversement. Cela est relativement rare. |
| Si **E D/P = 0** | L'élasticité est nulle : les variations de prix ne modifient pas la demande. |
| **Si E D/P est compris entre – 1 et 0** | La demande est faiblement élastique, la variation de prix a peu d'effet sur la demande. |
| Si **E D/P = – 1** | Les variations du prix et de la demande se compensent, le CA ne varie pas. |
| Si **E D/P est < – 1** | La demande réagit fortement à une variation de prix. Des promotions peuvent avoir des effets intéressants sur les ventes (exemple : les produits de loisirs non indispensables au consommateur). |

Dans la pratique, la demande est peu élastique si :
- le produit est banal, son prix est faible ;
- le consommateur ne veut ou ne peut se passer du produit ;
- il n'y a pas de produit de substitution.

***Exemple.*** *On a baissé le prix d'un produit de 20 € à 15 €. Les quantités vendues sont passées de 450 à 600 unités.* ***Une hausse du prix du produit de 1 % provoque une baisse de la demande de 1,32 %.***

$$\mathbf{e}(d/p) = \frac{(600-450)/450}{(15-20)/20} = -1{,}32$$

## 3 Contrôler la performance concurrentielle

$$\textbf{Part de marché en volume} = \frac{\text{Ventes en volume réalisées par le produit ou la marque}}{\text{Ventes en volume de tous les produits ou toutes les marques}} \times 100$$

$$\textbf{Part de marché en valeur} = \frac{\text{CA en euros réalisé par le produit ou la marque}}{\text{CA en euros de tous les produits ou toutes les marques}} \times 100$$

## 4 Contrôler la marge commerciale

**Marge commerciale unitaire** = Prix de vente unitaire Hors Taxes – Prix d'Achat unitaire Hors Taxes

**Marge commerciale globale** = marge unitaire × nombre de produits vendus

ou **Marge commerciale générée par l'opération** = CA HT × Taux de marque

## 5 Contrôler la performance financière

**CA généré par l'opération** = Nombre d'acheteurs × Panier moyen

**Marge commerciale générée par l'opération** = CA HT × Taux de marque

**Rentabilité de l'opération** = Marge – (Coûts techniques + manque à gagner)

Si le résultat est négatif, l'opération n'est pas rentable. L'efficacité peut être augmentée en nombre de clients et en montant des achats selon les objectifs de l'opération commerciale.

**Retour sur investissement ou ROI** = Marge dégagée par l'opération commerciale/Coût de l'opération

*Exemple : Si le ROI est égal à 0,80, cela signifie qu'un euro investi rapporte 0,80 centime, l'opération n'est pas rentable.*

**Seuil de rentabilité de l'opération en volume** = (Coût de l'opération/Taux de marque)/Prix de vente (ou panier moyen)

*Exemple : si le seuil de rentabilité est de 149.2, cela signifie que 150 ventes auraient permis de rentabiliser l'opération commerciale et que toute vente au-delà de ce seuil aurait dégagé un bénéfice.*

## 6 Choisir une animation commerciale ou une opération promotionnelle

Il s'agit de comparer différentes opérations promotionnelles envisagées par une unité commerciale ou une marque et de calculer leur rentabilité afin de déterminer celle qui sera la plus rentable et pertinente compte tenu des objectifs et de la cible visée.

# Applications

**VRAI/FAUX** Validez vos connaissances en cochant la bonne réponse puis justifiez oralement vos choix.

1. **La durée éphémère des opérations commerciales crée un sentiment d'urgence qui incite le consommateur à acheter davantage.** ☐ Vrai ☐ Faux
2. **Une animation commerciale désigne l'ensemble des techniques visant à promouvoir un produit, un univers, un point de vente mises en œuvre dans un point de vente physique.** ☐ Vrai ☐ Faux
3. **Lors d'un jeu-concours, les meilleurs dessins réalisés par les participants peuvent être classés par un jury composé de salariés du point de vente.** ☐ Vrai ☐ Faux
4. **Les opérations commerciales (animation et promotion des ventes) visent à développer les performances de l'espace commercial physique ou virtuel.** ☐ Vrai ☐ Faux
5. **Les consommateurs ne sont pas habitués aux actions promotionnelles et elles ont toujours l'effet de surprise escompté.** ☐ Vrai ☐ Faux

**VRAI/FAUX**

Retrouvez la suite en version interactive pour tester vos connaissances sur ce chapitre.
**lienmini.fr/30541-exo9**

## 1 Comprendre le *street marketing*

Samedi 19 mars 2016, Mr Propre a investi les rues de Paris. Le spécialiste de l'entretien était présent dans cinq quartiers de 10 h à 18 h. Diverses animations étaient proposées. Le dispositif a aussi été relayé dans divers points de vente en province.

1. **Présentez le principe de fonctionnement de l'opération présentée.**
2. **Expliquez ce qu'est le *street marketing*.**
3. **Citez quels peuvent être selon vous les objectifs des opérations de street marketing.**

### DOC. 1 / Monsieur Propre va à la rencontre des Parisiens

**Opération street *marketing* pour Mr Propre**

Le spécialiste de l'entretien a investi les rues de Paris samedi 19 mars 2016, de 10 h à 18 h. Dans cinq quartiers, étaient présentes des mascottes Mr Propre. Des panneaux passe-tête permettaient aux Parisiens de se prendre en photo avec le corps de Mr Propre. Ceux qui immortalisaient l'instant grâce à des panneaux passe-tête se voyaient remettre un fascicule, des coupons de réduction, ainsi qu'un gel nettoyant multi-usages de la marque. Pour les provinciaux, « *le dispositif a également été relayé in-store dans de nombreux points de vente à travers la France* », assure la marque dans un communiqué de presse.

**Un an de ménage à gagner**

En parallèle, la marque organise un concours sur sa page Facebook. En jeu : un an d'aide ménagère et divers lots de produits et goodies Mr Propre. Pour participer, les internautes devront poster une photo d'eux prise avec les panneaux passe-tête (à Paris ou en magasin) ou les montrant dans une situation qui illustre comment Mr Propre muscle le ménage. [...]

www.lsa-conso.fr, 22 mars 2016.

**Vidéo**

Les 9 meilleures animations de rue en 2014
**lienmini.fr/30541-animrue**

**Vidéo**

Des idées brillantes de *street marketing*
**lienmini.fr/30541-streetmarket**

## 2 Évaluer la rentabilité d'une opération promotionnelle

Un site de vente en ligne de vêtements pour homme décide de lancer une opération promotionnelle dans le but de dynamiser ses ventes durant une période de deux semaines. Les données chiffrées dans le document 1 concernent le produit faisant l'objet de la promotion.

**1. Interprétez le résultat de l'élasticité de la demande, puis calculez l'effet de cette promotion sur les ventes en volume du site de vente en ligne.**

**2. Calculez le nombre de produits à vendre afin de rentabiliser cette opération de promotion.**

**DOC. 1**

- Prix d'achat auprès du fournisseur : 17 €.
- Prix de vente hors période de promotion : 49 € HT.
- Pourcentage de remise durant la période de promotion : 20 %.
- Ventes en volume hebdomadaires hors période de promotion : 250 produits.
- Élasticité de la demande par rapport au prix durant la période de promotion : – 1,60

## 3 Choisir une opération commerciale

Vous effectuez votre stage en entreprise au sein d'un hypermarché d'une grande ville de province. Affecté(e) au rayon Produits frais, vous analysez les ventes de la semaine précédente et vous vous apercevez que les performances des yaourts sont en baisse (CA, panier moyen). Justement, une grande marque nationale de yaourts lance cette semaine une nouvelle saveur exotique « Aloé vera-litchi ». Votre tutrice vous laisse deux semaines pour dynamiser les ventes globales de votre rayon « yaourts ». Vous envisagez donc de mettre en place des opérations commerciales tout en tirant profit de ce lancement.

**1. Identifiez la cible qui sera visée et les objectifs de cette période d'opération commerciale.**

**2. Proposez des actions d'animation ou de promotion adaptées. Justifiez votre réponse.**

**3. Proposez des supports de communication adaptés au lancement de cette période d'opérations commerciales, ainsi que le calendrier de diffusion de cette campagne de communication.**

**4. Citez les actions qu'il vous semble nécessaire de mener avant, pendant et après l'opération afin d'en assurer le succès.**

**5. Votre tutrice vous communique les détails des deux opérations promotionnelles finalement envisagées sur une marque de yaourts du rayon (Document 1). Choisissez l'opération de promotion que vous mettrez en place à l'aide de calculs pertinents et de vos analyses.**

**DOC. 1** Détail des opérations commerciales

Durée de l'opération commerciale : 2 semaines.

Nombre de packs de 4 yaourts vendus hors promotion : 250 000 (pour deux semaines)

Prix public hors taxe hors promotion : 1,95 € le pack de quatre yaourts

Coût de fabrication d'un pack de 4 yaourts : 0,99 €

Le taux de marque moyen sur ce type de produit : 30 %.

**Opération d'animation 1 : Un jeu-concours**

Prix public : inchangé

Impact estimé sur les ventes : + 15 %

600 cartes cadeaux d'une valeur de 35 € HT

Autres frais liés à la mise en place du jeu-concours : 14 000 € HT

Lots à gagner : un voyage de rêve d'une valeur de 10 500 € HT.

**Opération promotionnelle 2 : Un bon de réduction immédiate en caisse**

Mise en place d'un coupon de réduction :

Réduction de prix effectuée pendant la promotion : 10 % sur le prix affiché

Impact estimé sur les ventes : + 20 %.

*Remarque : la rentabilité d'une opération de promotion des ventes peut être calculée de la façon suivante :*

*Rentabilité de l'opération, R = marge – (Coûts techniques + manque à gagner)*

# Synthèse

## Proposer et organiser des animations commerciales et des opérations promotionnelles

**Concevoir le plan d'action commerciale et programmer l'animation commerciale ou l'opération promotionnelle**
- Prévoir les moyens humains, matériels et financiers
- Prévoir les moyens de communication et diffuser l'information
- Prévoir les moyens de suivi des performances

↓

**Définir les cibles visées et les objectifs quantitatifs et qualitatifs à atteindre et la période de réalisation**
- La durée de l'opération doit être limitée dans le temps
- L'opération doit avoir un caractère exceptionnel
- L'opération doit avoir lieu dans le point de vente ou en dehors (penser aux autorisations à demander en mairie pour la communication sur la voie publique ou à la Préfecture pour le *street marketing*)
- L'opération doit faire l'objet d'une communication sur des supports adaptés

↓

**Choisir les types d'animations commerciales ou d'opérations promotionnelles à mettre en œuvre en fonction des objectifs à atteindre**
- Les techniques liées aux jeux, aux prix, aux primes, à l'essai…

↓

**Mettre en œuvre et animer les opérations d'animation ou de promotion en respectant les contraintes et la réglementation**

↓

**Analyser à l'aide d'indicateurs, les performances des animations et opérations promotionnelles durant leur réalisation et *a posteriori* afin de proposer des actions correctives**
- Performances commerciales
- Performances financières
- Performances concurrentielles…

# Vers l'examen

**Objectif : Se préparer à l'évaluation de la sous-épreuve E42 Animation et dynamisation de l'offre commerciale.**

## Proposer et organiser des animations commerciales et des opérations promotionnelles

Sur votre lieu de stage en entreprise, relevez l'ensemble de la documentation liée à une ou plusieurs animations commerciales et/ou actions promotionnelle (plan ou photographie d'un rayon ou d'un podium, calendrier de l'opération, supports de communication divers, données chiffrées sur les ventes réalisées, la fréquentation du point de vente, tableau de bord, résultats d'une enquête…).

1. **Vous pouvez collecter vous-même les informations nécessaires ou solliciter un rendez-vous avec votre tuteur ou le responsable du rayon ou du point de vente selon la taille de votre entreprise.**
2. **Présenter les caractéristiques de l'opération choisie.**
3. **Analyser l'efficacité de l'opération au niveau quantitatif et qualitatif.**
4. **Conclure quant à la pertinence du choix du type d'opération commerciale et conseiller l'entreprise si vous identifiez des points d'amélioration possible pour une future opération d'animation commerciale ou de promotion.**

**Caractéristiques de l'opération commerciale**

| |
|---|
| Nom de l'opération : |
| Type d'opération : |
| Cible : |
| Période : |
| Objectifs quantitatifs : |
| Objectifs qualitatifs : |
| Fonctionnement : |
| Etapes de mise en œuvre : |

**Évaluation de l'efficacité de l'opération**

| Au niveau quantitatif | Résultats et commentaires |
|---|---|
| Nombre de clients participant | |
| Nombre de produits vendus | |
| Taux de retour | |
| Marge | |
| **Au niveau qualitatif** | **Résultats et commentaires** |
| Satisfaction des clients | |
| Suggestions des clients | |
| Originalité de l'opération | |

COMPÉTENCE 4

# Mettre en place la communication commerciale

La **communication commerciale** est l'ensemble des messages émis par une entreprise vers une cible dans le but de favoriser la commercialisation d'un produit. Elle peut prendre différentes formes : classique lorsqu'elle s'appuie sur les médias à l'extérieur du point de vente ou sur des techniques du hors médias à l'intérieur du point de vente ; moderne lorsqu'elle repose sur les nouvelles technologies comme le digital.
Ce mix de communication va permettre d'exposer la cible à différents supports afin d'entretenir une relation entre la cible et l'enseigne et établir ainsi une interaction permanente.

**Vidéo**
Les moyens de communication
**lienmini.fr/30541-moyens**

## Sommaire

## Fiche d'identité

- **Secteur d'activité :** Commerce de détail, de vente en ligne et de proximité de produits alimentaires et non alimentaires
- **Date de création :** 1932
- **Localisation/siège :** 14-16 rue Marc Bloch 92110 Clichy
- **Champ d'activité :** International, 80 magasins à l'étranger
- **Forme juridique :** Société par actions simplifiée (SAS)
- **Effectif :** 21 868 collaborateurs
- **CA annuel HT :** 4,2 milliards d'euros
- **Implantation :** 632 magasins, dans 85 % des villes françaises de plus de 50 000 habitants

## Métier et concept

Du haut de son slogan « Vivement aujourd'hui », Monoprix c'est 4,2 milliards d'euros de chiffre d'affaires en 2012, une présence dans plus de 250 villes en France et surtout une image solidement retravaillée depuis plusieurs années, et qui ne cesse de s'améliorer.

Leader omnicanal du centre-ville, l'enseigne propose à ses clients une offre innovante et variée de produits et de services à travers trois formats d'enseigne : Monoprix, Monop' et Naturalia. Toutes partagent le même objectif : rendre le beau et le bon accessible à tous.

# CONTEXTE »

## MONOPRIX

### Histoire et valeurs clés

1932 : Création de l'enseigne et ouverture du premier magasin à Rouen
1947 : Premières marques propres
1950 : Lancement du libre-service
1986 : Lancement de Monoprix Gourmet
1990 : Apparition des premiers produits bio et lancement de Monoprix vert
1996 : Rachat de Prisunic
2005 : Lancement de Monop' et Monop'beauty
2008 : Ouverture du site monoprix.fr et rachat de Naturalia
2011 : Lancement de Monop'station
2013 : Prise de contrôle managérial par le Groupe Casino
2014 : Le cap du million de fans est franchi sur Facebook, faisant de Monoprix la marque la plus conversationnelle de son secteur.
2018 : Acquisition de Sarenza et alliance avec Amazon visant à proposer des produits alimentaires et beauté aux clients du service Amazon Prime Now à Paris et sa proche banlieue

**INFO** **Les services novateurs de l'enseigne**

- La carte Monoprix
- Le click and collect courses ou mode : livraison gratuite en magasin
- Le retour gratuit en magasin
- La livraison à domicile depuis le magasin
- Le contact au service client par email
- L'application mobile Jow pour remplir son caddie virtuel
- L'application Monop'easy : acheter et payer avec l'application sans passage en caisse

### Cible

L'enseigne Monoprix ne date pas d'hier mais de 1932, année lors de laquelle Max Heibronn décide de lancer un magasin à bas prix : Monoprix.
C'est en 2000, face à la concurrence, que l'enseigne décide de monter en gamme et de s'adresser à une cible plus « bobos urbains ». Son positionnement, basé sur la fraîcheur, l'assortiment et la qualité haut de gamme de l'ensemble des services offerts, permet à la marque de se différencier dans un secteur et un contexte plus que compliqué.

## Contexte organisationnel

Le management employé chez Monoprix est participatif. Tous les collaborateurs sont consultés et informés des décisions stratégiques de l'enseigne. Ils participent à la réflexion sur certains thèmes.

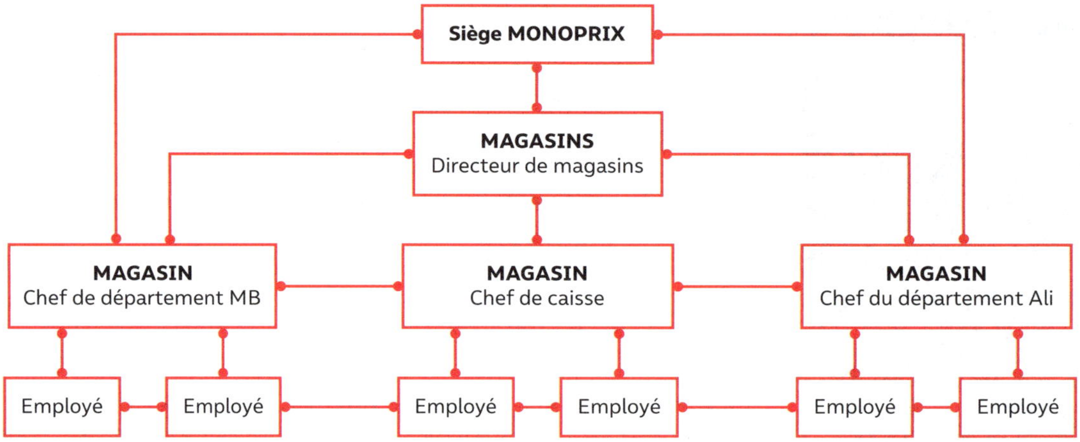


## Contexte économique

Leader sur le marché des distributeurs situés en centre-ville, l'enseigne ne cherche pas à proposer des produits à des prix bas comme la plupart des concurrents. Au contraire, pour conquérir de nouveaux clients et maintenir son développement, Monoprix a choisi de proposer des produits coup de cœur, des produits plaisirs afin de changer les habitudes du quotidien et rendre l'acte d'achat plus valorisant ; d'où le slogan actuel de l'enseigne « Monoprix, on fait quoi pour vous aujourd'hui » et des jeux de mots sur les différentes opérations de communication.

Les enseignes de la grande distribution, avec des formats plus réduits (supérettes ou supermarchés), dans les centres-villes, et notamment à Paris, sont en forte concurrence et les initiatives pour se démarquer ne manquent pas à la grande satisfaction des consommateurs : livraison à domicile, restauration sur place, ouverture 24H/24…

Paris a été verrouillée par les deux géants de la distribution que sont Carrefour (avec ses enseignes Carrefour, City, Express, etc.) et Casino (Casino, Franprix, Monoprix…).

## Contexte juridique

Monoprix est une société par actions simplifiée. Dans les années 1930, incités par la grande crise économique, Monoprix et Prisunic (créé par les Magasins du Printemps) se présentent comme les « magasins populaires » qui offraient des produits de qualité, à un prix abordable. Suite au rachat de la chaîne de magasins populaires Prisunic en 1997, Monoprix devient la première chaîne de grande surface de centre-ville. Cette acquisition permet à Casino et aux Galeries Lafayette d'entrer au capital de Monoprix avant de prendre le contrôle de l'enseigne à parts égales en 2000. En octobre 2013, le groupe Casino devient l'actionnaire majoritaire de Monoprix en rachetant les parts détenues par les Galeries Lafayette, initialement propriétaire.

CHAPITRE
# 10 Concevoir et mettre en œuvre la communication commerciale sur le lieu de vente

## Contexte professionnel

Dans le cadre de votre BTS, vous avez décidé d'effectuer votre stage de découverte en milieu professionnel au sein du groupe Monoprix. La responsable marketing au siège souhaite que vous découvriez les différentes formes de communication dans les points de vente émanant de la direction nationale mais également que vous mesuriez la capacité de liberté de chaque magasin. Pour cela, elle vous envoie dans un magasin de province, à Toulouse, et vous confie à son responsable afin que vous découvriez les formes de communication mises en place dans le point de vente. Il est en effet nécessaire que vous visualisiez les différents outils conçus par la marque pour entretenir et développer le flux de clientèle en magasin afin d'accroître les ventes.

**Vidéo**
Directeur de magasin
**lienmini.fr/30541-directeur**

### Vos missions

1. Découvrir une stratégie de communication unique en point de vente
2. Identifier les supports de communication sur le lieu de vente
3. Analyser une action de communication dans le point de vente

# Vos missions

## MISSION 1 Découvrir une stratégie de communication unique en point de vente

Annexes 1 et 2 | Ressource 1

**Lors de votre premier jour de stage, le responsable du magasin vous demande de vous imprégner de la communication de Monoprix au travers d'un dossier de presse qu'il vous a constitué. L'objectif est de découvrir l'essence de la communication chez Monoprix avant de découvrir le magasin.**

1. Identifiez le support sur lequel repose toute la communication de Monoprix depuis 10 ans.
2. Expliquez en quoi les emballages favorisent la communication dans le point de vente.
3. Identifiez les objectifs de communication de ce support.
4. Démontrez la cohérence entre ce choix de communication, le positionnement de l'enseigne et la cible visée.

## MISSION 2 Identifier les supports de communication sur le lieu de vente

Annexes 1 à 5 | Ressource 2

**Maintenant que vous avez compris le sens de la campagne de communication, vous allez vous intéresser aux moyens qui peuvent être utilisés pour communiquer dans le point de vente.**
**Vous êtes chargé(e) par le responsable du magasin d'en faire le tour afin d'élaborer une liste exhaustive des différents supports.**

1. Recensez les outils de communication utilisés par Monoprix dans ses points de vente. Puis :
   a. Distinguez les outils de communication initiés nationalement d'une part et localement d'autre part.
   b. Retrouvez les objectifs de communication de chacun des supports.
2. Analysez vos résultats.
3. Décrivez l'opération en magasin mise en place par Monoprix.
4. Expliquez en quoi ces différents outils de communication sont complémentaires.

## MISSION 3 Analyser une action de communication dans le point de vente

Annexe 5 | Ressources 2 et 3

**Le groupe Monoprix a décidé de mettre en place un nouvel outil pour animer ses vitrines.**
**Un partenariat va être mis en place avec un spécialiste de l'affichage en France : JC Decaux. Cette forme de communication n'occasionnera aucun investissement supplémentaire pour le groupe mais permettra de créer du trafic en magasin. Pour utiliser de manière profitable cette technique de communication, le recours au data est indispensable mais nécessite un respect d'une nouvelle règlementation européenne.**

1. Décrivez l'action de communication menée conjointement par Monoprix et JCDecaux.
2. Expliquez pourquoi cette technique n'engendrera aucun investissement supplémentaire pour Monoprix mais génèrera des recettes supplémentaires.
3. Décrivez comment vont être sélectionnées les données par JCDecaux.
4. Illustrez la phrase suivante « L'enseigne, elle, entend bien poursuivre sa stratégie de digitalisation, mais cette fois-ci à l'intérieur de ses magasins. »

ANNEXE

## 1 Les packs aux accroches malicieuses

Depuis sept ans, 2 000 jeux de mots habillent chaque année les paquets de l'enseigne. Et font réagir sur les réseaux sociaux. L'humour est devenu un véritable produit d'appel.

[…] C'est grande distribution de jeux de mots, chez Monoprix. Aucun emballage de produits maison n'échappe à ces petits messages pas toujours extra-fins, contrairement aux haricots verts, mais qui égaient la corvée de courses. L'enseigne de centre-ville a tenté ce pari osé à l'approche de ses 80 ans, en 2010, bousculant les codes habituels du packaging. Aux photos enjolivées du produit, aux dénominations emphatiques, se sont substitués des traits d'humour sur bandes colorées.

Cela a si bien réveillé le client – moult récompenses publicitaires l'attestent – que l'usine à blagues tourne à plein régime, depuis sept ans. Derrière le dentifrice pour dents blanches « *Woody haleine* », le « *Pané de la dernière pluie* », « *L'embarras de l'anchois* », « *L'ananas de ma vie* », se cache l'agence de pub Rosapark (qui a pris le relais d'Havas City fin 2011). Sa mission : fournir annuellement 2 000 slogans rieurs – un emballage est renouvelé tous les dix-huit mois en moyenne. […]

Car attention ! Le jeu de mots à visée commerciale doit être le « *reflet de la marque* », positif, sympathique, bienveillant, décalé, étonnant, ni trop facile ni trop choquant, surtout pas polémique, encore moins cynique.

« *Il déclenche un petit sourire,* tente Florence Chaffiotte, directrice marketing Monoprix. *La marque montre qu'elle ne se prend pas au sérieux et construit une relation, une connivence avec le client. Quand on fait de l'humour, on se met sur un pied d'égalité. Cela crée un attachement, donc une fidélité.* »

Pascale Krémer, www.lemonde.fr, janvier 2018.

ANNEXE

## 2 Le changement de stratégie de communication, il y a bientôt 10 ans

Au premier coup d'œil, on fait plutôt la grimace : des mots (beaucoup trop, beaucoup trop gros !), de larges bandes rayées, et des couleurs à n'en plus finir… Exit les photos de carottes sur les boîtes de carottes : chez Monoprix, les produits ne s'exhibent plus, ils nous parlent ! Aucune image, des mots, rien que des mots…

Et puis on finit par se dire que c'est pas si mal, voire même carrément génial.

Le but était d'apporter plus de lisibilité à sa marque distributeur d'entrée de gamme (produits MDD) : Monoprix a plutôt bien réussi. Un nouveau nom (« M » devient « Monoprix »), mais surtout une nouvelle identité visuelle, en rupture totale avec les codes du packaging.

/...

C'est osé, et courageux à la fois. Avec ce côté *Pop Art* très séduisant, les produits deviennent de véritables objets de décoration : on ne cache plus les boîtes de conserve au placard, on les expose sur les étagères de la cuisine. Mais le design peut sembler lourd et vite devenir indigeste pour le consommateur. Car si ce nouveau packaging habille de façon élégante les boîtes de tomates par exemple, le résultat est plus mitigé pour d'autres produits tels que le jambon, que l'on rangerait plus facilement dans une catégorie « 1^er^ prix ».

Osé, mais pas si risqué. En effet, la marque Monoprix reste cohérente avec sa politique de communication habituelle, puisque cela fait déjà quelque temps que ce style « bayadère » est utilisé dans ses publicités. Mais alors que précédemment Monoprix ne se distinguait de ses pairs de la grande distribution que par son alignement « haut de gamme », voici que la rupture est nettement consommée : on ne se contente plus de copier pâlement les marques nationales, on fait « bande » à part.

Tant bien même que l'on achèterait les produits « Monoprix » uniquement pour le plaisir de lire « *A poêle le boudin* » sur sa barquette de boudin noir, ou « *On a tous un côté fayot* » sur sa boîte de haricots blancs. 31 octobre 2010

www.communication-agroalimentaire.com

ANNEXE 3

## Une communication par l'intermédiaire d'un jeu en magasin

Pendant deux semaines, la marque lance une opération d'envergure dans ses magasins. L'idée ? Des produits Monoprix porteront un gain qui s'activera une seule fois et de façon aléatoire lors du passage en caisse. Des cadeaux uniques à l'image des 85 ans de la marque et toujours en lien avec les jeux de mots made in Monoprix : une semaine au Japon, un voyage en Floride, un saut en élastique, une bague de fiançailles ou encore des places pour Rock en Seine. À noter que les dotations ont été imaginées par les créatifs de Rosapark, liant très finement la campagne d'affichage aux cadeaux en jeu. Inversant ainsi le schéma habituel promotionnel où les dotations sont imposées dès le brief.

ANNEXE

## 4 Publicité et animations en magasin

**La PLV**

**Les stops rayons**

**Des animations locales en magasin**

**Les vitrines**

ANNEXE

## 5 Digitalisation des vitrines avec JCDecaux

Monoprix poursuit la digitalisation de ses points de vente. Au salon Viva Technology, qui se tient du 24 au 26 mai à Paris, l'enseigne des centres-villes a officialisé un partenariat avec JCDecaux pour le déploiement, fin juin, de 100 écrans d'affichage digitaux dans 100 magasins à Paris et en Ile-de-France, puis dans un second temps à l'échelle nationale. [...].

Particularité du dispositif : celui-ci s'articule autour de la data. La programmation des affichages publicitaires sera entièrement pilotée à partir des données transactionnelles fournies par Monoprix et des données extérieures, comme les prévisions météorologiques, que JCDecaux connecte en temps réel à son système digital de diffusion.

*« Les 100 magasins sélectionnés pour le déploiement représentent 3 millions de passages en caisse par semaine. C'est donc 3 millions de tickets dans lesquels nous allons exploiter des éléments fondamentaux pour proposer le bon data planning »*, explique Cyril Hucorne, en charge du data management chez JCDecaux. Au total, le dispositif va s'appuyer sur 500 millions d'unités de données fournies par l'enseigne en conformité avec la nouvelle réglementation RGPD.

Ces données seront traitées par les technologies propriétaires de planification de campagne et de contextualisation de JCDecaux. De quoi déterminer de manière dynamique quel est le créneau horaire le plus pertinent pour un annonceur et adapter le contenu du message selon le contexte. D'un magasin à l'autre, la programmation sera donc différente. Pas d'investissement et des revenus supplémentaires pour Monoprix.

Pour Monoprix, qui bénéficiera de 40 % du temps d'affichage, cette digitalisation représente deux sources de revenus supplémentaires : le trafic en magasin généré par les messages publicitaires et l'achat d'espace par les annonceurs dont le chiffre d'affaires sera partagé avec JCDecaux, mais dont la ventilation n'a pas été communiquée. Autre avantage : l'intégralité de l'investissement (hardware, software, pilotage et maintenance opérationnelle) dont le montant n'a pas été révélé est prise en charge par le spécialiste de l'affichage urbain. Par ailleurs, ni Monoprix, ni JCDecaux ne sera soumis à la taxe locale sur la publicité extérieure (TLPE) car les écrans se situent dans le magasin et non sur la voie publique.

Les campagnes seront lancées le 2 juillet prochain. Parmi les premiers annonceurs : L'or de Maison du café, les marques L'Oréal, Heineken, Mini ou encore Disney. Prix du ticket d'entrée : 35 000 euros nets pour sept jours sur l'ensemble des magasins Monoprix concernés. L'enseigne, elle, entend bien poursuivre sa stratégie de digitalisation, mais cette fois-ci à l'intérieur de ses magasins.

Juliette Raynal, www.usine-digitale.fr, 25 mai 2018.

# Ressources

## 1 Les objectifs de la communication commerciale

La communication commerciale peut poursuivre trois types d'objectifs :

### 1 Objectif cognitif : agir sur les connaissances

Il s'agit de faire connaître l'entreprise, ses produits et ses services.

**Exemples** : informer du lancement d'un nouveau produit, découvrir la nouvelle carte de fidélité, annoncer une semaine de promotion.

### 2 Objectif affectif : agir sur les sentiments

Il s'agit de faire aimer l'entreprise, ses produits et ses services.

**Exemples** : modifier l'image de l'entreprise, créer une préférence pour une marque, affirmer un positionnement.

### 3 Objectif conatif : agir sur les comportements

Il s'agit de faire agir le client.

**Exemples** : se rendre dans le point de vente, acheter un produit en promotion, participer à des ventes privées.

## 2 Les moyens et supports de la communication sur le lieu de vente

### 1 Le marchandisage (ou merchandising)

Le marchandisage est une technique de présentation des produits et d'aménagement du point de vente destinée à maximiser les achats.

Il concerne : la mise en avant des articles, l'assortiment, **la communication en magasin**, l'allocation de l'espace en linéaire en fonction de chaque produit, la circulation dans le point de vente.

Il a un rôle très important depuis l'essor de la vente en libre-service car le produit doit se vendre tout seul, sans l'intervention d'un vendeur. Il est donc indispensable que les marques, par l'intermédiaire de l'emballage, différencient leurs produits et attirent le consommateur en faisant preuve de créativité.

## 2 La publicité sur le lieu de vente

La publicité sur le lieu de vente (PLV) inclut tous les supports de communication publicitaire présents sur le lieu de vente, utilisés pour influencer le client au moment de l'acte d'achat.

L'information sur le lieu de vente (ILV) est un support de communication destiné à renseigner le client sur les caractéristiques et les services d'un produit ou d'un service rendu dans le magasin. L'ILV est plus rédactionnelle que la PLV.

| Les supports publicitaires | Les présentoirs | Le matériel lumineux | Les animations |
| --- | --- | --- | --- |
| • Affiches « classiques » intérieures ou extérieures<br>• Panneaux, pancarte<br>• Kakemonos<br>• Stops rayons<br>• Affichage chariot<br>• Vitrophanie : autocollants apposés sur les vitrines<br>• Séparateurs de caisse | • Présentoirs ou mobilier permanents ou de longue durée : îlot, tête de gondole<br>• Présentoir carton au sol ou de comptoir | • Enseigne<br>• Panneaux | • Écrans digitaux<br>• Bornes interactives<br>• Annonces magasin |

**Les objectifs de la PLV**

- Favoriser l'acte d'achat
- Mettre en valeur un produit ou une offre commerciale
- Animer l'espace de vente
- Faire connaître un nouveau produit
- Orienter le client
- Aider à mémoriser un message publicitaire

## 3 La promotion des ventes

La promotion des ventes ou « techniques promotionnelles » regroupe l'ensemble des techniques de stimulation des ventes organisées autour d'une offre temporaire à destination du consommateur final ou des distributeurs.

Les principales techniques utilisées dans le cadre de la promotion des ventes sont :

- les coupons ou bons de réduction ;
- les réductions de prix ;
- les jeux - concours ;
- les loteries ;
- les échantillons.

**Les objectifs de la promotion des ventes**

- Lancement de produit
- Destockage
- Dynamisation des ventes
- Création de trafic dans le point de vente
- Animation de réseau
- Référencement en grande distribution
- Image prix des enseignes

La promotion des ventes est notamment utilisée de façon intensive dans le domaine des produits alimentaires et PGC vendus en grande distribution. Souvent liées à des mises en avant du produit ou des PLV spécifiques, les opérations promotionnelles peuvent avoir un effet très important sur les ventes. À titre d'exemple, une promotion en tête de gondole peut, selon sa nature, multiplier les volumes de vente par 5.

Dans le domaine de la grande distribution, les opérations promotionnelles sont généralement négociées entre les marques nationales et les enseignes de distribution dans le cadre d'accords de trade marketing. Elles sont ensuite relayées par le biais des prospectus promotionnels.

Les techniques et communications utilisées dans le cadre de la promotion des ventes sont étroitement encadrées par la loi.

**JURIDIQUE**

**La réglementation actuelle résulte de l'article L.121-1 du Code de la Consommation sur les pratiques commerciales trompeuses et s'appuie sur les principes suivants :**
- **une promotion est toujours pratiquée par rapport à un prix de référence clairement mentionné ;**
- **la pratique consistant à majorer un prix pour ensuite annoncer une promotion est interdite ;**
- **le prix de référence à prendre en compte est déterminé par l'annonceur et doit pouvoir être justifié ;**
- **la publicité doit indiquer la durée de la promotion ou la date de son début et le volume de produits concerné. Elle doit aussi systématiquement indiquer le prix de référence.**

**La réduction de prix ne doit pas :**
- **entraîner une revente à perte, c'est-à-dire une revente du produit à un prix inférieur à son prix d'achat ;**
- **constituer une pratique de prix abusivement bas ou bien encore une pratique de prix d'appel (annonce de bas prix sur des produits de marque qui sont soit indisponibles, soit disponibles en quantité très insuffisante par rapport à la demande générée par la promotion).**

## 4 La mercatique directe (ou marketing direct)

« Le marketing direct est une démarche marketing qui consiste à collecter et à exploiter systématiquement dans une base de données des informations individuelles sur une cible et à gérer une transaction personnalisée ». (P. Desmet)

| Techniques | Définition et objectif | Avantages/inconvénients |
|---|---|---|
| **Le publipostage ou mailing**<br><br>**Le téléphone ou phoning**<br><br>**L'emailing** | Une campagne de marketing direct :<br>• propose un message personnalisé<br>• est adressée à partir d'un fichier (adresse, numéro de téléphone…)<br>• attend une réponse plus ou moins immédiate du destinataire<br>• permet de mesurer plus ou moins précisément les résultats obtenus (taux de réponse, taux de transformation, nombres et montants de commandes, etc.) | • Bon ciblage si le fichier de l'entreprise est bien tenu et mis à jour<br>• Possibilité d'argumentation et de valorisation du produit ou du point de vente<br>• Message très personnalisé<br>• Taux de remontée assez faible (de 1 à 3 % en moyenne)<br>• Coût plus élevé que les tracts, bien que réduit par rapport aux publicités médias. |
| **Le prospectus**<br><br>**Le flyer**<br><br>**L'imprimé sans adresse (ISA)** | Un prospectus est un imprimé publicitaire de pagination variable distribué directement de la main à la main, posé sur les pare-brises (flyers) ou le plus souvent, distribué de manière non adressée dans les boîtes aux lettres (Imprimé sans Adresse).<br>Les prospectus les plus utilisés sont les prospectus de la grande distribution. Les entreprises utilisent aujourd'hui le prospectus digital qui n'est pas imprimé mais qui est consultable sur un support digital (smartphone, tablette, ordinateur). | • Coût faible<br>• Bon ciblage géographique<br>• Document non personnalisé<br>• Une distribution parfois limitée par le système Stop Pub, programme mis en place pour lutter contre les imprimés non sollicités dans les boîtes aux lettres. |

## 5 Les vitrines

La vitrine est le premier contact avec la clientèle, c'est elle qui va « accrocher » la clientèle de passage (chaland), la séduire et l'inciter à entrer dans un magasin. C'est un vecteur de communication grâce au message qu'elle envoie. Il doit y avoir une cohérence entre l'offre proposée et la cible visée.

Elle va permettre de :
- communiquer sur l'offre, une promotion, une nouveauté ;
- développer les ventes d'un produit particulier, d'un service ou d'une famille de produits ;
- créer et nourrir l'image et la notoriété de votre point de vente.

Pour la rendre attrayante, elle nécessite une mise en scène étudiée et une juste valorisation des produits. Éclairage, animation, choix des coloris mais également des matériaux utilisés pour la façade extérieure… Sa durée de vie est variable selon le type de produit et le contexte commercial qui influence sa vente. Dans une pâtisserie, la vitrine de Pâques sera calée sur la période de ventes tandis que dans une boutique de jeux vidéo, elle sera calée et rythmée sur l'actualité du produit. L'agencement de la vitrine est toujours guidé par le message que l'on veut adresser au client. Selon la saison, la spécialité, l'évènement, l'offre du point de vente, on détermine le message approprié.

# 3 Le recours au datamining

Le datamining est un processus qui permet d'extraire des informations commercialement pertinentes et utiles à l'action marketing à partir d'une grande masse d'informations. Le terme *data* signifie en anglais « données ». Le datamining est l'exploration de ces données. Les études de datamining menées dans les entreprises ont des objectifs très variés.

Elles peuvent par exemple aboutir à :
- une **stratégie marketing différenciée** par types de clients grâce à l'élaboration d'une segmentation comportementale ;
- l'**optimisation de l'efficacité** des actions marketing et commerciales grâce à une segmentation stratégique ;
- une **efficacité accrue des campagnes marketing** : e-mailing, sms, réseaux sociaux… grâce au ciblage des clients à fort potentiel ;
- un **investissement commercial adapté et optimisé** grâce à une étude du potentiel de vente par zone géographique ;
- un **diagnostic de la relation clients** grâce à une analyse de posts sur les réseaux sociaux.

i JURIDIQUE

**L'utilisation des données personnelles est étroitement encadrée par la réglementation.**

**Une nouvelle réglementation sur le règlement général de la protection des données (RGPD) est applicable depuis le 25 mai 2018.**

**Le RGPD supprime les déclarations de fichiers à effectuer auprès de la CNIL.**

**En contrepartie de la disparition de l'accomplissement de démarches administratives auprès de la CNIL, les administrations, sociétés et associations traitant des données à caractère personnel, mais aussi leurs prestataires et sous-traitants, sont désormais pleinement responsables de la protection des données qu'ils traitent. Il leur appartient d'assurer la conformité au RGPD de leurs traitements de données personnelles tout au long de leur cycle de vie et d'être en mesure de démontrer cette conformité.**

# Applications

**VRAI/FAUX** Validez vos connaissances en indiquant si ces propositions sont vraies ou fausses puis justifiez oralement vos réponses.

1. On doit multiplier les supports de communication sur le lieu de vente. ☐ Vrai ☐ Faux
2. La publicité sur le lieu de vente nécessite la création de supports publicitaires. ☐ Vrai ☐ Faux
3. La vitrophanie est une technique de PLV qui consiste à suspendre des affiches dans le point de vente. ☐ Vrai ☐ Faux
4. La promotion de vente est uniquement une technique de réduction du prix d'un produit. ☐ Vrai ☐ Faux
5. La mercatique directe s'adresse indifféremment à tous les habitants d'une ville. ☐ Vrai ☐ Faux

**VRAI/FAUX**

Retrouvez la suite en version interactive, pour tester vos connaissances sur ce chapitre.
**lienmini.fr/30541-exo10**

## 1 Analyser la promotion sur le lieu de vente

Vous effectuez un stage au service communication d'une enseigne nationale. Votre responsable vient de recevoir les résultats d'une étude menée auprès de plus de 1 000 Français par l'institut Harris Interactive réalisée pour POPAI France sur la PLV. Afin de se rendre compte de son efficacité, il vous demande de lui rédiger une analyse synthétique de cette étude.

1. **Rédigez une analyse synthétique de cette étude à l'aide du document 1.**
2. **Démontrez que la publicité en magasin est le type de publicité le plus apprécié des Français.**
3. **Recherchez quels sont les outils publicitaires qui incitent le plus à l'achat.**
4. **Repérez quels sont les contenus qui influencent l'acte d'achat.**

### DOC. 1 / La promotion sur le lieu de vente, support préféré des Français

Certes, le magasin se transforme, se modernise et se digitalise pour améliorer l'expérience et la satisfaction client. Il n'empêche, la promotion sur le lieu de vente (PLV) détient encore et toujours les meilleurs leviers de vente avec des solutions empiriques. Même s'ils exploitent les dernières technologies et innovations industrielles, aucun support n'est plus efficace que les classiques présentoirs, promotions et testeurs, affirme l'étude Harris interactive réalisée auprès de plus de 1 000 Français pour Popai France […].

## DOC. 1 / La promotion sur le lieu de vente, support préféré des Français (suite)

**Appréciation des Français selon les types de publicité (en %)**

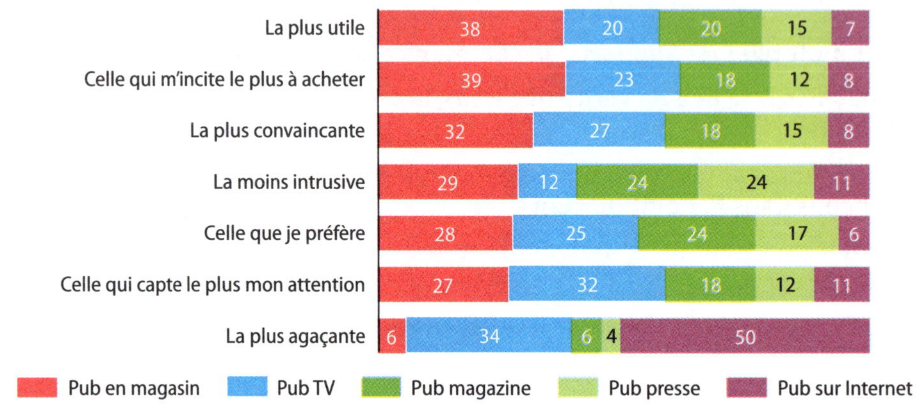


**Formes de PLV les plus incitatives à l'achat**

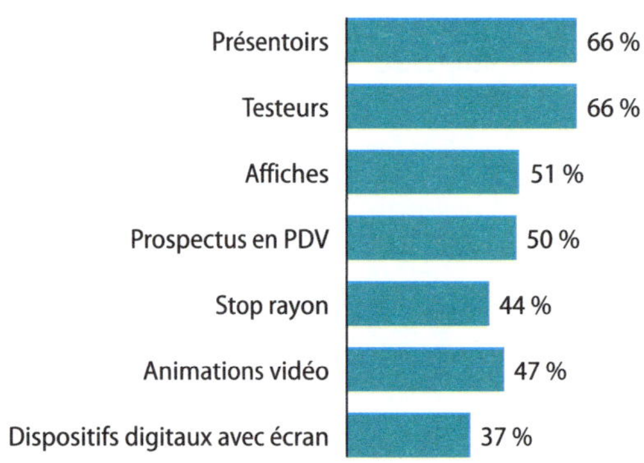


**Contenus de PLV les plus incitatifs à l'achat**

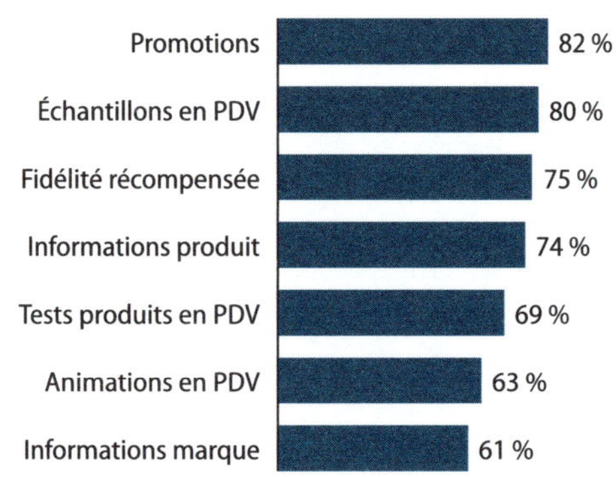


Julie Delvallée, www.lsa-conso.fr, octobre 2018.

## DOC. 2 / Les Français et la PLV

**Ensemble des Français de 18 ans et plus**

« Je me sens plus proche d'une marque qui fait de la pub… »

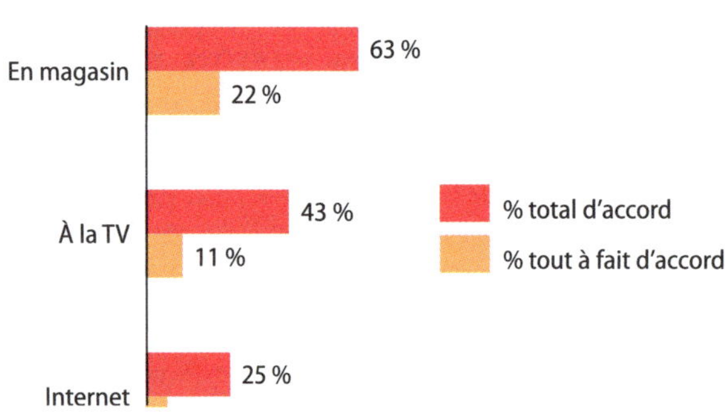


www.harris-interactive.fr

## 2 Organiser un événement

Vous venez d'être recruté(e) comme assistant(e) chef de rayon running dans le magasin Intersport d'Albi (Tarn). Votre rôle est de dynamiser ce rayon. Un catalogue national dédié aux produits de running sera distribué dans toute la France à partir du mois de mars. Vous devez, au niveau local, contacter les responsables de club de running afin d'inviter leurs adhérents à une soirée running.

1. **Déterminez votre cible de clientèle.**
2. **Vous devez prendre contact avec votre cible. Pour cela, il vous faut établir une base de données afin de répertorier les associations que vous allez contacter.**
3. **Vous devez créer les invitations à une soirée partenaire qui consistera à faire venir dans le magasin un maximum de licenciés des clubs afin de leur faire bénéficier d'une réduction de – 30 % sur le rayon textile et chaussures running.**
4. **Imaginez les supports de communication que vous allez mettre en place dans le point de vente.**

## 3 Créer un flyer

Vous êtes en stage dans un point de vente indépendant La Fabrique Indépendante, situé dans une zone commerciale en périphérie de la ville d'Albi. Le gérant vous demande d'organiser une animation dans son magasin ayant pour objectif de créer du trafic. Il vous confie la réalisation d'un flyer.

1. **Réalisez la maquette de votre flyer, après avoir choisi le format le plus adapté, à l'aide du logiciel de votre choix. Assurez-vous du respect de la législation sur votre flyer.**
2. **Décidez du lieu et du mode de distribution. Déduisez-en le nombre de flyers qui seront distribués.**
3. **Recherchez une entreprise sur Internet qui vous proposera la meilleure qualité d'impression au meilleur prix. Faites trois offres à votre responsable.**

## 4 Mettre en place des supports de communication dans le point de vente

La boutique « Chez Jean » est une épicerie fine qui commercialise des produits et spécialités agroalimentaires et des vins de la région Occitanie sous la marque *Sud de France*. C'est une marque ombrelle née en 2006 de la volonté de la Région qui permet d'identifier, sous une image commune, des produits de qualité, rattachés à un territoire et à une culture.

Durant votre stage, Monsieur Jean vous confie la mise en place de la communication dans son point de vente et vous alloue un budget de 1 000 € HT.

1. **Vous devez faire le choix entre plusieurs supports de PLV qui valoriseront la marque *Sud de France*. Justifiez vos choix.**
2. **Il souhaite mettre en avant tous les mois trois produits différents. Vous devez sélectionner les produits pour les six mois à venir et choisir le support le plus adapté pour accroître leur visibilité dans le rayon.**

**Complément web**
Sud de France
**lienmini.fr/30541-sudfrance**

| Supports | Prix HT | Photos |
| --- | --- | --- |
| **Kakemono suspendu** | 35 € |   |
| **Banderole publicitaire 10 m*0,80 cm** | 36 € |   |
| **Stickers adhésifs personnalisés** | 4,50 € le $m^2$ |   |
| **Drapeau flamme** | 78 € |   |
| **Stop rayons** | 150 € les 50 |  |
| **Affiches A2** | 50 € les 250 | 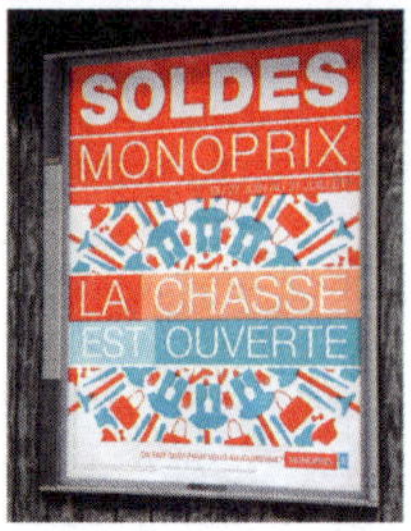  |

# Synthèse

## Concevoir et mettre en œuvre la communication commerciale sur le lieu de vente

**Faire Connaître : Stade cognitif** | **Faire Aimer : Stade affectif** | **Faire Agir : Stade conatif**

| Les techniques | Les objectifs | Les moyens |
|---|---|---|
| Le merchandising<br>La PLV | • Mettre en valeur une offre<br>• Favoriser l'acte d'achat<br>• Animer l'espace de vente | • Les emballages<br>• Les présentoirs<br>• Les affiches<br>• Les écrans digitaux…<br>→ Dans le magasin et dans les vitrines |
| La promotion des ventes | • Gagner de nouveaux consommateurs<br>• Faire acheter plus souvent et en plus grande quantité<br>• Fidéliser un consommateur | • Les réductions de prix<br>• Les jeux concours<br>• Les techniques d'essais<br>→ Communiquer par l'intermédiaire de prospectus |
| La mercatique directe | • Établir une relation personnalisée avec le client<br>• Faire agir rapidement<br>• Cibler une clientèle précise | • Publipostage<br>• Phoning<br>• Emailing |

La mercatique directe : DONNÉES — Datamining → CONNAISSANCES — Actions → Communication personnalisée

# Vers l'examen

**Objectif : Se préparer à l'évaluation de la sous-épreuve E42 Animation et dynamisation de l'offre commerciale.**

## Concevoir et mettre en œuvre la communication commerciale sur le lieu de vente

Dans le cadre de votre formation en milieu professionnel, vous êtes confronté(e) à des actions de communication dans le point de vente. Vous devez réaliser un diagnostic de la communication.

**1.** **Observer et répertorier les différents moyens et outils mis à disposition et utilisés par l'unité commerciale. En déduire la part d'initiative locale.**

**2.** **Comprendre la politique de communication du réseau en comparant des actions mises en place à différentes périodes.**

**3.** **Repérer les différents responsables : qui crée ? qui paie ? qui choisit ? qui met en place ?**

**4.** **Repérer les outils digitaux utilisés éventuellement dans le point de vente. Expliquer leur fonctionnement.**

**5.** **Étudier les moyens et outils utilisés par la concurrence locale.**

**Analyser une vitrine ou des vitrines à différentes périodes**

| Critères | Oui | Non | Observations |
|---|---|---|---|
| **Le thème**<br>Le thème de la vitrine est-il clairement identifiable ? | | | |
| **Les coloris**<br>Les couleurs sont-elles homogènes ?<br>Y a-t-il concordance entre le thème et les couleurs ? | | | |
| **Les produits**<br>Les produits sont-ils en quantité suffisante ?<br>L'objectif de la vitrine est-il de mettre en valeur :<br>• Des promotions ?<br>• La gamme de prix des produits ?<br>Les produits sont-ils bien valorisés dans la vitrine ?<br>• Par l'occupation de l'espace ?<br>• Par l'éclairage ?<br>• Par la théâtralisation ? | | | |
| **Les prix**<br>Sont-ils présents sur tous les produits ? | | | |
| **La P.L.V.**<br>La P.L.V. est-elle présente ?<br>• Affiches<br>• Outils digitaux<br>• Autres | | | |
| **La propreté**<br>La vitrine est-elle propre ? | | | |

**Analyser l'évolution des ventes**

| | Avant la campagne | Pendant la campagne | Après la campagne | Commentaires |
|---|---|---|---|---|
| Ventes en volume | | | | |
| % d'évolution | | | | |
| Ventes en valeur | | | | |
| % d'évolution | | | | |

CHAPITRE 11

# Concevoir et mettre en œuvre la communication commerciale externe

## Contexte professionnel

De retour au siège de Monoprix, la responsable marketing souhaite vous faire découvrir les différentes formes de communication externe mises en place par le groupe avec l'aide de leur agence de communication Rosapark. Une enseigne nationale comme Monoprix s'entoure d'agences de communication pour élaborer des campagnes innovantes qui ont pour vocation de créer ou conserver un lien profond avec les clients. L'important est de garder une ligne directrice afin que le consommateur voit une continuité dans les messages que souhaite faire passer la marque.

Dans ce contexte, vous allez découvrir comment l'emballage, outil de communication utilisé en point de vente, va servir de support à la réalisation d'une campagne de communication externe.



### Vos missions

1 Découvrir une campagne de communication externe

2 Se familiariser avec la création publicitaire

3 Identifier les outils du suivi et de l'évaluation d'une action de communication locale

**Vidéo**

Authenticité et émotion pour un storytelling efficace

**lienmini.fr/30541-story**

# Vos missions

## MISSION 1 Découvrir une campagne de communication externe

Annexes 1 et 2 | Ressource 1

**Afin d'être opérationnel(le) le plus rapidement possible, il est nécessaire que vous découvriez les différents médias qui peuvent être utilisés pour rendre une campagne de communication externe la plus efficace possible.**

1. Recensez les outils de communication utilisés par Monoprix à l'occasion des 85 ans de la marque (moyens et supports, type de communication, objectifs, champs d'action).
2. Recherchez les raisons du succès de cette campagne.
3. Trouvez par quelle technique le client peut devenir acteur de cette campagne de communication.
4. Listez les médias presse qui ont parlé de la campagne de communication de Monoprix.
5. Identifiez les autres moyens de communication utilisés dans cette campagne.

## MISSION 2 Se familiariser avec la création publicitaire

Annexes 1 à 4 | Ressource 2

**Pour comprendre et travailler efficacement dans le domaine de la communication commerciale, il est indispensable que vous ayez une bonne maîtrise du vocabulaire publicitaire.**

1. Recherchez les acteurs d'une campagne de communication. Définissez leur rôle. Retrouvez les acteurs de la campagne de communication Monoprix. Expliquez comment vous avez identifié l'annonceur.
2. Analysez la copy strategy de la campagne (promesse, preuve, bénéfice, ton).
3. Reconstituez le plan média de cette campagne. Montrez la cohérence des choix opérés entre la communication média et la communication en point de vente. Expliquez pourquoi le plan média est inédit.
4. Relevez les retombées d'une telle campagne et identifiez les outils de mesure de l'efficacité publicitaire utilisés.

## MISSION 3 Identifier les outils du suivi et de l'évaluation d'une action de communication locale

Annexes 3 et 4 | Ressource 3

**La directrice marketing vous demande d'analyser le support de communication catalogue qui peut être considéré comme un média, car il touche un grand nombre de personnes de manière indifférenciée, mais aussi comme de la communication hors média car il est assimilé à un outil de la mercatique directe.**

1. Identifiez l'outil de communication utilisé par Monoprix et relevez les différentes périodes de diffusion.
2. Expliquez en quoi le catalogue est un média de communication externe locale.
3. Recherchez les outils utilisés par CoSpirit pour optimiser le rendement de ces opérations de communication.
4. Expliquez quels ont été les effets pour Monoprix de la rationalisation des zones de distribution.

ANNEXE

## 1 Le plan média des 85 ans de Monoprix

Pour fêter ces 85 ans, Monoprix a créé un spot hors norme, car d'une durée de 4 mm, qui met en scène l'histoire d'amour d'un jeune garçon et d'une jeune fille aux destins liés par les jeux de mots des packagings Monoprix. Ce spot sera diffusé à 13 reprises, juste avant le prime time sur M6, avec qui la marque a signé une exclusivité à partir du 10 mai 2017.

Le clip a été réalisé par le duo de réalisateurs anglais les Thirtytwo (Dylan Southern et Will Lovelace), qui ont notamment travaillé pour Baileys, McDonald's ou encore Samsung.

*« Une autre contrainte importante du film est que les acteurs devaient être habillés avec des vêtements de la marque Monoprix »*, raconte Florence Chaffiotte, directrice marketing de l'enseigne. Une manière de valoriser l'offre textile de l'enseigne.

Il sera également diffusé sur le canal YouTube Monoprix ainsi qu'au cinéma dans 308 salles UGC (spot de 4 mm) et Gaumont (spot de 90 secondes).

Un plan média et influenceurs très ciblé conçu par l'agence média, Blue 449, qui inclut également un dispositif d'affichage où 8 visuels seront déployés en quais de métro, abribus et arrières de bus à Paris.

Pour assurer des retombées média, un kit RP contenant un morceau de la pellicule originale du film a été envoyé à plus de 50 journalistes.

Le film TV sera suivi d'un dispositif digital amusant puisqu'à partir du 22 mai, chacun aura la possibilité de réécrire la fin du film grâce à différents messages issus des packs sur une plateforme Monoprix dédiée. Que ce serait-il passé si le héros avait choisi un autre produit ?

Pour accompagner ce plan média, la marque lance une opération d'envergure dans ses magasins, pendant deux semaines. Des produits Monoprix porteront un gain qui s'activera une seule fois et de façon aléatoire lors du passage en caisse. Des cadeaux uniques à l'image des 85 ans de la marque et toujours en lien avec les jeux de mots made in Monoprix : une semaine au Japon, un voyage en Floride, un saut en élastique, une bague de fiançailles ou encore des places pour Rock en Seine.

**Vidéo**
LaitDroleLaVie
**lienmini.fr/30541-lait**

ANNEXE

## 2 Les résultats de la campagne

[...]

- Avec « seulement 35 GRP TV, une audience potentielle globale de 58,6 millions de personnes » (tous médias confondus).

Le GRP est un indicateur de pression publicitaire essentiellement utilisé pour le media TV. Le GRP « gross rating point » correspond au nombre moyen de contacts publicitaires obtenus sur 100 individus de la cible visée.

- +3 % à +4 % de trafic en magasin pendant toute la période anniversaire des 85 ans.
- Le 1er samedi suivant la diffusion du spot, la fréquentation en magasin a été équivalente au 31 décembre qui représente chaque année un pic pour Monoprix.
- 11,4 millions de vues des vidéos en ligne la 1re semaine, dont 1 million le premier jour.
- 2 millions de vues pour les fins alternatives en digital.
- Le post test en affichage a été le meilleur pour une campagne en 5 ans, que ce soit en agrément ou en reconnaissance. Le film n'a pas été post-testé, « vu les résultats exceptionnels, cela ne nous est pas apparu comme nécessaire » selon Florence Chaffiotte.
- 7,2 M d'impressions potentielles sur Twitter, avec comme principaux mots clés : #laitdrolelavie, @monoprix et monoprix
- 26 000 tweets la 1re semaine [...]
- 64 retombées presse, dont de nombreux médias généralistes/grand public
- Gold en Entertainment aux Cannes Lions

[...]

www.lareclame.fr

ANNEXE
## 3 Le catalogue, vecteur clé de la communication de proximité

« Rendre le bon et le beau accessibles à tous en centre-ville » – le credo de Monoprix n'a pas changé depuis la création de l'enseigne qui fête ses 85 ans cette année. Ce message est porté par tous les médias, à commencer par le catalogue, l'un des premiers outils de communication de proximité. […]

**Quelle est la périodicité de vos catalogues ?**

Nous avons tout d'abord 4 ou 5 catalogues événementiels par an, au format tabloïd, catalogues qui portent les opérations phares de Monoprix. Nous avons également nos « guides positionnants ». Ils accompagnent les grands temps forts sur des sujets marronniers de la distribution, comme Noël, la Foire aux Vins, *Family Life*… […]. Et nous diffusons tous les 15 jours des catalogues plus récurrents, que nous appelons « La course aux bonnes affaires », qui mettent l'accent sur les courses du quotidien et sur la capacité de sélection de Monoprix. Ce mix nous permet d'exprimer la totalité de nos catégories. L'ensemble de ces catalogues sont distribués soit en boîte aux lettres, soit en magasin.

**Vous avez demandé à CoSpirit d'effectuer une étude sur les zones de distribution des catalogues. Quels en ont été les résultats et bénéfices les plus marquants ?**

Nous travaillions jusque-là sur des **critères de détermination des zones de distribution** qui avaient été optimisés en 2012. L'évolution du contexte concurrentiel des enseignes de centre-ville nécessitait d'en réajuster la pertinence. L'idée était de rationaliser la zone de distribution et les quantités de catalogues nécessaires par magasin.

Le brief que nous avions donné à l'agence CoSpirit était de rester dans les mêmes niveaux d'investissement, tant en termes de coûts de fabrication que de coûts de distribution, afin de pouvoir **améliorer le taux de couverture clients**. Il s'est avéré qu'en augmentant de 4 % le volume de catalogues thématiques, nous avons accru de 10 points le taux de couverture clients. Et qu'en augmentant de 2 % « seulement » le volume des catalogues des temps forts promotionnels, nous avons augmenté de 15 % le taux de couverture clients sur cette famille.

**Vous avez également missionné CoSpirit pour mener une étude sur la perception des catalogues : pourquoi une telle étude ?**

L'objectif était là de retravailler le contrat de lecture de nos catalogues. Une étude quali, menée en focus groupe, a permis de **faire une synthèse de la perception des catalogues** à ce jour et surtout de lister les points d'amélioration à apporter en benchmarkant avec les catalogues de la concurrence. Il en est ressorti plusieurs choses :

Nos clients avaient des attentes très précises et souhaitaient un discours clair.

C'est-à-dire que les catalogues doivent être axés sur des promotions produits ou délivrer du contenu sur la vie de l'enseigne, l'histoire des produits, mais ne pas parler de tout en même temps.

Ils reprochaient également à l'ensemble de la distribution un manque de transparence dans les promotions proposées.

Les opérations promotionnelles sont effectivement devenues de plus en plus complexes. Elles prennent différentes formes : remise immédiate, cagnottes créditées sur la carte de fidélité… Au final, le client a souvent beaucoup de mal à savoir combien va lui coûter le produit en promotion au moment d'arriver en caisse, et quelle économie il va faire. […]

www.cospirit.com

ANNEXE
## 4 Des exemples de catalogues

# Ressources

# 1 Les moyens et les supports de communication

Les **médias** dits traditionnels comme la télévision, la radio, la presse, le cinéma, l'affichage et Internet, se distinguent du **hors-média**. Ce dernier intègre des actions liées à l'événementiel, au marketing direct, aux relations publiques, au mécénat et au sponsoring.

Les médias peuvent avoir un champ d'action national ou local.

## 1 Les médias

| Média | Support média | Exemple de communication |
|---|---|---|
| **Télévision** | Les chaînes de télévision : TF1, C8, France 2, Arte, M6, etc. | – Spots télé<br>– Parrainages d'émissions |
| **Presse** | • La presse quotidienne nationale : PQN<br>Ex. : Le Monde<br>• La presse quotidienne régionale : PQR<br>Ex. : Ouest France<br>• La presse magazine<br>Ex. : Elle, Voici | – Encarts presse<br>– Publirédactionnel |
| **Affichage** | • Les panneaux ou réseaux d'affichage | – Réseaux d'affichage abribus, 4x3m |
| **Radio** | • Les stations de radio<br>Ex. : RTL, NRJ | – Spots radio<br>– Parrainage d'émissions |
| **Cinéma** | • Les films ou salles<br>• spots en début de projection | – Spots avant la projection<br>– Placement de produits |
| **Internet** | • Les sites internet si achats d'espace (y compris moteur de recherche) | – Bannières web<br>– Campagnes google adwords<br>– Liens sponsorisés Facebook |

## 2 Les autres moyens de communication commerciale externe

Pour un annonceur, l'utilisation des médias représente une part importante du budget de la communication. C'est en cela qu'aujourd'hui les annonceurs ne peuvent plus se permettre de les utiliser exclusivement mais de les intégrer à des stratégies hors-média.

| Les moyens | Définition | Outils ou mise en œuvre |
|---|---|---|
| **La communication évènementielle** | Technique de communication basée sur la création d'évènements d'entreprise classiques ou voulus comme spectaculaires et sortant de l'ordinaire à l'occasion desquels un public cible est généralement convié. | • Salon<br>• Journée Portes ouvertes<br>• Soirée festive |
| **Le street marketing** | Technique marketing qui utilise la rue et les lieux publics pour promouvoir un évènement, un produit ou une marque. Par nature, le street marketing regroupe un ensemble de techniques et pratiques variées, originales et innovantes. | • Evènement<br>• Flyers<br>• Affichages originaux |
| **Les relations publiques** | Actions de communication menées par l'entreprise en vue d'établir, d'entretenir ou de développer de bonnes relations avec ses différents publics. Elles consistent à contacter des journalistes pour qu'ils relaient le message à leur lectorat au sein de leurs articles. | • Les relations presse et relations blogueurs |
| **Le partenariat ou sponsoring** | Soutien apporté à une organisation par une entreprise, qu'il soit financier, matériel ou humain. | • Financement des maillots de joueurs d'un club<br>• Aide financière apportée à un athlète |
| **Le mécénat** | Soutien apporté à des activités culturelles, artistiques, humanitaires ou éducatives. | • Restauration d'une œuvre d'art<br>• Financement de la reforestation |
| **Le placement des produits** | Technique publicitaire qui consiste pour une entreprise à placer sa marque ou son produit de manière visible dans un film, une émission de télévision, un clip musical, une vidéo internet, Instagram ou un jeu. | • Prêt de voiture dans un film<br>• Produit offert à un bloggeur pour qu'il tourne une vidéo avec et la publie sur les réseaux sociaux |

# 2 La campagne de communication

L'agence de communication élabore et exécute l'action publicitaire décidée par l'annonceur.

Elle planifie l'action dans un plan média et crée le message à véhiculer grâce à la copy stratégy.

## 1 Les acteurs d'une campagne de communication

- **Annonceur** : L'annonceur est l'organisation ou l'entreprise à l'origine d'une opération de communication publicitaire ou marketing qui vise à promouvoir ses produits ou sa marque.
- **Agence** : L'agence de publicité conseille les annonceurs dans le domaine de la stratégie publicitaire et réalise pour leur compte des campagnes de publicité.
- **Régie** : Une régie publicitaire est une société en charge de la commercialisation des espaces publicitaires d'un support, d'un ensemble de supports ou d'un groupe média.

## 2 Le plan média ou média planning

Le plan média est un document qui regroupe l'ensemble des insertions publicitaires prévues dans les média et supports choisis pour une campagne publicitaire.

Il se présente le plus souvent sous forme d'un calendrier de campagne comprenant les dates ou périodes d'insertions et les supports utilisés.

## 3 La création publicitaire : la copy strategy

La copy strategy est un document synthétique de une à deux pages qui découle de la stratégie marketing et permet de diriger toute action de communication. Fil rouge de toute campagne, elle constitue le cahier des charges établi à l'intention des créatifs d'une agence.

Elle apporte des orientations précises sur le message à véhiculer et la tonalité à adopter afin de favoriser la pertinence de la création au regard des objectifs, de la cible et du positionnement.

La copy strategy évolue avec la vie de la marque : changement de positionnement, évolution de la cible ou encore modifications substantielles du produit ou du service.

Elle repose sur :

| | |
|---|---|
| LA PROMESSE | **C'est l'avantage que procure le produit ou la marque par rapport à ses concurrents. Elle constitue le message à communiquer aux consommateurs.** |
| LA PREUVE | **C'est la justification de la promesse. Elle rend crédible le message.** |
| LE BÉNÉFICE CONSOMMATEUR | **C'est l'avantage que le consommateur va retirer de la promesse.** |
| LE TON | **C'est l'ambiance et l'atmosphère qui se dégagent de la campagne. Il peut être décalé, humoristique, démonstratif, grave…** |

# 3 Les performances des actions de communication

La communication média nécessite des investissements financiers importants et les annonceurs en attendent des retours. Il est donc indispensable d'utiliser des indicateurs de mesure de l'efficacité publicitaire pour évaluer les effets d'une campagne de communication.

| Les indicateurs de mesure | Définition |
|---|---|
| **À utiliser avant la campagne** | |
| **Audience utile** | L'audience globale est le nombre total de personnes en contact avec un média ou un support de communication. Cette donnée est en général fournie par le média ou le support.<br>L'audience utile est la partie de l'audience totale qui appartient à la cible visée par l'entreprise dans sa communication. |
| **Coût pour mille utile** | Prix de l'insertion publicitaire pour une personne ciblée. |
| **À utiliser pour mesurer les effets d'une campagne** | |
| **Taux de notoriété** | Pourcentage d'individus capables de citer la marque lors d'une enquête par questionnaire. Il est souhaitable de réaliser l'enquête avant le lancement de la campagne de communication et après afin de mesurer l'efficacité de la campagne.<br>Si la campagne a été efficace le taux de notoriété de la marque devra avoir augmenté. |
| **Taux de retour** | Pourcentage de réponses positives à une action par rapport au nombre total de personnes ciblées. |
| **Taux de transformation** | Pourcentage de personnes qui suite à une action marketing vont effectivement acheter le produit. |
| **Taux d'attribution** | Pourcentage de personnes qui associent correctement une publicité à une marque, une entreprise ou un produit. Plus celui-ci est élevé plus la publicité a été efficace. |
| **Taux d'évolution des ventes** | Il s'agit de mesurer si les ventes ont progressé après une campagne de communication. Il est toutefois difficile, lorsque plusieurs types de communication sont mises en place de vérifier l'efficacité d'un outil en particulier. |
| **Retour sur Investissement ou ROI** | Le ROI permet de mesurer la rentabilité d'une action marketing, il permet de savoir combien chaque euro investi a rapporté.<br>ROI = Gain lié à l'action marketing – Coût lié à l'action marketing/Coût lié à l'action marketing<br>Un ROI positif est donc le signe que votre investissement est rentable. |
| **Gross Rating Point : GRP ou point de couverture brute** | Le GRP permet de mesurer la pression publicitaire pour une campagne publicitaire donnée : c'est le nombre moyen de contacts publicitaires obtenus sur 100 personnes de la cible visée. |
| **Effective Rating Point : ERP** | C'est une approche qualitative qui consiste à réaliser une pondération des données résultant du GRP. La pondération est faite sur la base de différentes données : la pression publicitaire, le positionnement du spot à l'écran. L'ERP améliore l'évaluation que l'on peut faire de l'efficacité publicitaire et permet d'évaluer le nombre de téléspectateurs réellement exposés à la publicité. Il représente la quantité de publicité nécessaire pour atteindre les objectifs de la campagne. |

# Applications

**VRAI/FAUX** Validez vos connaissances en indiquant si ces propositions sont vraies ou fausses puis justifiez oralement vos réponses.

1. La communication commerciale externe ne passe que par les médias. ☐ Vrai ☐ Faux
2. Les articles publiés par des journalistes dans la presse font partie du médium presse. ☐ Vrai ☐ Faux
3. Le site internet d'une entreprise est considéré comme un support publicitaire sur Internet. ☐ Vrai ☐ Faux
4. L'annonceur est l'entreprise qui communique sur ses produits ou sa marque. ☐ Vrai ☐ Faux
5. Le plan média est le calendrier de la campagne de communication. ☐ Vrai ☐ Faux

**VRAI/FAUX**

Retrouvez la suite en version interactive, pour tester vos connaissances sur ce chapitre.
**lienmini.fr/30541-exo11**

## 1 Élaborer une campagne de communication externe locale

Vous travaillez dans un point de vente franchisé de prêt-à-porter féminin situé au centre-ville d'Albi. Une communication média nationale va se dérouler du 15 au 30 septembre. Le franchisé doit accompagner cette campagne d'une communication locale.

Vous disposez des tarifs de la radio locale, de la presse locale et de l'affichage.

Vous devez organiser votre campagne de communication externe locale en choisissant vos supports de communication. Vous disposez d'un budget de 3 000 €. La campagne durera 2 semaines.

1. **Vous vous interrogez sur la pertinence de la radio. Il est donc nécessaire de justifier vos choix par des calculs sur le taux d'audience utile et le coût pour mille utile.**
2. **Justifiez les choix que vous allez faire pour l'affichage, puis pour la presse.**
3. **Estimez le coût de la campagne si vous optez pour les trois médias proposés.**
4. **Pour une meilleure lisibilité de la campagne, votre responsable vous demande de lui remettre un plan média ou médiaplanning.**

**DOC. 1 / Tarifs radio, presse locale et affichage**

| Supports | Tarifs | |
|---|---|---|
| Radio 100 % spot de 30 s | 800 € | 5 spots par jour pendant 15 jours |
| Radio Ménergy spot de 30 s | 30 € | 7 spots par jour |
| Affichage panneau 4*3 | 80 € | hebdomadaire |
| Affichage abribus | 100 € | Hebdomadaire pour 15 abribus |
| Presse quotidienne régionale La Dépêche ½ page intérieure | 450 € | 2 passages |
| Presse quotidienne régionale La Dépêche ¼ page intérieure | 300 € | 2 passages |
| Impression affiches 4*3 | 95 € | Les 30 affiches |
| Impression affiches abribus | 159 € | Les 30 affiches |

**DOC. 2 / Audiences**

| Support | Radio 100 % | Radio Menergy |
|---|---|---|
| Audience totale | 50 000 | 30 000 |
| Nbre d'hommes | 18 500 | 17 500 |
| Nbre de femmes | 31 500 | 12 500 |

## 2 Analyser une campagne publicitaire

Vous avez décidé de faire un stage dans un établissement bancaire. Vous allez travailler sur un portefeuille de clientèle particulier avec une cible plutôt jeune à qui vous devez conseiller un financement pour leurs études. Afin de vous familiariser avec les produits proposés, votre responsable vous demande d'étudier la dernière campagne de communication de la banque.

**1. Repérez l'annonceur, l'agence de communication, la cible et le thème de cette publicité.**

**2. Recherchez sur quels médias et quel support elle sera diffusée et à quelle date.**

**3. Démontrez la cohérence entre le thème de la campagne et la période de diffusion.**

**4. Analysez la création publicitaire : la promesse, la preuve, le bénéfice et le ton de cette campagne.**

**DOC. 1 / Spot de publicité**

**Vidéo**
Publicité apprentis et étudiants
**lienmini.fr/30541-apprentis**

## 3 Découvrir un évènement commercial

Durant le stage que vous réalisez dans un magasin Sport 2000, une opération commerciale est lancée au niveau national.

Votre responsable vous demande de suivre cette opération en magasin.

Vous devez au préalable bien maîtriser le fonctionnement de cette opération.

**1. Décrivez l'opération « Vieilles baskets ».**

**2. Quels sont les objectifs de cette opération ?**

**3. Quels sont les moyens de communication mis en œuvre ?**

**4. Recherchez des opérations similaires menées par des distributeurs concurrents.**

**5. Comparez l'offre proposée par Sport 2000 et celle proposée par Intersport.**

**6. Définissez le rôle de l'organisation « Le Relais » puis décrivez le partenariat mené avec Sport 2000.**

**7. Précisez quel est le but recherché par Sport 2000.**

**DOC. 1** / **Opération « Vielles baskets »**

Grâce à un partenariat mené avec Le Relais, les paires de chaussures rapportées feront l'objet d'une sélection avant de repartir pour une seconde vie pour les paires les moins usagées.

## 4 Mesurer les retombées d'une action de communication

Vous travaillez au siège d'une franchise nationale qui commercialise des produits alimentaires bio. Vous êtes chargé(e) par le responsable du réseau de choisir, dans un premier temps, des supports de communication publicitaires presse pour faire passer une page de communication au niveau national. Dans un second temps, des prospectus seront distribués en province, dans les boîtes aux lettres sur une zone de chalandise d'environ 50 kilomètres autour des magasins. Il s'agit d'une enveloppe en papier kraft porteuse d'une offre commerciale.

Soucieuse de leur santé et celle de leur famille, les femmes sont plus sensibles que les hommes aux problèmes alimentaires.

**1. Identifiez la cible de communication à privilégier.**

**2. Sélectionnez quatre supports presse qui vous paraissent pertinents au regard de la cible puis reproduisez et complétez le tableau ci-dessous en recherchant les informations dont vous avez besoin sur les sites suivant : tarifpresse.com et acpm.fr.**

| Supports | Nombre d'hommes (en milliers) | Nombre de femmes (en milliers) | Prix d'une page quadri (en euros en 2018) |
|---|---|---|---|
| | | | |
| | | | |
| | | | |
| | | | |

## (suite)

3. Déduisez l'audience totale de chaque support.
   Calculez le taux d'audience utile et le coût pour mille utile de chaque support.
   Choisissez le support le plus pertinent en justifiant votre choix.

4. Calculez le taux de retour et le taux de transformation à partir des données relevées dans un magasin de province.

**DOC. 1 /** Prospectus de magasin bio

| | |
|---|---|
| **Nombre de prospectus distribués** | 10 000 |
| **Nombre de clients qui se sont rendus dans un magasin pour récupérer leur tablette de chocolat offerte** | 972 |
| **Nombre de personnes qui ont utilisé leur bon de réduction** | 75 |

# Synthèse

## Concevoir et mettre en œuvre la communication commerciale externe

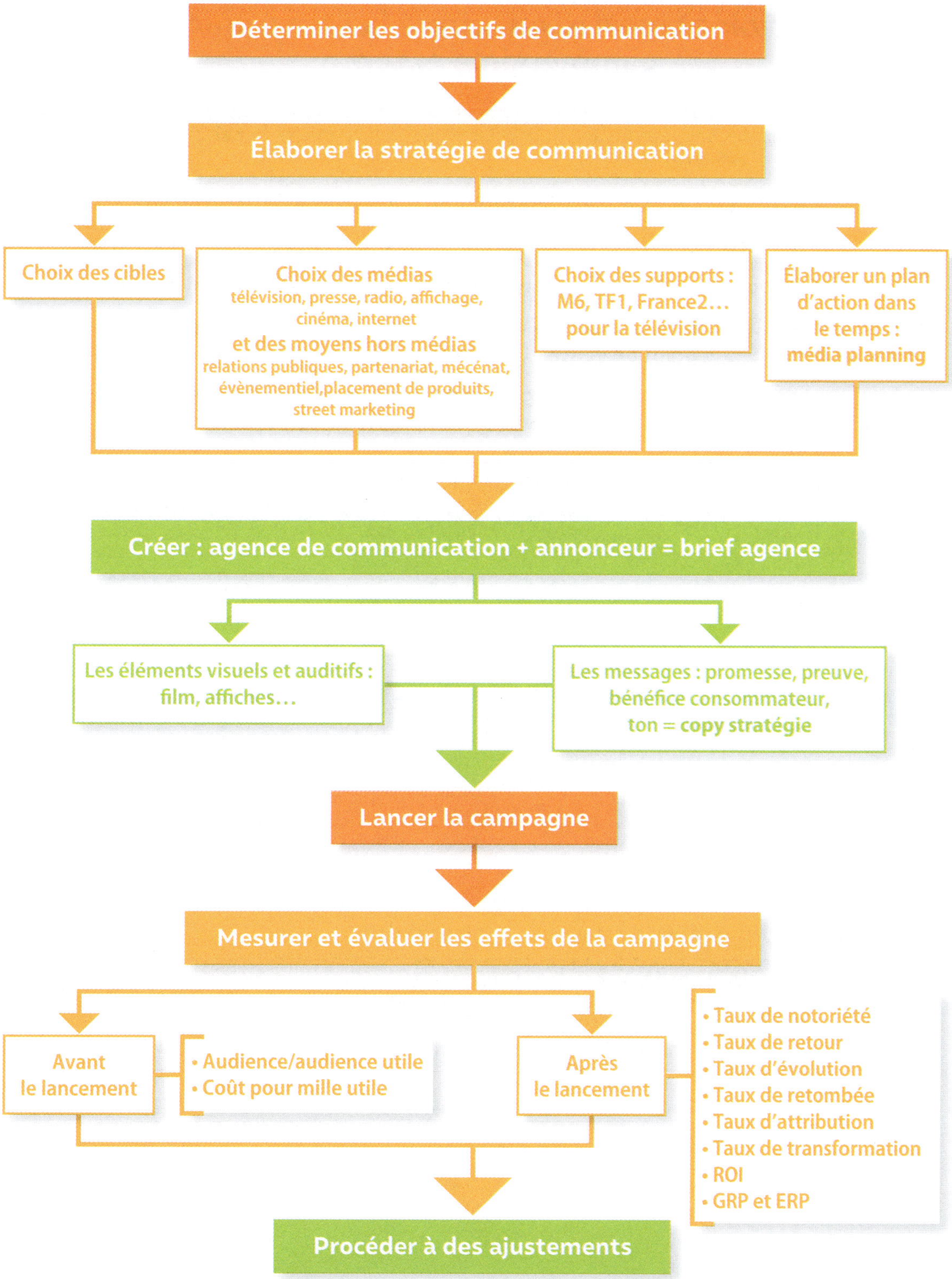

# Vers l'examen

**Objectif : Se préparer à l'évaluation de la sous-épreuve E42 Animation et dynamisation de l'offre commerciale.**

## Concevoir et mettre en œuvre la communication commerciale externe

Dans le cadre de votre formation en milieu professionnel, vous êtes confronté(e) à des actions de communication commerciale externe de l'entreprise. Vous êtes chargé(e) d'analyser les moyens et les supports de communication.

1. **Recenser les outils de la communication commerciale externe de l'entreprise.**
2. **Retrouver les concepteurs de cette campagne ou des supports de communication.**
3. **Mesurer l'impact de ces actions de communication en procédant aux calculs nécessaires.**
4. **Rechercher le montant du budget de communication. Étudier sa répartition entre la communication dans le point de vente et la communication à l'extérieur du point de vente.**
5. **Réaliser une enquête de notoriété vous permettant de mesurer le pourcentage d'individus capables de citer la marque avant et après la campagne de communication.**

**Distinguer les moyens et les supports de la communication commerciale média et hors média**

| Média | Supports | Objectifs | Champ d'action |
|---|---|---|---|
| | | | |
| | | | |
| | | | |

| Hors média | Outils de mise en œuvre | Objectifs | Champ d'action |
|---|---|---|---|
| | | | |
| | | | |
| | | | |

**Construire le plan média d'une campagne de communication**

| Supports | Calendrier de la campagne | | | | | | | | | | | |
|---|---|---|---|---|---|---|---|---|---|---|---|---|
| | Janvier | | | | Février | | | | Mars | | | | ... |
| | S1 | S2 | S3 | S4 | S5 | S6 | S7 | | S8 | S9 | S10 | S11 | |
| Presse | | | | | | | | | | | | | |
| Radio | | | | | | | | | | | | | |
| ... | | | | | | | | | | | | | |

CHAPITRE 12

# Exploiter les réseaux sociaux, les applications et tout autre outil numérique au service de la communication commerciale

## Contexte professionnel

La communication digitale passe par l'utilisation d'outils numériques comme support d'informations. De retour au siège, la responsable marketing souhaite que vous découvriez la communication digitale de Monoprix. Pour cela, elle vous propose de travailler aux côtés du chargé de communication digitale en vue de l'aider à organiser, gérer et animer certains projets online qui concernent la communication du groupe. Le but n'étant pas d'être présent sur tous les réseaux sociaux mais de sélectionner ceux sur lesquels les internautes attendent la marque. Vous veillerez également à l'e-réputation de la marque.



### Vos missions

1. Découvrir la communication digitale
2. Caractériser la communication digitale
3. Utiliser les réseaux sociaux dans sa communication commerciale

**Vidéo**

La communication commerciale de Monoprix

**lienmini.fr/30541-commonop**

# Vos missions

## MISSION 1 Découvrir la communication digitale

Annexe 1 Ressource 1

**Votre mission consiste à percevoir comment Monoprix a su répondre aux attentes de sa cible de clientèle au travers de l'utilisation des outils de communication digitaux.**

1. Identifiez les outils digitaux mis en place chez Monoprix.
2. Expliquez en quoi consistent les différentes variantes du « Click and collect » chez Monoprix.
3. Selon vous, à quels moments le consommateur gagne-t-il du temps grâce à l'utilisation des outils digitaux ?
4. Expliquez en quoi ces outils digitaux correspondent à la cible du point de vente.

## MISSION 2 Caractériser la communication digitale

Annexe 2 Ressource 1

**Votre responsable vous propose de comparer la communication digitale et les autres formes de communication afin de démontrer comment ces outils peuvent toucher un grand nombre de personnes à moindre coût.**

1. Analysez la répartition des investissements publicitaires chez Monoprix.
2. Expliquez comment Monoprix réussit à communiquer avec de « tout petits budgets ».
3. Définissez la communication virale. Peut-on parler de viralité dans le cas de la campagne des 85 ans ?
4. Recensez les outils utilisés dans la communication digitale.

## MISSION 3 Utiliser les réseaux sociaux dans sa communication commerciale

Annexes 3 à 5 Ressources 2 et 3

**Le community manageur utilise les réseaux sociaux dans la communication digitale du groupe. Il vous demande de vous y intéresser et de repérer les techniques qui sont employées pour les rendre plus attractifs et performants.**

1. Recensez les réseaux sociaux utilisés par Monoprix. Pour quelles catégories de clients ? Pour quels types de produits ?
2. Identifiez les intérêts et les risques d'utiliser les réseaux sociaux dans la communication ?
3. Relevez à quelles occasions Monoprix a utilisé les réseaux sociaux en 2018. Une telle présence vous paraît-elle nécessaire ?
4. Citez et expliquez les techniques utilisées par le community manageur dans la communication digitale de Monoprix. Déduisez-en les qualités requises pour être performant à ce poste.

ANNEXE 1

## Le nouveau Monoprix parisien, un concentré de dispositifs digitaux

[...] La démonstration démarre avec **l'application Monop'Easy**, installée depuis la veille dans le magasin pour l'offre de sandwiches et de boulangerie, et déjà en place dans le Monop' situé près de la place de la Madeleine, à Paris. Le principe « *Cette application est légitime dans les petites surfaces et met fin à l'irritant principal des consommateurs : l'attente en caisse* », souligne Régis Schultz, patron du Monoprix des Halles. Cette possibilité sera étendue à tous les Monop' sur le premier semestre 2018. [...]

Toujours dans cette logique de gain de temps, **la géolocalisation des produits dans le point de vente se développe peu à peu dans les surfaces de vente de l'enseigne urbaine**. Là encore, le smartphone des utilisateurs est l'outil indispensable pour profiter de cette fonction. Ceux-ci entrent dans le portail virtuel de Monoprix pour indiquer dans quel point de vente ils se situent. Ils inscrivent la référence recherchée... Un plan – et même un itinéraire – s'affiche alors pour se rendre jusqu'au produit convoité.

L'aspect serviciel s'étend aussi en dehors du magasin. D'abord avec le click and collect, **les courses alimentaires sont disponibles en magasin entre 1 heure et 3 heures après la commande. Pour la mode, les articles peuvent être réservés en deux heures.** Après le passage dans le point de vente, les adeptes de la livraison bénéficient aussi d'un service rapide. La livraison s'effectue en effet en une heure et sans véhicule quand le client se situe à moins de 500 mètres. [...]

www.lsa-conso.fr

ANNEXE 2

## Miser sur le digital au quotidien... et créer l'évènement en TV

[...] La répartition des investissements publicitaires de Monoprix s'appuie bien davantage sur le digital que celles de ses concurrents. « Nous jouons avec de tous petits budgets dans la cour des grands, mais la part du digital dans nos investissements va très au-delà des 50 % » explique Florence Chaffiotte. L'autre moitié du budget est dédiée aux catalogues, à la radio, à la presse et à l'affichage. Mais même ce dernier média a tendance à se « digitaliser », avec des dispositifs de plus en plus interactifs. Cette prépondérance du digital s'explique notamment par le statut de pionnier de Monoprix en e-commerce : une grande partie des budgets est consacrée à l'acquisition et à la performance, ainsi qu'à la génération de trafic en magasin (« web-to-store »), grâce à la géolocalisation et au mobile. Le reste est dédié aux réseaux sociaux.

www.petitweb.fr

ANNEXE 3

## Monoprix, l'enseigne premium pour citadin branché

On note tout de suite **l'esprit créatif qui anime les publications** de Monoprix sur les différents réseaux. Monoprix possède une communauté énorme (120k suiveurs) sur Instagram, plus grande encore que sa communauté Twitter (39k suiveurs) mais évidemment moindre que sur Facebook (1 million de fans).

Cette audience sur Instagram est un cas à part dans la grande distribution. Elle témoigne des **efforts de Monoprix de se forger une image jeune, citadine** et, sur Instagram en tout cas, féminine.

**Monoprix segmente sa communication par réseaux** : Facebook est utilisé pour partager les produits destinés au grand public : **les lignes alimentaires de la marque**. La page est animée avec des visuels animés. Le format GIF, le plus apprécié du moment, permet de générer le plus grand nombre de partages. En détournant leurs propres produits, Monoprix fait une promotion plus légère et attractive, grâce à sa qualité visuelle.

Sur Instagram, Monoprix doit son succès incontestable à **la maîtrise des codes de la plateforme** en mettant essentiellement en avant ses lignes textile, maquillage et décoration. Ces produits sont à même d'être utilisés pour créer du contenu visuel attractif et correspondent au **cœur de cible d'Instagram**.

**Twitter pour sa réactivité et sa rapidité** est utilisé pour présenter les **nouveautés et les exclusivités**

/...

**dans les produits de l'enseigne** ainsi que les (rares) offres promotionnelles.

Monoprix cherche par ce biais à accroître sa notoriété plutôt que ses ventes : **son activité sur les réseaux sociaux s'apparente plus aux relations publiques** qu'à la promotion. La marque a réalisé 210 millions d'impressions sur les réseaux sociaux en 2015 selon une interview donnée à Petit Web.

**Le bilan :** *Un ton léger et divertissant, la marque cherche à séduire et place le plaisir au centre de l'acte de consommation, plus qu'un levier de vente, c'est une qualité d'image et de réputation qui est recherchée par l'utilisation des réseaux.*

www.nukesuite.com

ANNEXE

## 4 Monoprix, c'est une créativité débordante !

À travers la stratégie mise en place par le distributeur, nous observons une pratique appréciée par différentes marques sur les réseaux sociaux : le newsjacking.

Monoprix va ainsi réagir à l'ensemble des actualités qui vont intéresser sa cible de communication sur les réseaux sociaux. Nous retrouvons alors des réactions au début du Salon de l'Auto, à Roland-Garros, à l'Eurovision, ou encore à la fête des grands-pères.

Une telle stratégie demande certaines qualités afin de pouvoir la rendre efficace et crédible :

- **L'équipe de community manageurs doit être réactive à l'actualité**, car sans ça les newsjacking seront peu impactants et perçus comme vieux, voire mauvais.
- **L'équipe de community manageurs doit posséder une répartie et une maîtrise des codes sociaux très solides**. Sans cela, la marque n'est pas à l'abri d'un potentiel bad-buzz suite à une réaction dépassée ou pas en accord avec l'esprit global incarné et incarnant la communauté.
- **L'équipe de community manageurs doit savoir se renouveler, se remettre en question**, et proposer des contenus et réactions différents au fil du temps afin de ne pas lasser sa communauté (souvent à la recherche de nouveauté). […]

www.journalducm.com

ANNEXE

## 5 Les inconvénients des réseaux sociaux

[…] La page Facebook, notamment, est envahie de posts récriminant contre le service en magasin ou la qualité des produits. « Pour ne pas polluer la page avec des commentaires négatifs, nous invitons les clients à discuter en messages privés. Nous avons aussi ouvert un fil Twitter dédié au SAV », avance Florence Chaffiotte. La directrice de la marque prône une discussion adaptée au public de chaque réseau : jeune et féminin sur Instagram, plus âgé sur Facebook et transversal sur Twitter. […]

Amélie Petitdemange, Les Echos, le 6 septembre 2018.

# Ressources

# 1 La communication digitale

## 1 Les différents canaux de la communication digitale

La **communication digitale ou communication numérique est une nouvelle discipline de communication** qui désigne l'ensemble des échanges et des informations transmis *via* tous les supports que propose l'écosystème numérique. Elle a pour objectif d'attirer l'attention des internautes, d'améliorer la visibilité d'une entreprise, de créer et d'entretenir des liens avec des personnes.

Les différents canaux de la communication digitale sont :

- les réseaux sociaux (principal canal de communication digitale),
- le site web,
- le blog,
- l'application mobile,
- l'emailing.

Les messages transmis en communication digitale peuvent prendre la forme d'un texte, d'une photographie, d'une illustration, d'une animation ou encore d'une vidéo.

Contrairement à la communication médias, la communication digitale ne nécessite pas d'un gros budget pour être efficace. Elle permet d'attirer l'attention et de toucher un plus grand nombre de clients potentiels.

## 2 Le modèle POEM

Le modèle POEM (paid, owned and earned media) permet de classer les différents types de présence en ligne possible d'une entreprise ou d'une marque. Cette typologie a été créée en 2009 par l'Institut de recherche américain Forrester.

| PAID MEDIA | OWNED MEDIA | EARNED MEDIA |
|---|---|---|
| Visibilité achetée par l'entreprise | Visibilité détenue par l'entreprise à travers ses propres supports | Visibilité gratuite acquise dans les médias par l'entreprise grâce à son influence |
| Publicité : presse, TV, radio | Site web | Relations presse |
| Publicité digitale : display | Réseaux sociaux | Relations influenceurs |
| Article sponsorisé sur des blogs ou des médias traditionnels | Blog d'entreprise | Mentions sur les réseaux sociaux |
| Post sponsorisé | Plaquettes publicitaires | Avis de consommateurs |
| Référencement payant | Newsletter | |
| Sponsoring | | |

# 2 Les réseaux sociaux

## 1 Les différents réseaux sociaux

Les réseaux sociaux en ligne désignent les sites internet et applications mobiles qui permettent aux utilisateurs de se constituer un réseau d'amis ou de relations, et qui favorisent les interactions sociales entre individus, groupes d'individus ou organisations.

On distingue trois types de réseaux sociaux.

1. Les **réseaux sociaux grand public**, qui sont les plus utilisés. Ils sont ouverts à tout le monde et tout type d'organisations (particuliers, sociétés, associations, etc.). Dans cette catégorie, on se doit de citer Facebook et Twitter, bien qu'il en existe beaucoup d'autres.
2. Les **réseaux sociaux professionnels** : moins courants. On y retrouve ses contacts professionnels. Il s'agit de réseaux comme LinkedIn ou Viadeo.
3. Les **réseaux sociaux d'entreprise**, c'est-à-dire ceux destinés à un usage interne entre collaborateurs d'une même entreprise (Workplace, Yammer, etc.).

| Nom du réseau social | Nombre d'utilisateurs actifs | Objectifs | Cible |
|---|---|---|---|
| **Facebook** | environ 1,60 milliard par mois | • Partager des photos, vidéos et discuter entre amis, en famille<br>• Promouvoir une entreprise, marque *via* les publicités Facebook et/ou en créant une page propre à la marque | Délaissé par les jeunes qui trouvent le réseau vieillissant et moins convivial dans son utilisation par rapport à Instagram |
| **Instagram** | 700 millions d'utilisateurs actifs par mois. | Partager des photos et vidéos afin de capturer des moments de votre vie, de présenter des nouveautés dans un point de vente ou des évènements. | • 41 % des utilisateurs d'Instagram ont entre 16 et 24 ans<br>• 35 % ont entre 25 et 34 ans |
| **Twitter** | 320 millions d'utilisateurs actifs par mois | Tweeter (gazouiller en anglais) : partager des messages courts (maximum 280 caractères) de manière illimitée à une liste de contacts appelés followers | • les 16-24 ans sont majoritaires et représentent 33 % des utilisateurs<br>• les 35-44 ans représentent 25 % des utilisateurs |
| **Snapchat** | Environ 200 millions d'utilisateurs mensuels | Partager des photos et des vidéos avec un temps de visualisation limité de 1 à 10 secondes. | Les jeunes de moins de 25 ans représentent 71 % des utilisateurs |

## 2 Les intérêts d'une communication sur les réseaux sociaux

- Développer sa visibilité sur le web
- Accroître sa notoriété et son audience
- Améliorer la relation client
- Développer les ventes
- Diminuer les coûts de communication

## 3 Les indicateurs de performance sur les réseaux sociaux : les KPI (Key Performance Indicator)

| Notoriété | Acquisition | Interaction | Satisfaction | Conversion |
|---|---|---|---|---|
| Surveiller : | Étudier : | Analyser : | Étudier : | Mesurer : |
| Les mentions ou hashtags | L'évolution du : nombre de fans, d'abonnés, de followers | Le nombre d'interactions : like, partage, commentaire, favoris, retweet | Les **sentiments** qui se dégagent des commentaires publiés par vos abonnés | Le **nombre de leads** : 1er contact avec la cible commerciale sur les réseaux sociaux |
| Les impressions ou vues | La croissance de la communauté avec calcul du taux de croissance | La progression des interactions avec le taux de croissance | Les **mentions** et **hashtags** | Le **nombre de clics de lien** |
| Les reach ou portée : nombre d'utilisateurs qu'une publication peut atteindre | La part de la communauté de l'entreprise dans chaque réseau social sur la communauté totale de l'entreprise | La performance des posts publiés avec le **taux d'engagement** de chaque publication Nombre d'interactions sur un post/nombre d'abonnés sur cette publication *100 | Les **favoris** pour **Twitter** | Le **taux de conversion** de leads : nombre d'abonnés sociaux qui font un achat dans l'entreprise |
| Le trafic sur le site ou les blogs | Le trafic sur le site ou les blogs | Les **hashtags** sur l'entreprise (nombre et croissance) | Les « **J'aime** »/« **Je n'aime pas** » de **YouTube** | |
| | | La **part des influenceurs/ambassadeurs** par rapport à votre audience cible | **La perte d'abonnés** | |

## 4 Le community manageur

Celui qui fédère et anime les échanges entre internautes est le **community manageur**.

Pour cela, il utilise principalement les **réseaux sociaux**. Ambassadeur de la « marque » auprès des internautes, le community manageur communique le message de l'entreprise vers l'extérieur et fait part à l'entreprise des réactions de la communauté. Ses moyens d'action sont variés : susciter les conversations et intervenir directement, créer des contenus (blogs, fiches produit...), accorder des promos aux abonnés Twitter, faire choisir par les amis Facebook le prochain produit qu'ils souhaitent voir sur le marché, proposer des concours ou des rencontres avec les créatifs de la société, etc. Il doit aussi faire appliquer les règles de bonne conduite au sein de sa communauté : respect de la Nétiquette, protection des données personnelles...

# 3 L'e-réputation

## 1 Définition

Aujourd'hui, la réputation d'une marque, entreprise ou d'une personne ne se fait plus uniquement par le bouche-à-oreille. Depuis quelques années et surtout avec l'arrivée des réseaux sociaux, elle se fait aussi sur Internet : c'est ce qu'on appelle la « e-réputation », la réputation en ligne.

L'e-réputation peut être définie comme l'image véhiculée et/ou subie par une entreprise, une marque ou un produit sur Internet.

L'e-réputation est le résultat en termes d'image des contenus produits et diffusés par l'entreprise, mais aussi et surtout celui des contenus produits par les internautes sur les blogs, réseaux sociaux, sites collaboratifs, forums de discussion ou plateformes de partage d'images ou de vidéos. L'e-réputation est davantage influencée par la visibilité des contenus/avis et opinions relatifs à une marque que par leur quantité.

## 2 La gestion de l'e-réputation

Il est aujourd'hui indispensable pour une entreprise de gérer sa e-réputation. Pour cela, elle doit agir sur trois axes :

- construire sa réputation en publiant des contenus sur sa marque afin de développer sa notoriété et entretenir une relation personnalisée avec ses clients ;
- surveiller ce qui se dit sur elle sur les réseaux sociaux afin de mesurer son degré de satisfaction ;
- protéger sa e-réputation en gérant les commentaires ou les réactions des internautes et agir rapidement en cas de critiques négatives (bad buzz).

Un bad buzz est un phénomène de « bouche-à-oreille » négatif qui se déclenche généralement sur Internet avant de se prolonger éventuellement sur d'autres médias. Le phénomène prend le plus souvent naissance sur les réseaux sociaux. Le bad buzz peut être totalement subi ou être provoqué par une action initiale ou maladresse de la marque ou d'un de ses représentants.

# 4 La géolocalisation dans un contexte marketing

## 1 Définition

La géolocalisation est une technologie qui permet de localiser géographiquement, le plus souvent en temps réel, des individus à des fins marketing. Les techniques de géolocalisation ont d'abord été utilisées pour géolocaliser les utilisateurs d'Internet sur ordinateur (géolocalisation IP) avant que les usages n'explosent par le biais des capacités de géolocalisation associées à l'usage des mobiles équipés d'un système de positionnement par satellites (GPS). Un système de géolocalisation peut être intégré aux applications mobiles *via* les services tels que **Google Maps** ou **Waze**.

## 2 Les différents types de géolocalisation

### 2.1 La géolocalisation active

Ce type de géolocalisation est très populaire et très utilisé dans le développement d'application mobile. C'est **l'utilisateur qui accepte si oui ou non** l'application peut utiliser ses coordonnées géographiques. Cela lui permet aussi d'indiquer son positionnement à tout moment de façon précise. L'utilisation la plus commune est **le GPS**. **Google Maps** utilise cette fonctionnalité, ce qui permet de vous positionner sur la carte et vous orienter dans l'espace. La géolocalisation peut également être utilisée à la façon de **Yelp!** qui vous indique des lieux proches de vous et qui correspondent à vos besoins. Enfin, la géolocalisation peut être utilisée dans des jeux multi-joueurs afin de mettre en relation des joueurs proches les uns des autres comme par exemple **Pokémon Go**.

### 2.2 La géolocalisation passive

Ce type de géolocalisation consiste à activer la latitude sur son smartphone. Cela permet d'enregistrer les déplacements des utilisateurs. Le petit plus de ce type de géolocalisation est que l'utilisateur n'a pas à interagir avec l'application. Cependant cette fonctionnalité a fait polémique à plusieurs reprises du fait de son intrusivité. En effet l'utilisateur ne choisit pas quand il est géolocalisé. Ce type de géolocalisation a été utilisé pour « Google Maps » ou encore l'application « Localiser mes amis ».

Le geofencing ou géorepérage permet d'envoyer une alerte (notifications push) ou un message (sms) à une personne lors de son arrivée ou de son départ d'une zone géographique plus ou moins étendue sur le téléphone mobile.

Les seules conditions pour que le message soit transmis sont que l'utilisateur doit avoir au préalable, soit autorisé les notifications push (message d'alerte qui s'affiche sur le téléphone), soit téléchargé l'application de l'enseigne ou encore activé son bluetooth, et enfin, qu'il se situe dans la zone du signal de l'émetteur (0 à 50 mètres).

Néanmoins les espaces intérieurs bloquent les signaux cellulaires et empêchent la géolocalisation *via* GPS. Il est alors possible d'utiliser un beacon (balise). Un beacon est un petit boîtier capteur qui peut « dialoguer » sur un espace de 450 mètres avec des smartphones ou tablettes par une connexion Bluetooth qui ne nécessite donc pas une connexion internet.

## 3 Les objectifs et usages marketing

- Intégration de la géolocalisation dans l'offre de service (services de rencontre, UBER, etc.)
- Enrichissement de l'expérience client (géolocalisation aéroports, centres commerciaux, etc.)
- Personnalisation de l'offre basée sur la géolocalisation (restaurants, transports...)
- Ciblage et personnalisation des messages (publicité géolocalisée, géoconquesting (s'adresser aux clients ou prospects ayant fréquenté les points de vente de ses concurrents), sms géolocalisé, etc.)
- Utilisation des données géographiques à des fins d'études
- Mesure de l'efficacité des pratiques drive-to-store

## 4 La réglementation

Depuis le 25 mai 2018, le nouveau règlement européen sur la protection des données : Règlement Général pour la Protection des Données (RGPD) permet aux citoyens européens de reprendre le contrôle sur leurs données personnelles notamment celles liées à la géolocalisation.

Tout d'abord, l'utilisateur doit accepter les termes et les conditions lorsqu'il décide de télécharger l'application correspondante. Ensuite, les beacons et le geofencing sont autorisés à suivre sa position et à lui envoyer des messages push. L'utilisateur doit pouvoir refuser à tout moment de recevoir ces messages.

# Applications

**VRAI/FAUX** Validez vos connaissances en cochant la bonne réponse puis justifiez oralement vos réponses.

1. **La communication digitale repose sur le site Internet de l'entreprise.** ☐ Vrai ☐ Faux
2. **Les médias sociaux comprennent aussi bien la télévision que les réseaux sociaux.** ☐ Vrai ☐ Faux
3. **Instagram est le réseau social qui compte le plus grand nombre d'utilisateurs.** ☐ Vrai ☐ Faux
4. **Un tweet est limité à 140 caractères. (280 depuis novembre 2017).** ☐ Vrai ☐ Faux
5. **L'e-réputation est la réputation en ligne d'une entreprise.** ☐ Vrai ☐ Faux

**VRAI/FAUX**

Retrouvez la suite en version interactive pour tester vos connaissances sur ce chapitre.
**lienmini.fr/30541-exo12**

## 1 Gérer sa e-réputation

Vous travaillez dans un point de vente indépendant spécialisé dans la réparation et la vente d'accessoires pour téléphones portables *XPert mobile* situé à Albi dans le Tarn. La notoriété de cette boutique n'est assurée que par sa présence sur Internet. Le responsable vous demande de gérer sa e-réputation durant vos semaines de stage.

1. **Identifiez les moyens digitaux qui pourraient assurer la présence de l'entreprise sur Internet.**
2. **Faites une analyse des avis présents sur Internet.**
   **Qu'en déduisez-vous concernant l'e-réputation de cette enseigne ?**
3. **Donnez une réponse argumentée à chaque avis négatif laissé dans le tableau.**
4. **Proposez au responsable de choisir des ambassadeurs du point de vente. Expliquez-lui dans une courte note les intérêts d'utiliser cette technique de communication.**
   **Parmi les personnes ayant donné un avis, qui pourrait devenir un ambassadeur du point de vente ?**

## DOC. 1 / Des avis clients sur le point de vente

3,9 ★★★★★ 27 avis

**Trier par :** Avis les plus pertinents

H
3 avis
★★★★★ il y a une semaine
Super travail, excellent contact
J'aime

S
4 avis
★★★★★ il y a 6 mois
Excellent service
Je recommande
J'aime

R
3 avis
★★★★★ il y a 10 mois
Je recommande cette boutique tt les accessoires téléphonique sont disponible et beaucoup de choix de tout style pour les coques de téléphone, explication simple pour la réparation et efficace avec t'es prix abordable
J'aime

## DOC. 2 / Les avis clients sur Internet

| | Post client | Réponses du magasin |
|---|---|---|
| **Arnaud** | Manque de professionnalisme incroyable. Suite à la mise en réparation d'un S7 pour vitre cassée, nous galérons. Leur réparation est soi-disant garantie, mais ils reprennent le téléphone, et nous le rendent quelque temps plus tard avec la même panne. Après 3 interventions chez eux, nous avons dû récupérer le téléphone et attendons depuis une attestation de leur part stipulant qu'ils n'ont pas tout réparer. 350 € l'attestation ça fait cher. Plusieurs dizaines de coups de fils où on nous promet d'envoyer le papier rapidement… on nous mène en bateau.<br>Avoir quelqu'un qui répond au téléphone est déjà un exploit. | Pas de réponse |
| **Julie** | Personnel désagréable au possible. Je m'y suis rendue pour un renseignement et on m'a presque envoyé balader parce qu'il ne pouvait répondre à mes attentes. Je déconseille ! | Pas de réponse |
| **Léa** | Très bon accueil, prix très abordable, je recommande fortement. | |

## DOC. 3 / Découvrir les ambassadeurs de marque

**Vidéo**
Les ambassadeurs de marque
**lienmini.fr/30541-ambassadeur**

## 2 Utiliser un réseau social

Lors de votre prochain stage, votre responsable doit vous confier la communication de l'entreprise sur les réseaux sociaux afin d'accroître la fréquentation dans son point de vente. Il vous demande au préalable d'analyser la communication de l'enseigne Sephora grâce à l'application Snapchat.

**1. Décrivez le jeu de Noël 2018 mis en place par Sephora.**

**2. Relevez les moyens de communication utilisés par la marque pour promouvoir son jeu.**

**3. Recherchez ce qu'est un lense.**

**4. Expliquez comment Sephora utilise les lenses géolocalisés.**

**5. Recherchez les intérêts de s'associer à Snapchat pour organiser un jeu.**

### DOC. 1 / Drive-to-store : Sephora s'associe à Snapchat

Pour les fêtes de fin d'année, Sephora réalise une opération drive-to-store *via* l'application Snapchat. Depuis lundi 10 décembre, Sephora propose une opération drive-to-store en partenariat avec Snapchat. Un peu sur le principe de Pokémon go, les clients sont invités à chercher des étoiles dans les 330 boutiques Sephora *via* leur application Snapchat. Une fois l'étoile trouvée, les snapchatteurs appuient sur un bouton « shoppable » qui les redirige vers le site ou l'application Sephora. Ce qui fait de cette opération drive-to-store, une opération également drive-to-web/app. Sur le site ou l'application mobile, les consommateurs découvrent s'ils ont gagné une carte-cadeau (1 500 euros mis en jeu chaque jour) ou s'ils ont le droit à une offre promotionnelle. À l'occasion du Hubday organisé par le Hub Institute jeudi 13 décembre, Teo Sénéor, directeur communication EME, a présenté cette opération : « *Pour le lancement lundi, un tiers des personnes sont allées jusqu'au bout de l'expérience.* » Ce résultat du premier jour est de bon augure pour Sephora.
Ce jeu a été créé grâce à des lenses géolocalisées. Les lenses est le nom donné aux filtres en réalité augmentée de Snapchat. Pour Sephora, le réseau social a donc créé des lenses en forme d'étoiles en 3D. Cette opération est relayée sur les autres réseaux sociaux de Sephora, Instagram et Facebook ainsi que sur la chaîne Youtube de la marque.

Mirabelle Belloir, www.lsa.conso.fr, le 14 décembre 2018.

**Vidéo**
La vidéo de présentation du jeu
**lienmini.fr/30541-jeu**

## 3 Analyser la présence des marques sur les réseaux sociaux

Vous travaillez dans un point de vente de chaussures. Votre responsable souhaite que vous développiez sa communication sur les réseaux sociaux et que vous lui rendiez compte de l'efficacité de cette communication. Pour cela il vous demande d'étudier la communication sur les réseaux sociaux de deux entreprises concurrentes dans le secteur de la chaussure.

**1. Citez les réseaux sociaux utilisés par ces deux enseignes dans chacun des 2 documents.**

**2. Relevez les informations que l'on peut trouver dans une page Instagram.**

**3. Expliquez quelle est la différence entre le nombre d'abonnés et le nombre d'abonnements.**

**4. Expliquez ce qu'est une publication. Quel est son rôle ?
Que reflète le nombre de publications ?**

**5. Relevez les indicateurs de performance dans ces trois réseaux sociaux.
Faites une analyse comparative.**

**DOC. 1 /** Les réseaux sociaux chez Minelli

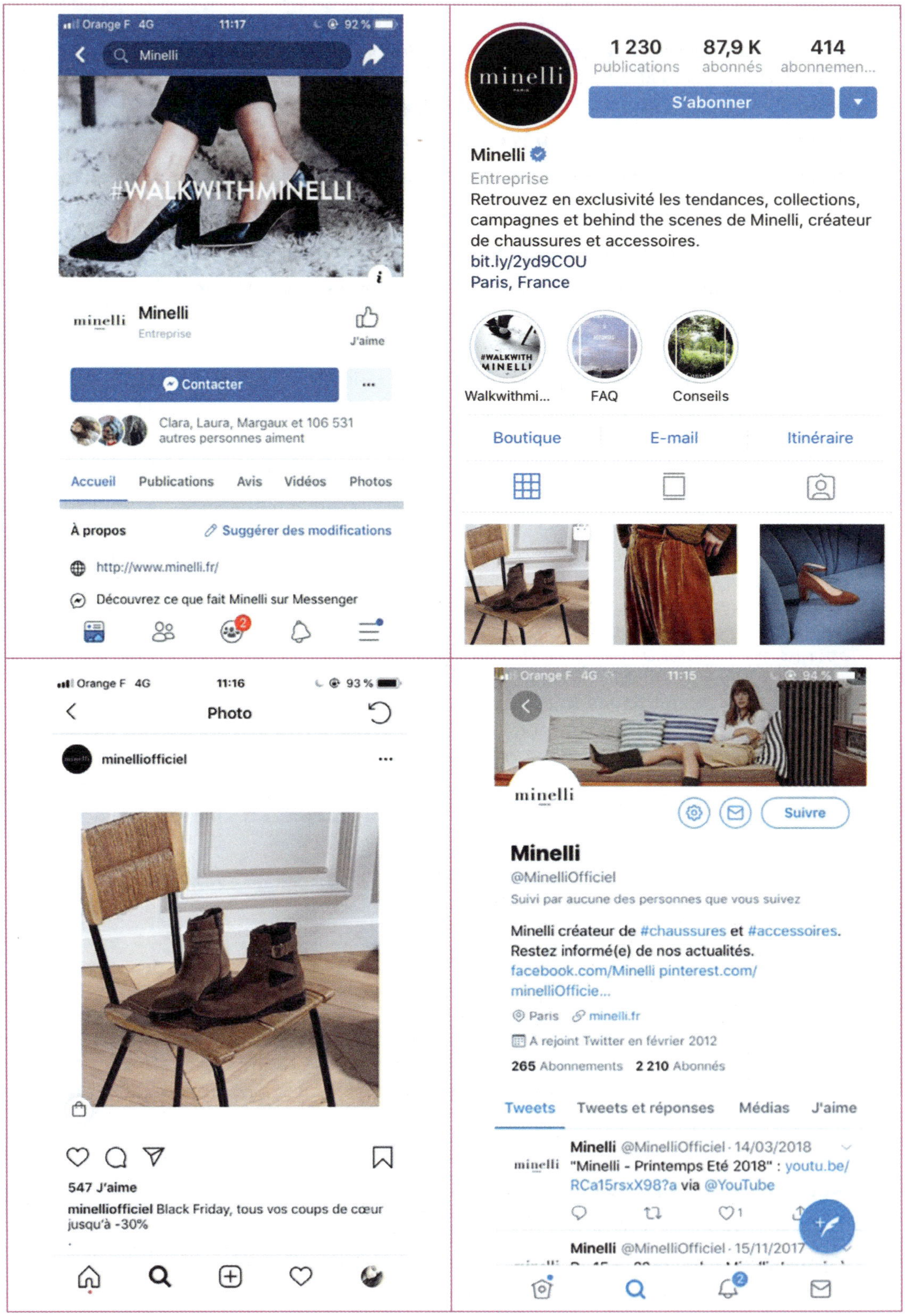

## DOC. 2 Les réseaux sociaux chez Courir

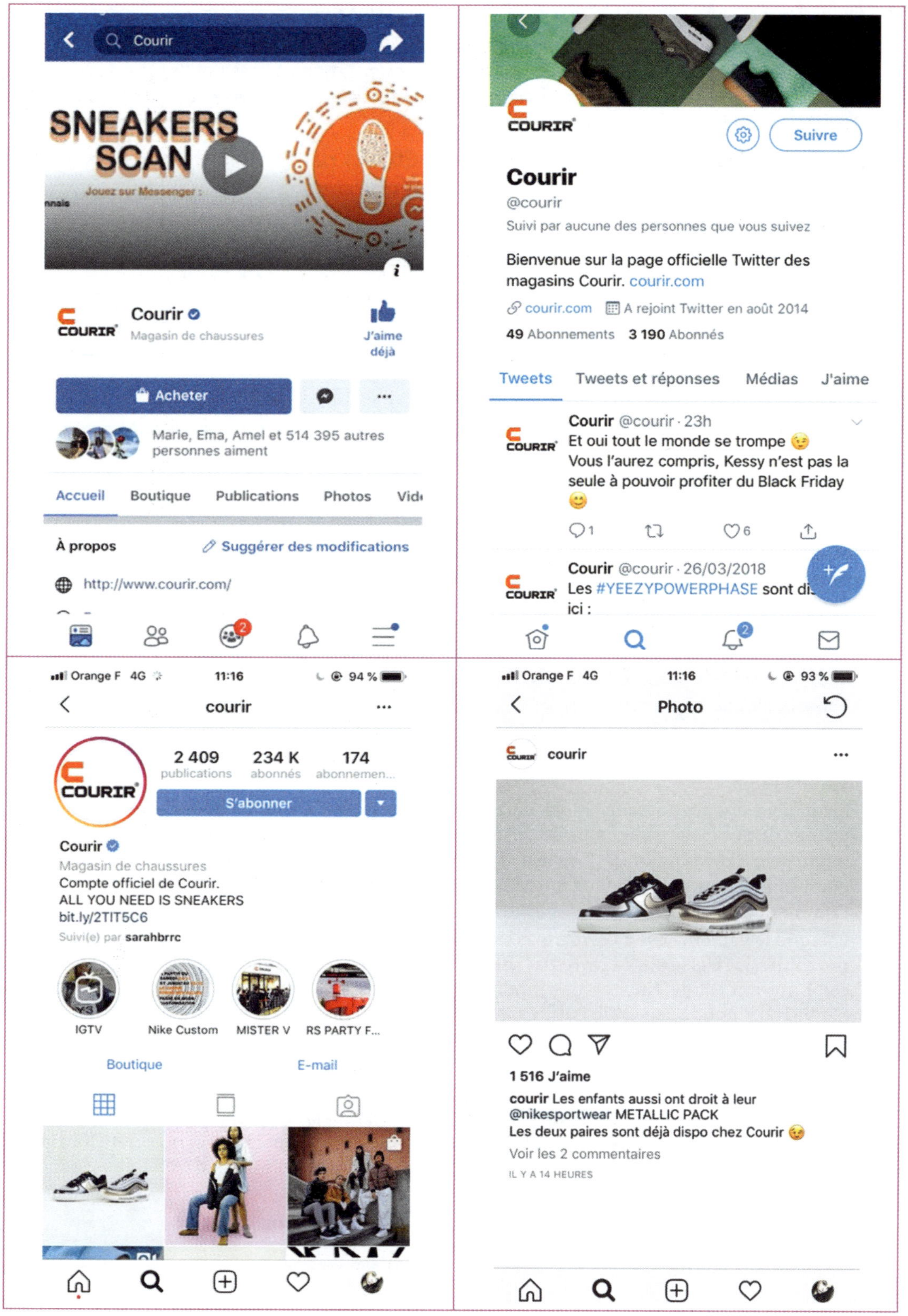

## 4 Créer du trafic par tous les moyens de communication possible

Vous allez réaliser une action de communication dans une des 152 salles de sport franchisées Keep Cool. Il est souhaitable que vous recensiez les moyens de communication utilisés par l'enseigne ces dernières années afin que vous proposiez une action en cohérence avec les actions passées et avec les supports numériques utilisés aujourd'hui par l'enseigne.

1. **Recensez les moyens de communication utilisés par l'enseigne en les classant par type de communication.**
2. **Recherchez le fonctionnement de Google Adwords.**
3. **Expliquez comment les salles Keep Cool utilisent la publicité géolocalisée.**
4. **Identifiez les objectifs de cette communication pour l'enseigne.**
5. **Concluez sur l'efficacité de cette action de communication**

### DOC. 1 / La publicité géolocalisée

« Nous sommes sur un marché toujours porteur car les gens font de plus en plus attention à leur bien-être et à leur santé, mais c'est aussi un marché dans lequel la concurrence s'est accrue. Un de nos objectifs principaux est de créer du trafic par tous les moyens de communication possibles. Traditionnellement, notre secteur d'activité utilise l'affichage, la distribution de flyers, mais cela fait plusieurs années que nous avons compris que le numérique allait être incontournable, et mis en place une vraie stratégie digitale de communication. Nous communiquons en publicité *via* Google Adwords, Facebook et testons régulièrement de nouveaux outils, de la synchro mobile TV en parallèle des spots TV classiques, du display *via* Google, de la vidéo *via* Facebook, une campagne sur YouTube. Keep Cool vise les 18-45 ans avec un cœur de cible de 28-30 ans, qui est clairement la génération mobile, et nous voulons intensifier nos efforts en direction des mobinautes » explique Marina Jacob, en charge du digital au sein de la société DG Développement.

**Pourquoi Waze ?**

« Ce dispositif de géolocalisation prend de plus en plus d'ampleur et nous est apparu comme un bon moyen de booster la notoriété locale à destination des personnes en situation de mobilité » indique Marina Jacob.

Jusqu'il y a encore quelques mois, Waze était surtout connu des automobilistes qui souhaitaient s'informer de l'état du trafic pour éviter les embouteillages et emprunter le meilleur itinéraire pour se rendre à leur destination. [...] Waze a monétisé son appli de guidage communautaire en se positionnant aujourd'hui comme un acteur important de la publicité géolocalisée.

Comment ça marche ?

Lorsque le véhicule est à l'arrêt, le conducteur-Wazer reçoit une publicité pour une enseigne située à proximité, localisée sur la carte par un pin's, qu'il verra immédiatement lorsqu'il se remettra à avancer. L'objectif est de l'inciter à se rendre dans le point de vente. Dans le dispositif monté par Cospirit MediaTrack pour Keep Cool, l'utilisateur de Waze qui passait à moins de 500 mètres d'une salle Keep Cool recevait un pin's au logo de la marque, avec la notification « Pensez à venir faire du sport ».

**Quel retour d'expérience ?**

« Les résultats sont plutôt bons dans les indicateurs de la plateforme publicitaire Waze car des mobinautes ont été actifs avec les annonces, les ont enregistrées, ont enregistré l'adresse, ou ont souhaité se rendre en salle. Le dispositif a bien fonctionné en termes d'impact sur la notoriété locale. En revanche, le suivi des chiffres ne montre pas de résultat immédiat de création de trafic dans les salles » conclut Marina Jacob.

www.cospirit.com

# Synthèse

## Exploiter les réseaux sociaux, les applications et tout autre outil numérique au service de la communication commerciale

**COMMUNICATION DIGITALE**

Site web E-mailing + Réseaux sociaux + Applications mobiles

| | Exemples |
|---|---|
| • Généralistes | *Facebook, Twitter, Googleplus…* |
| • De partage de photos | *Instagram, Pinterest…* |
| • Vidéos | *Youtube, Dailymotion, Vimeo…* |
| • Musicaux | *Spotify, Deezer…* |
| • Professionnels | *Linkedin, Viadeo* |
| • Spécialisés sur une communauté | *MySpace (dédié aux artistes)* |
| • Géolocalisés | *Wase, Swarm…* |
| • Applications de messagerie | *Whatsapp, Skype, Facetime…* |
| • Applications de messageries spécialisées | *Snapchat, Path…* |

La géolocalisation
- Active
- Passive
- Géofencing

**Visibilité :** portée des publications, impression, nombre de vues, clics sur les liens ou médias
**Acquisition :** fans, followers, abonnés, lead
**Engagement :** nombre de « J'aime », votes, commentaires, Retweet, mention, interaction
**Recommandation :** nombre de partages, viralité, ambassadeur
**Tonalité :** mentions positives / neutres / négatives

**E-RÉPUTATION**

# Vers l'examen

**Objectif : Se préparer à l'évaluation de la sous-épreuve E42 Animation et dynamisation de l'offre commerciale.**

## Exploiter les réseaux sociaux, les applications et tout autre outil numérique au service de la communication commerciale

Dans le cadre de votre formation en milieu professionnel, l'entreprise dans laquelle vous effectuez votre stage utilise la communication digitale. Vous êtes chargé (e) de recenser les outils qu'elle utilise et d'en analyser les effets.

1. **Observer et recenser les différents outils numériques utilisés par l'unité commerciale.**
2. **Repérer qui est à l'initiative de cette communication.**
3. **Évaluer l'e-réputation de votre entreprise dans une note synthétique après avoir répertoriés les avis sur Internet.**
4. **Faire une analyse comparative de la présence de votre entreprise sur les réseaux sociaux avec les entreprises concurrentes de votre secteur.**
5. **Évaluer la performance de votre enseigne sur les réseaux sociaux.**

**L'analyse des avis des clients**

| Les avis | Positifs | Négatifs | E-réputation de l'entreprise |
|---|---|---|---|
| | | | |
| | | | |
| | | | |
| | | | |
| | | | |

**La présence de l'entreprise sur les réseaux sociaux**

| Nom du réseau social | Cible de clientèle | Nombre d'abonnés | Nombre d'abonnements | Nombre de publications | Commentaires |
|---|---|---|---|---|---|
| | | | | | |
| | | | | | |
| | | | | | |
| | | | | | |

# Évaluer l'action commerciale et proposer des axes d'amélioration et de développement

COMPÉTENCE 5

Afin de continuer à assurer son fonctionnement avec efficacité, l'unité commerciale doit régulièrement **évaluer ses actions commerciales** et **leur mise en œuvre**. Cette évaluation nécessite de s'appuyer d'une part, sur des études commerciales et d'autre part, sur des indicateurs quantitatifs et qualitatifs dans un contexte de plus en plus digital et omnicanal. Une fois les indicateurs analysés, ils permettront à l'unité **commerciale de proposer des axes d'amélioration ou de développement** pour atteindre les objectifs fixés et ainsi améliorer sa performance.

**Vidéo**
Le plan d'action commerciale
**lien mini.fr/30541-actionco**

## Sommaire

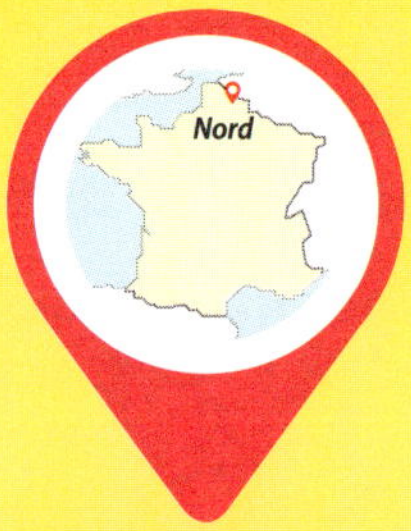


## Fiche d'identité

- **Secteur d'activité :** multimédia et électroménager
- **Date de création :** 1954
- **Localisation/siège :** Lesquin, Hauts-de-France
- **Type de réseau :** intégré
- **Formes de commerce :** vente en libre-service et assistée
- **Type d'organisation :** succursales, organisation à but lucratif
- **Champ d'activité :** national
- **Forme juridique :** Société Anonyme
- **Effectif :** 8 000 salariés
- **CA annuel HT :** 2 milliards d'euros
- **Implantation :** 147 magasins

## Métier et concept

Le concept Boulanger commence avec l'idée d'offrir un éventail d'articles d'électrodomestique abordables pour le grand public. Ils le concrétisent en combinant fonction, qualité, design et rapport qualité-prix. Boulanger est également acteur du développement durable car profiter pleinement de la technologie ne se conçoit que dans le respect de l'environnement. Boulanger, c'est aussi un SAV performant composé de 1 000 professionnels agréés et formés par les plus grandes marques.

# CONTEXTE >>

boulanger

## Histoire et valeurs clés

Avec plus de 60 ans d'expériences, Boulanger est aujourd'hui le spécialiste de l'électroménager et du multimédia en France.

- 1954 : Ouverture du premier magasin à Lille par deux frères : Bernard et Gustave Boulanger. L'enseigne se fait connaître dans le Nord de la France.
- 1978 : L'entreprise investit le marché national, création d'une filiale dans la région lyonnaise, puis implantation en banlieue parisienne en 1982.
- 1986 : Boulanger rejoint l'Association Familiale Mulliez (AFM). Il y a alors 11 magasins (Auchan, Décathlon, Leroy Merlin...).
- 1998 : Boulanger se développe à l'international, ouverture de deux magasins à Madrid.
- 2003-2005 : Boulanger prend une nouvelle dimension.
  - Création de filiales (Electro Dépôt, SMS, Webdistrib...) et des marques propres Essentiel b et Listo.
  - Élargissement de ses univers produits.
- 2005 : Lancement du nouveau positionnement « Professionnel du Bien Choisir »
- 2006-2007 : Boulanger continue sur sa lancée
  - Ouverture du plus grand magasin de distribution d'équipement électroménager et multimédia de France à Avignon (4 000 m²)
  - Création des filiales Bdom' et Sourcing & Création
  - Lancement du site marchand boulanger.fr

Pour renforcer son positionnement, Boulanger s'appuie sur 4 valeurs.

**Satisfaction client**
Boulanger a constitué une équipe de 60 collaborateurs passionnés et experts en électroménager et multimédia pour satisfaire au mieux la clientèle.

**100 % connecté**
Un concept de magasin 100 % connecté qui donne accès à 20 000 références avec un parcours « zéro papier » 100 % digital.

**Un concentré de Boulanger**
Grâce à sa collection essentiel B, le meilleur de la technologie est proposé au meilleur prix.

**Boulanger et la vie citoyenne**
Boulanger est acteur du développement durable car profiter pleinement de la technologie ne se conçoit que dans le respect de l'environnement.

## Cible

Boulanger cible le grand public qui recherche des produits dans le domaine du multimédia et de l'électroménager avec un bon rapport qualité/prix.

## Contexte juridique

Le professionnel doit respecter les règles de la concurrence : liberté des prix, information du consommateur, réglementation sur les soldes, établissement d'un devis au-dessus de 155 € TTC, étiquetage des appareils selon le décret 94-556 du 7 juillet 1994 (consommation en énergie – Label énergie – et marquage CE pour les appareils électriques et électroniques), présentation des contrats de service après-vente selon un modèle précisant les conditions de ce service selon le décret du 22 décembre 1987. Le commerçant doit tenir des carnets de déclaration pour les ventes de radio-récepteurs et de téléviseurs. Depuis le 1er janvier 2002, les biens de consommation achetés dans l'Union Européenne sont garantis deux ans.
Le décret du 20 juillet 2005 oblige les producteurs d'électroménager de s'occuper de l'enlèvement et du traitement des déchets issus d'équipements électriques et électroniques mis sur le marché après le 13 août 2005. Dans ce même souci de protection de l'environnement, l'article 17 de la directive 2002/96/CE sur les déchets d'équipement électriques ou électroniques introduit une « éco-contribution » ou « éco-participation » qui s'applique à tous les appareils électroniques ou électriques ménagers mis sur le marché depuis le 15 novembre 2006.

## Contexte économique

Tous les voyants sont au vert, et il n'y a pas de raison que cela change pour 2018. Si une petite entreprise ne connaît pas la crise, c'est bien celle de l'électroménager. Déjà en très légère hausse en 2016 alors que la conjecture n'était pas idéale, les secteurs du GEM (gros électroménager) et du PEM (petit électroménager) continuent sur leur lancée en 2017 pour atteindre une croissance conjointe de 3,2 % en termes de valeur. En revanche, et contrairement à 2016, c'est bien le GEM qui sert de locomotive puisque ce segment augmente de 3,4 % (toujours en termes de valeur) alors que le PEM n'augmente « que » de 2,8 %. Ces excellents résultats font de l'électroménager l'un des marchés de biens d'équipement de la maison en croissance (avec les télécoms) pendant que l'informatique ou l'électronique grand public souffrent d'une baisse parfois sévère.

www.lesnumeriques.com

## Contexte organisationnel

Les directeurs de magasin managent une équipe commerciale. Au sein d'un magasin, l'organisation est la suivante : le directeur du magasin est assisté par le middle manager et de Responsable Univers (RU). Le manageur est centré sur les résultats par le réseau. Le management de points de vente par le réseau est centralisé et donne peu de degré de liberté au directeur du point de vente.

## Focus digitalisation

Les magasins Boulanger sont 100 % connectés. Les clients ont ainsi accès à un parcours « zéro papier » 100 % digital, de l'accueil au service en passant par l'achat jusqu'au retrait de la marchandise. Les collaborateurs sont équipés de tablettes et de montres connectées pour assurer un parcours fluide. Plus de 20 espaces interactifs permettent de consulter l'ensemble de la gamme de boulanger.com, chacun de ces espaces permettant de visualiser en taille réelle l'appareil de son choix y compris les gros appareils électroménagers, du type réfrigérateur, grâce au mur digital Boulanger.

CHAPITRE

13

# Évaluer l'action commerciale

## Contexte professionnel

Vous venez d'intégrer le magasin Boulanger d'Asnières-sur-Seine (Hauts-de-Seine), dans le rayon Petit électroménager (PEM) pour votre stage de BTS MCO. Vous vous intéressez notamment à l'opération Saint-Valentin à laquelle vous allez participer.

Le magasin s'appuie sur des indicateurs quantitatifs et qualitatifs mis en place grâce à des outils variés comme un compteur à l'entrée du magasin qui enregistre le nombre de visiteurs ou la carte de fidélité. Pour pratiquer cette évaluation, des outils, comme le tableau de bord qui synthétise plusieurs indicateurs, facilitent la tâche de la direction. L'analyse des résultats de cette évaluation permettra à la direction de Boulanger de proposer des axes d'amélioration et de développement pour la prochaine animation.

Le directeur du magasin a aussi le souci de savoir comment se portent les ventes de ces produits dans son magasin et sur le site internet boulanger.com pendant l'opération Saint-Valentin. Il souhaite que vous lui fassiez un état des lieux sur les résultats de cette opération et vous confie différentes missions.

### Vos missions

**1** Concevoir les indicateurs de la performance et les mettre en œuvre

**2** Évaluer les performances et mettre en place des axes d'amélioration et de développement

# Vos missions

## MISSION 1 Concevoir les indicateurs de la performance et les mettre en œuvre

Annexes 1 à 4 | Ressource 1

**Au rayon PEM, la période de la Saint-Valentin approche et une opération commerciale est programmée. Le directeur du magasin vous demande de recenser les indicateurs de la performance afin d'évaluer la performance de Boulanger à la fois sur le magasin et sur le site marchand boulanger.com. Il vous fournit en annexe des documents issus d'une veille documentaire.**

1. Listez les indicateurs utiles pour évaluer la performance de cette opération commerciale en reproduisant et en complétant le tableau en annexe 2.
2. Distinguez, dans votre liste, les indicateurs qualitatifs des indicateurs qualitatifs.
3. Repérez dans l'annexe 3 les indicateurs utiles pour évaluer la performance du site marchand boulanger.com.
4. Reproduisez le tableau de l'annexe 4 et identifiez les nouvelles solutions numériques pour suivre (« tracker ») les clients en magasin et favoriser la performance.

## MISSION 2 Évaluer les performances et mettre en place des d'axes d'amélioration et de développement

Annexes 5 à 7 | Ressource 1 | Méthode 1

**Suite à l'opération commerciale liée à la Saint-Valentin, le directeur du magasin souhaite que vous analysiez les performances du magasin ainsi que celles générées par le site internet boulanger.com et les réseaux sociaux développés par Boulanger.**

**Dans le magasin :**

1. Procédez aux calculs utiles lorsque la performance n'est pas indiquée (annexe 5).
2. Commentez vos résultats pour les indicateurs suivants : le taux de transformation, le panier moyen, la marge globale et le taux de satisfaction globale.
3. Indiquez des pistes pour améliorer ces indicateurs en période promotionnelle.
4. Réalisez les calculs nécessaires pour comparer les marges globales avant l'opération promotionnelle et pendant cette même opération. Qu'en concluez-vous ?
5. Indiquez les principaux axes d'amélioration pour la prochaine opération promotionnelle au regard des résultats précédents.

**Sur le site internet :**

6. Procédez aux calculs utiles lorsque la performance n'est pas indiquée (annexe 6).
7. Commentez l'ensemble de vos résultats.
8. Analysez la performance de l'opération commerciale sur les réseaux sociaux en utilisant les calculs pertinents (annexe 7). Commentez vos résultats.
9. Proposez à votre directeur de magasin des idées de contenu qui figureront sur les réseaux sociaux Facebook et Youtube pour améliorer la visibilité de la prochaine opération Saint-Valentin.

## ANNEXE 1 Présentation de l'opération Saint-Valentin dans votre magasin

**Du 1er au 14 février, le magasin met en place une action commerciale autour de la Saint-Valentin.**

C'est l'occasion pour le magasin de :
- Recruter de nouveaux clients
- Fidéliser les clients actuels
- Augmenter le chiffre d'affaires et la marge
- Motiver les équipes du magasin
- Se distinguer de la concurrence
- Créer du trafic dans le magasin
- Écouler les stocks

**En quoi consiste l'opération Saint Valentin ?**
- Des réductions sur des centaines d'articles
- Des cadeaux pour les amoureux
- Des bons de réduction lors du passage en caisse pour les prochains achats

**La communication autour de cette opération :**
- Encart publicitaire dans la presse locale
- Publicité par affichage dans la zone de chalandise
- Emailing, Sms, réseaux sociaux
- PLV (publicité sur le lieu de vente) et vitrine

## ANNEXE 2 Indicateurs de performance

| Que mesurer en magasin = conception des indicateurs | Avec quels indicateurs = mise en œuvre | Avec quels outils |
|---|---|---|
| La fréquentation du magasin | Le nombre d'entrées | Compteur des visiteurs à l'entrée |
| Les ventes | | |
| La marge | | |
| La productivité du personnel | | |
| L'efficacité de la communication commerciale | | |
| La satisfaction des clients | | |
| L'attente en caisse | | |
| La disponibilité des produits | | |

## ANNEXE 3 Comment boulanger.com mesure sa performance commerciale ?

Dans un univers où les parcours de consommation deviennent de plus en plus complexes, il devient indispensable d'offrir une expérience utilisateur cohérente et efficace pour générer davantage de conversions. S'équiper d'une solution qui réconcilie, unifie et consolide les données clients (CRM, tickets de caisse, cartes de fidélité, données de navigation) apporte une réponse concrète aux problématiques des retailers. Boulanger a choisi la (DMP) (*) people-based d'Ysance pour sa capacité à gérer une base de plusieurs millions de profils, à exploiter dans une stratégie globale liée à la data et connecter à l'ensemble de son écosystème marketing. Pour Boulanger, l'enjeu consiste à transformer des visiteurs identifiés de boulanger.com en véritables acheteurs en ligne ou en magasin.

Pour cela, il s'agit d'identifier des profils de type « intentionnistes » pour leur adresser un message personnalisé avec une mise en avant des produits best-seller auxquels ont été associés une recommandation de produits. Dans ce contexte, la capacité à réconcilier les données d'achats online et offline

/...

constitue un élément déterminant pour adresser efficacement les bons segments d'audience et adapter le contenu du message selon le profil du client :

– Proposition de consulter le produit dans le magasin de proximité selon la géolocalisation du visiteur pour les acheteurs offline.
– Proposition du click & collect ou de l'achat web pour les acheteurs online.

L'intégration des résultats et l'analyse de la performance (taux d'ouverture de mail, nombre de visites sur le site, taux de conversion online et offline) permettent de piloter finement les campagnes et d'optimiser leur efficacité en continu. Boulanger déploie désormais des campagnes emailing personnalisées, sur-mesure et performantes qui se traduisent par une augmentation de ses taux d'ouverture et des ventes. Enfin, le ciblage précis des segments d'audience entraîne une baisse substantielle du taux de désabonnement, élément stratégique pour maintenir l'adressabilité de sa base clients.

*(*)Une Data Management Plateform DMP, ou plateforme de gestion de données sert à stocker, trier et analyser les données clients.*

Caroline Jacquot, www.blog.ysance.com, 19 juillet 2016.

ANNEXE 4

## Cinq solutions pour « tracker » le client en magasin et favoriser la performance

Wifi, Store Visits, carte de fidélité… De nombreux outils, in-store et drive-to-store, existent pour suivre le parcours du client offline. Ces dernières années, nombre de solutions ont vu le jour pour permettre aux retailers de pister les clients en magasin comme sur un site e-commerce. Voici une sélection de solutions qui ont fait leurs preuves.

**La carte de fidélité, pierre angulaire du tracking en magasin**

Avec ses offres promotionnelles, la carte de fidélité suscite de l'engagement et de la fidélité. Grâce à cet outil historique, les retailers récoltent facilement nom, prénom, adresse et autres informations sur le consommateur en magasin, avec son consentement explicite. L'objectif : connaître les achats récurrents, segmenter la clientèle et personnaliser les publicités.

**Facebook Store Visits : qui vient en magasin après avoir vu une pub sur Facebook**

Store Visits mesure le trafic généré en magasin par des publicités vues sur Facebook. Pour se faire, les annonceurs doivent d'abord créer une page pour chaque point de vente et réaliser des campagnes à un niveau local ou national sur Facebook. Dès lors, le réseau social peut géolocaliser les utilisateurs ayant donné leur accord *via* les paramètres de confidentialité et savoir s'ils sont venus en magasins après avoir vu une pub. Comment ? En croisant des données GPS et Wifi avec les coordonnées géographiques des points de vente.

**Google Store Visits : qui vient en magasin après avoir vu une pub sur Google**

Le service de Google permet de mesurer qui vient en magasin suite à une publicité en ligne vue sur Google ou Youtube. Selon Google France, l'algorithme analyse le comportement de géolocalisation d'un échantillon d'utilisateurs ayant activé l'historique de localisation sur smartphone et clické sur une publicité. Google sait alors notamment le temps passé en magasin, l'heure des visites, les horaires de fréquentation…

**Analyser les parcours en magasin et plus encore *via* le Wifi**

Le Wifi n'est pas qu'un simple service mis à la disposition des clients en magasin. Avec fiabilité et précision, il permet aussi d'obtenir une multitude d'informations en point de vente : visite, durée, parcours du client, point d'arrêt, temps passé en caisse ou en cabinet d'essayage… L'avantage du wifi est la précision à quelques mètres. Couplées à des données GPS ou à des ID web, le Wifi permet de faire du drive-to-store.

**La data géolocalisée provenant d'un bidrequest**

Lorsqu'un internaute se connecte à un site ou à une appli, il génère une requête publicitaire (bidrequest). Cette requête permet de géolocaliser cet internaute s'il a donné son consentement au préalable en se connectant au site ou à l'appli. L'objectif : permettre à un retailer de réaliser des campagnes publicitaires ciblées en fonction de l'endroit où se trouvent les internautes. Et donc, notamment, à proximité de ses magasins pour les y attirer.

Quentin Ebrard, www.journaldunet.com, 3 octobre 2018.

/...

/...

| Les outils pour tracker le client | Informations collectées pour mesurer la performance | Les objectifs de cet outil |
|---|---|---|
| La carte de fidélité | Nom, prénom, adresse et autres informations sur le consommateur en magasin. | Connaître les achats récurrents, segmenter la clientèle et personnaliser les publicités. |
| ........................ | ........................ | ........................ |

ANNEXE

## 5 L'analyse des performances de l'opération Saint-Valentin dans le magasin

| | Semaine type avant la promotion | Semaine type pendant la promotion | Taux d'évolution |
|---|---|---|---|
| Nombre d'entrées | 17 000 | 420 000 | |
| Nombre d'acheteurs | 1 700 | 21 000 | |
| Taux de transformation | | | |
| Nombre d'articles vendus | 9 100 | 27 000 | |
| Indice de vente (UPT) | | | |
| Panier moyen TTC en euros | 45 | 75 | |
| CA TTC en euros | | | |
| CA HT en euros | | | |
| Taux de marque | 33 % | 10 % | |
| Marge globale en euros | | | |
| Temps d'attente moyen en caisse | 5 minutes | 17 minutes | |
| Nombre de vendeurs | 12 | 17 | |
| CA par vendeur en euros | | | |
| Commissions challenge en semaine promotionnelle 2 % du CA HT | Pas de commissions exceptionnelles hors période promotionnelle | | |
| Taux de rupture des stocks | 5 % | 15 % | |
| Taux de satisfaction globale des clients | 87 % | 72 % | |
| Montant des bons de réduction délivrés pour un prochain achat | 1 200 € | 3 400 € | |
| Taux de rupture de stocks | 10 % | 19 % | |
| Montant des réductions accordées pendant l'opération | aucune | 4 000 € | |
| Taux d'encartage moyen | 56 % | 47 % | |

*Données fictives*

ANNEXE 6

## L'analyse des performances de l'opération Saint-Valentin sur le site internet

| | Semaine type avant l'opération | Semaine type pendant l'opération | Évolution |
|---|---|---|---|
| Nombre de visiteurs sur le site | 18 000 | 48 000 | |
| Nombre d'achats | 3 000 | 8 000 | |
| Durée moyenne d'une visite | 00 : 04 : 25 | 00 : 07 : 25 | |
| **Taux de conversion :** Nombre de visiteurs / Nombre d'achats X 100 | 9 100 | 27 000 | |
| Taux de clic | 2,5 % | 4,2 % | |
| Chiffre d'affaires du site | 220 000 € | 435 000 € | |
| **Panier moyen en euros :** Chiffre d'affaires réalisé sur le site/Nombre d'achats | | | |

*Données fictives*

ANNEXE 7

## L'analyse des performances de l'opération Saint-Valentin sur les réseaux sociaux

| Réseaux sociaux | Nombre d'abonnés | | | Nombre de « J'aime » | | | Trafic du site en provenance des réseaux sociaux | | |
|---|---|---|---|---|---|---|---|---|---|
| | Semaine avant l'opération | Semaine pendant l'opération | Évolution | Semaine avant l'opération | Semaine pendant l'opération | Évolution | Semaine avant l'opération | Semaine pendant l'opération | Évolution |
| Facebook | 476 000 | 502 000 | | 410 000 | 498 000 | | 36 % | 42 % | |
| Twitter | 371 | 397 | | 900 | 1 000 | | 12 % | 14 % | |
| Youtube | 14 000 | 17 300 | | 8 732 | 9 770 | | 29 % | 38 % | |

# Ressources

## 1 Concevoir et mettre en œuvre les indicateurs de mesure de la performance commerciale

| Que mesurer ? | Avec quels indicateurs ? | Avec quels outils ? |
|---|---|---|
| **La fréquentation du point de vente physique et virtuelle** | • Le nombre de visiteurs<br>• Le taux de transformation/Le taux de conversion<br>• Le temps d'attente en caisse<br>• Le temps de visite sur le site internet<br>• La fréquence des visites en magasin et sur le site marchand<br>• Le taux de clic/Le taux d'ouverture de mail<br>• Le taux d'abonnement et de désabonnement | • Compteur entrée magasin et sur le site marchand<br>• Caméra au-dessus caisses<br>• Données SIC |
| **Les résultats de l'action commerciale (son efficacité)** | • Le chiffre d'affaires, le CA par heure, l'évolution du CA<br>• La marge globale, unitaire<br>• Le coefficient multiplicateur<br>• Le ticket moyen (UPT)<br>• Le panier moyen<br>• La rotation des stocks<br>• Les indices de sensibilité au CA et à la marge<br>• Les taux de rupture de stocks | • Le SIC de l'entreprise (Tableaux de bord) |
| **La productivité commerciale des collaborateurs** | • Le CA par vendeur<br>• Le CA par heure par vendeur<br>• Le classement des vendeurs sur des challenges | • Le SIC de l'entreprise |
| **La notoriété du magasin et la satisfaction de la clientèle** | • Le taux de notoriété absolue et relative, à comparer avant et après l'opération commerciale<br>• La satisfaction des clients | • Mesure de ces taux par une enquête terrain dans la zone de chalandise<br>• Bornes en sortie de magasin, enquête terrain, forum, réseaux sociaux |

## 2 Les propositions d'axes d'amélioration selon les performances

### 2.1 Pour les magasins

| Performances à améliorer | Axes possibles |
|---|---|
| • Le nombre de visiteurs<br>• Le taux de transformation<br>• Le temps d'attente en caisse<br>• La fréquence des visites en magasin | • Communication externe média et hors média<br>• Sensibiliser les vendeurs et/recruter des vendeurs<br>• Réorganiser le pôle caisse, rajouter des caisses<br>• Marketing relationnel avec envoi d'offres pour faire venir plus souvent les clients |
| • Le chiffre d'affaires, le CA par heure, l'évolution du CA, le panier moyen<br>• La marge globale, unitaire<br>• Le coefficient multiplicateur<br>• Le ticket moyen (UPT)<br>• La rotation des stocks, Les taux de rupture de stocks<br>• Les indices de sensibilité au CA et à la marge | • Sensibiliser les vendeurs, travailler le marchandisage, éviter les ruptures de stocks, communiquer<br>• Travailler les argumentaires de vente pour faire du upselling<br>• Sensibiliser les vendeurs, travailler le marchandisage pour favoriser le cross selling<br>• Anticiper l'action commerciale pour commander en plus grosse quantité<br>• Analyser le marchandisage et réallouer l'espace |

| Performances à améliorer (suite) | Axes possibles (suite) |
|---|---|
| • Le CA par vendeur, le CA par heure par vendeur<br>• Le classement des vendeurs et la motivation de ces derniers | • Surveillance fine de l'évolution du CA par heure et attribution d'objectifs de CA horaire avec affichage/diffusion.<br>• Présence forte du manageur pour mobiliser les vendeurs.<br>• Organisation de challenges avec récompenses |

## 2.2 Pour les sites marchands

| La performance à améliorer | Description |
|---|---|
| **Coupler communication online et offline** | Les entreprises ont tendance à séparer la communication en ligne et hors ligne. Pourtant, ces deux canaux sont en réalité intrinsèquement liés et doivent être combinés pour améliorer la visibilité. La promotion du site internet passe également par la partie offline et l'envoi d'outils de communication : courriers, cartes de visite, plaquettes commerciales… La création d'une charte graphique est nécessaire au préalable afin de garantir la cohérence de l'image de marque de l'unité commerciale. |
| **Améliorer la visibilité avec le référencement naturel (SEO)** | SEO (Search Engine Optimization) signifie en français : « Optimisation pour les moteurs de recherche ». Ce terme définit l'ensemble des techniques mises en œuvre pour améliorer la position d'un site internet sur les pages de résultats des moteurs de recherche. On l'appelle aussi référencement naturel. L'objectif est d'améliorer la visibilité des sites internet qu'il prend en charge en leur faisant gagner des places sur les moteurs de recherche (Google, mais aussi Yahoo !, Bing, etc.). Le but est de faire se rencontrer les internautes intéressés par des produits/services ou du contenu informatif. On dit qu'un site est bien optimisé ou référencé s'il se trouve dans les premières positions d'un moteur de recherche. Le référencement naturel, même s'il est plus long à mettre en place, est une technique pérenne, économique et dynamique. |
| **Créer du contenu sur le site internet** | Il est nécessaire de multiplier des contenus en tout genre sur le site internet : articles, vidéos, jeux, divertissements, annonces pour améliorer la visibilité de votre site. Néanmoins, chaque production doit également respecter une charte éditoriale qui explique comment créer ce contenu. La qualité des contenus est donc un critère important pour améliorer le référencement naturel. |
| **Le référencement payant (SEA)** | Contrairement au référencement naturel, le SEA (acronyme de Search Engine Advertising) désigne les actions publicitaires permettant d'obtenir une visibilité sur les moteurs de recherche contre rémunération, le paiement s'effectuant la plupart du temps aux enchères et lorsque le lien promotionnel est cliqué. L'exemple le plus connu est Google Adwords qui permet d'avoir des résultats quasi immédiats. Il consiste à acheter des mots-clés et d'enchérir afin d'apparaître dans les encarts annonces des pages de résultats. |
| **Améliorer la visibilité du site avec les réseaux sociaux (SMO)** | Le SMO Social Media Optimization désigne l'ensemble des techniques et actions destinées à développer la visibilité, l'image et l'offre d'un site internet ou d'une marque sur les réseaux ou médias sociaux. Grâce au SMO, l'unité commerciale peut créer et fédérer une communauté autour du secteur d'activité, mais aussi toucher une audience plus facilement et plus directement. L'internaute lui-même est un moyen de développer la notoriété, qui peut à son tour partager les publications sur son propre réseau. Afin de se démarquer de la concurrence, les unités commerciales doivent trouver le style qui correspond à leur communauté en favorisant les publications régulières, optimisées et pertinentes qui augmenteront le nombre de visite, sur le site. |

# 1 Analysez les performances de l'unité commerciale

## 1 La performance : un objectif pour les unités commerciales

### 1.1 Définition

La performance représente la capacité d'une unité commerciale à atteindre des objectifs fixés de manière efficace. La performance n'est pas uniquement quantitative (faire plus) ou en d'autres termes financiers. La performance est aussi qualitative (faire mieux). Cet aspect qualitatif passe par la qualité des produits et du service client offerts aux consommateurs.

### 1.2 Les indicateurs de la performance

Le manageur doit disposer d'outils et d'indicateurs pertinents pour mesurer la performance dans l'unité commerciale et sur le site marchand afin de suivre l'évolution de son activité. Les indicateurs sont nombreux :

**Les indicateurs commerciaux quantitatifs :** volume d'activité à travers la fréquentation, nombre de clients, quantités vendues, nombre de contrats signés... et **qualitatifs** : degré de satisfaction de la clientèle, disponibilité des produits, du temps d'attente, disponibilité des commerciaux...

**Les indicateurs financiers :** marge commerciale, taux de marge, taux de marque, coût des actions commerciales...

**Les indicateurs managériaux :** Ils permettent d'évaluer le climat social de l'équipe commerciale de l'UC. Taux d'absenteisme, taux de rotation du personnel, nombre de journée de formation par an par salarié, le nombre d'accidents...

## 2 Les différents indicateurs commerciaux

| Indicateurs | Intérêt de l'indicateur | Formules |
|---|---|---|
| **Le taux d'évolution (ou taux de croissance ou taux de variation).** | Mesure le % d'évolution à la hausse ou à la baisse de deux données. | ((donnée année 2 – donnée année 1)/ donnée année 1)) × 100 |
| **Le taux de réalisation d'un objectif** | Mesure le % d'un objectif atteint | (chiffre d'affaires / objectif de chiffre d'affaires) × 100 |
| **Le taux de transformation ou de conversion** | Mesure la transformation d'un visiteur en acheteur. Un taux de transformation de 17 % signifie donc que 17 % des visiteurs achètent. C'est un indicateur qui mesure l'efficacité des vendeurs et du merchandising notamment. | (nombre d'acheteurs / nombre de visiteurs) × 100 |
| **L'indice de vente (UPT = unit per ticket)** | Mesure le nombre de produits en moyenne acheté par chaque client (sur chaque ticket).<br>Un UPT de 2,3 et 4 signifie qu'en moyenne chaque client achète 2,3, et 4 produits. C'est un indicateur qui mesure l'efficacité de l'argumentation commerciale des vendeurs notamment. | (nombre de produits vendus / nombre de tickets (ou nombre d'acheteurs) |
| **Le taux de marque** | Mesure le % de marge par rapport au chiffre d'affaires hors Taxes. | (marge commerciale / chiffre d'affaires hors taxes) × 100 |

| Indicateurs | Intérêt de l'indicateur | Formules |
|---|---|---|
| **La marge globale** | Mesure le benéfice totale réalisé sur la vente de produits ou services. | (chiffre d'affaires × taux de marque) |
| **Le taux de rupture des stocks** | Mesure le % de produits en rupture de stock. | (nombre de produits en rupture de stock / nombre de produits vendus) × 100. |
| **Le taux d'encartage moyen** | Mesure le % de clients passant en caisse possédant la carte de fidélité. | (nombre de clients possédant la carte de fidélité / nombre de clients total passant en caisse × 100) |
| **Le taux de clic** | Il s'agit fondamentalement des clics sur des liens, publicités, des bannières ou des pages. | (nombre de clic / lien, publicités × 100) |

## 3 L'analyse des résultats

L'analyse des résultats est importante pour justifier le choix des indicateurs, vos calculs et dresser un bilan de votre évaluation.

L'analyse peut se faire en 3 parties :

### 3.1 Le constat

Vocabulaire à privilégier : évolution ou baisse significative, constante, en dent de scie, régulière, irrégulière, chute des ventes,...en mettant en avant les indicateurs ou les résultats de vos calculs.

### 3.2 Les explications

Vocabulaire à privilégier : une performance à la hausse des indicateurs car on constate le succès ou l'engouement du produit, de la communication auprès de la clientèle ; une baisse de la performance des indicateurs qui s'explique par, la baisse du pouvoir d'achat, le comportement du client qui a changé,....

### 3.3 La conclusion

Une phrase qui permet de faire le bilan de l'analyse avec quelques préconisations ou axe d'amélioration.

# Applications

**QCM** Validez vos connaissances en cochant la (ou les) bonne(s) proposition(s) puis justifiez oralement vos réponses.

**1. Un indicateur de performance pour évaluer l'action commerciale peut être :**

- ☐ uniquement quantitatif.
- ☐ uniquement qualitatif.
- ☐ à la fois quantitatif et qualitatif.

**2. Le taux de transformation ou de conversion mesure la transformation des visiteurs en acheteurs.**

- ☐ Vrai
- ☐ Faux

**3. L'indice des ventes se calcule de la manière suivante :**

- ☐ nombre de produits vendus/nombre de tickets (ou nombre d'acheteurs).
- ☐ chiffre d'affaires/nombre de tickets (ou nombre d'acheteurs).

**4. Le taux d'encartage mesure le pourcentage de clients en possession d'une carte de fidélité.**

- ☐ Vrai
- ☐ Faux

**5. L'évaluation de l'action commerciale doit prendre en compte :**

- ☐ uniquement la performance du magasin.
- ☐ uniquement la performance du site marchand.
- ☐ uniquement la performance des réseaux sociaux.
- ☐ la performance du magasin, du site marchand et des réseaux sociaux.

**QCM**

Retrouvez la suite en version interactive pour tester vos connaissance sur ce chapitre.
**lienmini.fr/30541-exo13**

## 1 Analyser l'impact des actions mises en œuvre et proposer des axes d'amélioration

L'entreprise Maillots and Co est un point de vente de prêt-à-porter. Vous êtes chargé(e) d'évaluer la performance du point de vente pour mesurer la mise en place d'une nouvelle collection depuis 2016.

**1. Calculez les taux d'évolution et les taux de réalisation.**

**2. Commentez ces résultats et indiquez des axes d'amélioration.**

**DOC. 1 / CA de Maillot and Co de 2016 à 2019**

| | 2016 | 2017 | 2018 | 2019 |
|---|---|---|---|---|
| Chiffre d'affaires | 180 000 € | 230 000 € | 230 000 € | 280 000 € |
| Objectifs | 190 000 € | 190 000 € | 190 000 € | 190 000 € |

# 2 Analyser la performance de l'unité commerciale et proposer des axes d'amélioration

L'entreprise New Style est une entreprise de prêt-à-porter masculin. Elle vous communique ses tableaux de bord des mois de septembre et décembre. Vous êtes sollicité(e) par la gérante pour mesurer les retombées commerciales des opérations de fêtes de fin d'année.

**1. Commentez le tableau de bord du mois de septembre.**

**2. Reproduisez puis complétez le tableau de bord du mois de décembre.**

**3. Commentez les résultats en analysant la performance de l'entreprise.**

**DOC. 1 /** Tableaux de bord de l'entreprise New Style

| MOIS DE SEPTEMBRE | Objectif | Réalisé | Écart | Écart % |
|---|---|---|---|---|
| Chiffre d'affaires mensuel en € | 60 000 | 60 000 | 60 000 | **- 13 %** |
| Nombre de clients | 500 | 500 | 500 | **+ 16 %** |
| Chiffre d'affaires par client en € | 120 | 120 | 120 | **- 25 %** |
| Marge brute par client | 70 | 70 | 70 | **- 12,5 %** |

| MOIS DE DÉCEMBRE | Objectif | Réalisé | Écart | Écart % |
|---|---|---|---|---|
| Chiffre d'affaires mensuel en € | 90 000 | 92 000 | | |
| Nombre de clients | 600 | 510 | | |
| Chiffre d'affaires par client en € | 150 | 180 | | |
| Marge brute par client | 90 | 100 | | |

# 3 Analyser la performance du site internet et proposer des axes d'amélioration et de développement

Vous avez été recruté(e) chez Castorama comme assistant(e) manageur. Le marché de votre unité commerciale connaît une baisse du chiffre d'affaires depuis 2015. La direction commerciale au niveau national pense que le développement du site internet marchand est crucial pour relancer l'activité. Des actions de communication ont été menées depuis 2016.

**1. Analysez les performances du site internet en effectuant les calculs nécessaires.**

**2. Commentez l'ensemble de vos résultats. Proposez des préconisations afin d'améliorer les performances du site.**

**DOC. 1 /** Performances du site internet Castorama

| Indicateurs | 2017 | 2018 | 2019 |
|---|---|---|---|
| Nombre de connexions | 512 050 | 588 850 | 659 520 |
| Nombre de pages vues | 1 582 630 | 1 835 850 | 2 074 510 |
| Nombre de visiteurs s'étant déjà connectés 1 fois | 252 000 | 268 500 | 282 500 |
| Nombre de commandes | 205 700 | 226 270 | 244 370 |
| Nombre d'abonnements à la lettre d'information | 100 500 | 105 520 | 96 520 |

## Synthèse

# Évaluer l'action commerciale

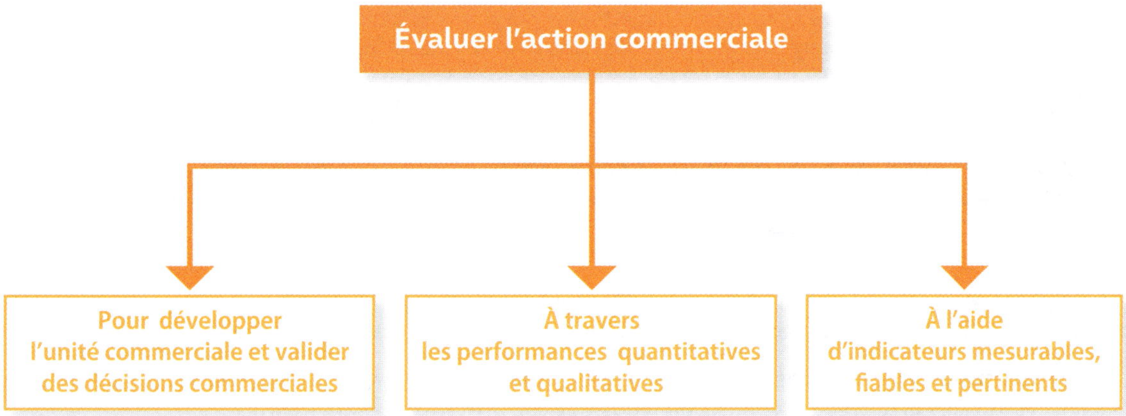


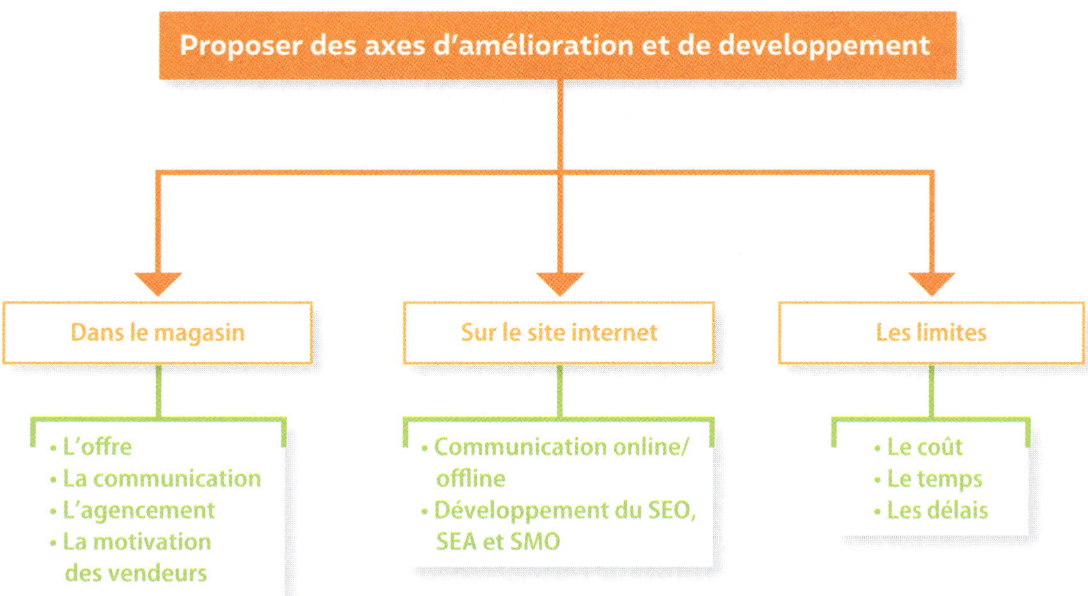

# Vers l'examen

**Objectif : Se préparer à l'évaluation de la sous-épreuve E42 Animation et dynamisation de l'offre commerciale.**

## Évaluer l'action commerciale et proposer des axes d'amélioration et de développement

Dans ce chapitre 13, vous avez appris à mettre en place des indicateurs de performances variés à la suite d'opérations commerciales et à proposer des axes d'amélioration en tant que futur manageur.

**1. Présentez dans un tableau récapitulatif les mesures effectuées dans votre UC pour évaluer l'action commerciale.**

| Que mesurer ? | Avec quels indicateurs ? | Et avec quels outils ? |
|---|---|---|
| | | |

**2. Présentez une synthèse des principaux résultats de cette évaluation commerciale avec des axes d'amélioration pour les indicateurs qui ne donnent pas satisfaction.**

**3. Présentez une fiche de synthèse sur votre compétence (en une page), faisant apparaître :**
- la durée totale consacrée à l'acquisition (vous pouvez présenter un planning)
- Le contexte professionnel dans lequel vous avez acquis cette compétence
- Vos objectifs
- Un résumé des méthodologies mises en œuvre
- Les moyens mis en œuvre pour acquérir cette compétence
- Vos résultats synthétisés

**4. Prévoir un exposé oral présentant les points 1 et 2 avec un outil de PAO avec une auto-évaluation en 10 minutes.**

| Critères d'évaluation | | Acquis | En cours d'acquisition | Non acquis |
|---|---|---|---|---|
| VERBAL | Élocution et articulation | | | |
| | Débit, tonalité, volume | | | |
| | Vocabulaire | | | |
| NON VERBAL | Distance avec les notes | | | |
| | Dynamisme | | | |
| | Respect temps de parole | | | |
| RELATIONNEL | Regards vers le jury | | | |
| | Compréhension des questions | | | |
| | Pertinence des réponses | | | |

**5. Enfin, évaluez votre degré de maîtrise de cette compétence « Évaluer l'action commerciale »**

**1.** Les retombées de la communication commerciale sont analysées.
Très bien ❑ Bien ❑ Moyen ❑ Insuffisant ❑

**2.** Proposition d'axes d'amélioration en fonction des réalités locales/nationales.
Très bien ❑ Bien ❑ Moyen ❑ Insuffisant ❑

**3.** La communication est mise en œuvre au service de l'efficacité relationnelle.
Très bien ❑ Bien ❑ Moyen ❑ Insuffisant ❑

# Présentation de la sous-épreuve E41

| E41 | Développer la relation client et assurer la vente conseil | Coef. 3 |
|---|---|---|

Objectif : valider les compétences et les savoirs associés correspondant au Bloc n° 1 du BTS MCO : « Développer la relation client et assurer la vente conseil ».

| Compétences | Savoirs associés |
|---|---|
| • Assurer la veille informationnelle<br>• Réaliser des études commerciales<br>• Vendre<br>• Entretenir la relation client | - Le cadre légal et réglementaire de la relation client et de la vente conseil<br>- La relation commerciale<br>- L'information commerciale<br>- Le système d'information commercial<br>- Les études commerciales<br>- La zone de chalandise<br>- La connaissance du client<br>- Les facteurs d'influence de l'achat<br>- La vente et le conseil dans un contexte omnicanal<br>- Le marketing après-vente et la fidélisation<br>- Le capital client |

**Critères d'évaluation**

- Les techniques et outils de la veille commerciale sont appropriés.
- L'information produite est fiable et pertinente, pour la prise de décision.
- Les méthodologies d'études sont adaptées au contexte.
- Les résultats des études sont exploitables.
- La démarche de vente conseil est pertinente.
- Les attentes du client et leurs évolutions sont prises en compte.
- Les techniques de fidélisation mises en œuvre sont adaptées.
- Les objectifs de vente, de fidélisation et d'accroissement de la valeur client sont atteints.
- La communication est mise en œuvre au service de l'efficacité relationnelle.

**Modalités d'évaluation**

La sous-épreuve E41 s'appuie sur un dossier numérique faisant référence aux situations professionnelles vécues ou observées par le candidat, au cours de sa formation, y compris en milieu professionnel.

Ce dossier personnel, rédigé et constitué par le candidat, rend compte, pour chaque activité présentée, des éléments suivants :
- la ou les compétence(s) mobilisée(s),
- la date et la durée de l'activité,
- le contexte professionnel,
- les objectifs poursuivis,
- la méthodologie utilisée,
- les moyens et les techniques mis en œuvre,
- les résultats obtenus.

| Contrôle en cours de formation | Forme ponctuelle |
|---|---|
| Chaque compte rendu d'activité est accompagné de l'évaluation qui a été faite par le professeur en charge du Bloc 1, et ayant assuré le suivi du candidat.<br>En fin de formation, une commission d'évaluation composée du professeur et d'un professionnel, apprécie le degré de maîtrise des compétences relevant du Bloc 1.<br>**L'évaluation donne lieu une note sur 20.** | En fin de formation, le dossier numérique est remis au centre d'examens en charge de l'épreuve. L'étudiant présente son dossier à l'oral, devant un jury composé d'un professeur et d'un professionnel.<br>L'oral, d'une durée de 30 minutes, se déroule en deux temps :<br>- pendant 10 minutes maximum, le candidat, à l'aide d'une présentation numérique, expose les activités professionnelles réalisées, et les compétences mises en œuvre ;<br>- durant les 20 dernières minutes, le jury interroge le candidat sur chacune des compétences du Bloc 1.<br>*Le candidat apporte le jour de l'épreuve son équipement numérique et tout document qu'il estime pouvoir venir en appui de sa prestation.*<br>**L'évaluation donne lieu à une note sur 20.** |

**Épreuve E41**

Des documents numériques de méthodologie sont disponibles et téléchargeables en vous connectant au lien suivant.
**lienmini.fr/30540_presentationepreuve**

# Présentation de la sous-épreuve E42

| E42 | Animer et dynamiser de l'offre commerciale | Coef. 3 |
|---|---|---|

Objectif : valider les compétences et les savoirs associés correspondant au Bloc n° 2 du BTS MCO :
« Animer et dynamiser l'offre commerciale ».

| Compétences | Savoirs associés |
|---|---|
| • Élaborer et adapter en continu l'offre de produits et de services<br>• Organiser l'espace commercial<br>• Développer les performances de l'espace commercial<br>• Mettre en place la communication commerciale<br>• Évaluer l'action commerciale | - Le cadre légal et réglementaire de l'animation et de la dynamisation de l'offre<br>- Le marché<br>- Les unités commerciales et l'omnicanalité<br>- L'offre de produits et de services<br>- Les relations producteurs/distributeurs<br>- Le marchandisage<br>- L'animation commerciale et les actions promotionnelles<br>- La communication de l'unité commerciale |

**Critères d'évaluation**

- L'analyse de la demande et de l'offre est pertinente.
- L'offre proposée est adaptée aux caractéristiques locales et est cohérente avec la politique commerciale de l'enseigne.
- Les achats des clients sont facilités par des linéaires bien approvisionnés et vendeurs.
- L'agencement de l'espace de vente facilite le travail du personnel, et contribue au confort d'achat des clients.
- La réglementation, les règles d'hygiène et de sécurité sont respectées.
- Les principes d'agencement de l'enseigne sont mis en œuvre.
- Les propositions d'animations et d'opérations promotionnelles sont cohérentes avec le contexte local, et avec la politique commerciale de l'enseigne.
- Le choix des outils et des messages de communication est approprié.
- Les retombées de la communication commerciale sont analysées.
- Les performances d'implantation sont analysées.
- Les propositions d'axes d'amélioration ou de développement tiennent compte des réalités locales et, le cas échéant, nationales.

**Modalités d'évaluation**

La sous-épreuve E42 s'appuie sur un dossier numérique faisant référence aux situations professionnelles vécues ou observées par le candidat, au cours de sa formation, y compris en milieu professionnel.

Ce dossier personnel, rédigé et constitué par le candidat, rend compte, pour chaque activité présentée, des éléments suivants :
- la ou les compétence(s) mobilisée(s),
- la date et la durée de l'activité,
- le contexte professionnel,
- les objectifs poursuivis,
- la méthodologie utilisée,
- les moyens et les techniques mis en œuvre,
- les résultats obtenus.

| Contrôle en cours de formation | Forme ponctuelle |
|---|---|
| Chaque compte rendu d'activité est accompagné de l'évaluation qui a été faite par le professeur en charge du Bloc 2, et ayant assuré le suivi du candidat.<br>En fin de formation, une commission d'évaluation composée du professeur et d'un professionnel, apprécie le degré de maîtrise des compétences relevant du Bloc 2.<br>**L'évaluation donne lieu une note sur 20.** | En fin de formation, le dossier numérique est remis au centre d'examen en charge de l'épreuve. L'étudiant présente son dossier à l'oral devant un jury composé d'un professeur et d'un professionnel.<br>L'oral d'une durée de 30 minutes se déroule en deux temps :<br>- pendant 10 minutes maximum, le candidat, à l'aide d'une présentation numérique, expose les activités professionnelles réalisées et les compétences mises en œuvre ;<br>- durant les 20 dernières minutes, le jury interroge le candidat sur chacune des compétences du Bloc 2.<br>*Le candidat apporte le jour de l'épreuve son équipement numérique et tout document qu'il estime pouvoir venir en appui de sa prestation.*<br>**L'évaluation donne lieu à une note sur 20.** |

**Épreuve E42**

Des documents numériques de méthodologie sont disponibles et téléchargeables en vous connectant au lien suivant.
**lienmini.fr/30541_presentationepreuve**

## Crédits photographiques

p. 8 : Pascal SITTLER/REA ; p. 11 : Cedric POULMAIRE/REA ; p. 34 : Pascal SITTLER/REA ; p. 41 : Tape à l'œil ; p. 64 : AUCHAN ; p. 83 (2) : Alamy / Photo 12 ; p. 88 (2) : Alamy / Photo 12 ; (3) Alamy / Photo 12 ; p. 108 : MOULU PHILIPPE/HEMIS.FR/AFP ; p. 111 : VIRGINIE LEFOUR/BELGA/AFP ; p. 114 : (2) J-C&D. Pratt / Photononstop ; (4) Franck CRUSIAUX/REA ; p. 115 : (1) Frederic MAIGROT/REA ; (2) Franck CRUSIAUX/REA ; p. 127 : Matthieu ZELLWEGER/AYTHAM-REA ; p. 169 : SERGE ATTAL/ONLY FRANCE/AFP ; p. 218 : Franck CRUSIAUX/REA

© Adobe Stock pour les autres photos

Malgré tous les efforts de l'éditeur, il nous est impossible d'identifier certains ayants droit. Quelques demandes n'ont à ce jour pas reçu de réponses, par conséquent, les droits de reproduction sont réservés aux éditions Delagrave.

Vous utilisez un **Manuel connecté Delagrave**, qui propose des QR codes et/ou des liens hypertextes permettant d'accéder en ligne à des ressources numériques complémentaires.

Les éditions Delagrave font leurs meilleurs efforts pour sécuriser la consultation et l'utilisation des ressources en ligne qu'elles éditent, produisent ou hébergent, conformément aux règles d'usages de l'Internet. Delagrave ne saurait être tenu responsable des interruptions de services dues aux caractéristiques et limites du réseau Internet, notamment dans le cas d'interruptions quelle qu'en soit la cause, des performances techniques et des temps de réponse pour consulter ou interroger les ressources proposées. L'accès aux ressources associées au Manuel connecté Delagrave est garanti pour une période maximum de deux ans, à compter de la date de parution de cet ouvrage indiquée en page 2 (copyright). Au terme de cette période, l'utilisateur du Manuel connecté Delagrave ne saurait exiger le maintien du service proposé.

Dans le cas où les QR codes et liens hypertextes permettent d'accéder à des sites Internet tiers, la responsabilité des éditions Delagrave n'est pas engagée, notamment quant à leur éventuel dysfonctionnement ou à leur indisponibilité d'accès.



Couverture : Véronique Lefebvre
Maquette intérieure : Anne-Danielle Naname
Mise en pages : STDI
Édition : Peggy Senez
Recherches iconographiques : Pascale Guilbaud

Certifié PEFC
Ce produit est issu de forêts gérées durablement et de sources contrôlées
PEFC
PEFC/18-31-264
www.pefc-france.org

Achevé d'imprimer en avril 2019
par «La Tipografica Varese Srl» en Italie
Éditions Delagrave 2019 – N° éditeur : 2018-0938 – Dépôt légal : avril 2019

IMPRIM'VERT
Votre imprimeur agit pour l'environnement